Presagio

[Relatos sobre el otro sentido de la realidad]

Amable Pillado

KOLIMA
BOOKS

Título original: *Presagio*

Primera edición: Julio 2016
© 2016 Editorial Kolima, Madrid
www.editorialkolima.com

Autor: Amable Pillado Fernández
Dirección editorial: Marta Prieto Asirón
Collage de cubierta: Laura Mira Prieto-Moreno
Maquetación: Rocío Aguilar Bermúdez y Álvaro Guerrero Moñús

ISBN: 978-84-163647-6-3

Dedico este libro a todas las personas de buen corazón
que son solidarias con los que sufren, bien por mala salud
o por la injusticia social que desgraciadamente se ha
incrustado en nuestro planeta en este nuevo milenio que
esperábamos lleno de esperanza para un mundo mejor

Presagio

[Relatos sobre el otro sentido de la realidad]

Índice

Introducción

Hola. Sí..., sí, a ti que en este preciso instante estás leyendo esta introducción mía me dirijo y, de pasada, a todos los demás mortales sin excepción alguna de raza o credo ya que para mí, salvo escasas excepciones, todos sois exactamente igual de incrédulos e ignorantes desconocedores de los designios que rigen vuestro destino. ¡Sí!, con rabia e indignación lo digo. Pero, vamos a ver, y con sinceridad decidme: ¿De verdad creéis que realmente yo soy así? ¿De quién fue la idea, la mente perversa, torturada tal vez, que a saber por qué oscuro interés me ha pintado de tal guisa? ¡No cabe mayor horror que mi efigie mostrada, bien con fino pincel o con cincel en piedra fría concienzudamente labrada! Esa calavera alta, portentosa, de la eterna sonrisa sarcástica envuelta a la vez en el negro amargo del luto cerrado. ¿Y qué me decís de la guadaña? Ese acero pulido y la grima del filo soltando destellos de venganza. ¡Qué barbaridad!

Si supieseis la verdad y lo que yo por vosotros hago... Si vuestros taponados oídos escuchasen, si vuestros ojos cerrados se abriesen de una vez y pudieseis ver, si pudieseis interpretar los sueños, cuenta os daríais de que yo siempre estoy ahí, tratando de protegeros, de advertiros del peligro inminente que os acecha. Mas vosotros os empeñáis en no escuchar, en no ver... Ni siquiera intentáis meditar o interpretar los sueños. Y cuanto más os creéis dueños de vuestro destino, más pronto llegan las lamentaciones.

Para que veáis que mis intenciones son buenas, os insto a que, a través de los relatos que a continuación vais a leer, os introduzcáis en mi mundo, que es el mundo del misterio, de lo oculto, de lo (para vosotros) paranormal. Y aunque parezca raro que yo os lo diga, si no seguís mis consejos, lo podréis lamentar. No me creéis, ¿verdad? ¡Pues allá vosotros! Llegado el momento lo comprenderéis y entonces lamentaréis, para vuestra desgracia, que ya sea demasiado tarde.

Palabras de Elb-Amah
(Para vosotros, La Muerte)

Casi nadie parece comprender o aceptar que haya otra realidad después de la muerte física y, aun así, muchos de vosotros os empeñáis en introduciros en una senda tan peligrosa como es la parapsicología sin una triste brújula que os guíe. ¡Insensatos!

Y para quien de mí se fíe, le advierto que en el reino de los muertos también tienen sus reglas, sus códigos de honor y, por supuesto, un protocolo a seguir para entrar en su asentamiento. ¡Pero cuidado! Mucho cuidado si pretendéis jugar con ellos, introduciros en su mundo; si no se está lo suficientemente preparado, las consecuencias pueden resultar fatales.

Esta historia real o de ficción —eso me es indiferente—, que a continuación vais a leer, comenzó a fraguarse un ya lejano 31 de julio del 2003 en las afueras de una importante ciudad del sur de Galicia de cuyo nombre no debiera acordarme, más que nada para no crear sospecha alguna y que se relacione este caso con otro en apariencia similar, por no decir igual.

Pero lo esencial es que vosotros leáis este relato con mucha atención para que os sirva de lección y de paso para que os lo penséis dos veces antes de meteros donde nadie os llama. ¡Nadie!

Os dejo de momento un relato que os ha de impactar: «ECP: Un juego peligroso», y con él no creáis que ya os habréis librado de mí. No, amigos no... Yo siempre estaré ahí, al comienzo de cada historia, para concienciaros o para tocaros las narices, que es lo que realmente os merecéis.

ELB-AMAH

E.C.P. Un juego peligroso

Por fin habían llegado las ansiadas vacaciones de verano para Mauricio Piñeiro, un joven y prometedor mecánico naval de veinticinco años que, pese a su juventud, era un apasionado de la ufología y la parapsicología, por lo que cada mes se gastaba su buen dinero en comprar revistas especializadas y libros de los más destacados especialistas en la materia tanto españoles como extranjeros. Era tanta la pasión que tenía por ese campo tan complejo, que no se perdía —y si no podía los grababa— ningún programa de misterio de la radio o de la televisión, a los que estaba realmente enganchado.

Lo tenía muy claro y ya se lo había hecho saber a sus amigos: aquel verano lo iba a dedicar a la investigación de cierta casa al parecer encantada y de la que mucho se hablaba que estaba a las afueras de la ciudad, al pie de una carretera secundaria.

Cada vez que Mauricio pasaba por allí, por aquella vieja carretera, se paraba a propósito para escrutarla con atención esperando una señal que saliese de aquella casa aparentemente normal, no muy antigua, pero que ciertamente desprendía misterio. Día y noche estaba igual; nunca había luz en su interior, y sus persianas —unas veces más que otras—, permanecían entreabiertas dejando a la vista unas sencillas cortinas de visillo sucias y amarillentas. Pero más incomprensible le resultaba a Mauricio el hecho de que después de tantos años retirasen el letrero de «Se alquila». Al joven le surgían unas más que razonables dudas: si la casa seguía vacía, ¿por qué habían quitado el cartel? ¿Por qué nadie alquilaba aquella casa? ¿Qué misterio oculto había en su interior? Fue por todo ello por lo que se propuso investigar por su cuenta y riesgo.

A las cinco de la tarde de aquel caluroso viernes 31 de julio, allí estaba Mauricio dentro de su coche, aparcado en el arcén bajo la sombra de los pinos, con la cabeza apoyada en su brazo izquierdo por fuera de la ventanilla sin perder de vista la casa, con la cámara dispuesta en el asiento del copiloto a la espera de ver algún movimiento en su interior o poder comprobar por sí mismo si salía o entraba alguien de ella o de la finca completamente abandonada.

Después de hora y media sin que nada sucediese, y a punto de quedarse dormido, de repente vio a un muchacho joven, de unos veinte años, que se acercaba a él caminando por la carretera. Sin pensárselo dos veces y con una pequeña grabadora en mano, salió a su encuentro.

–Hola. ¿Eres de por aquí? –le preguntó nada más abordarlo.

–Sí... –respondió el muchacho mirándolo como a un bicho raro–, vivo un poco más arriba. ¿Por qué...?

Mauricio tomó aire para insuflarse tranquilidad y, como si fuese un profesional de la información, actuó:

–No..., tan solo es por si me puedes ayudar. Verás, me llamo Mauricio, soy periodista de investigación y estoy interesado en la leyenda que hay acerca de esta casa. ¿Tú sabes algo de lo que se cuenta, de que está encantada y que dentro de ella habitan fantasmas?

–Mira... –dijo el muchacho de mala gana dirigiendo su voz hacia la pequeña grabadora–, todo el mundo lo dice, todos lo comentan, pero yo, personalmente, no me creo nada de eso aunque hace unos quince días, mis amigos y yo nos llevamos un susto del carajo al pararnos delante de la casa.

–¿Qué os pasó?

–Nada, que eran sobre las cuatro de la mañana, veníamos de una fiesta y claro..., con el cachondeo que nos traíamos, nos paramos delante del portal desafiando a los fantasmas a que saliesen de la casa. De pronto, la persiana de la derecha se bajó a toda hostia. ¡No paramos hasta llegar a nuestras casas!

—Y aun así, ¿no crees que hay algo raro en esa casa? —siguió Mauricio, a lo que el muchacho respondió encogiéndose de hombros:

—Mis amigos creen que sí, pero lo que soy yo... Creo que ahí dentro vive alguien a quien le conviene mantener el misterio para no pagar casa. Vamos, que vive del cuento.

—Pero... ¿los dueños de la casa no vienen por aquí de vez en cuando?

—No lo sé... El dueño vive cerca de aquí pero, ¿por qué no se lo preguntas a esa señora que viene por la carretera con una carretilla? Seguro que ella te puede contar muchas más cosas que yo. Después de todo, ellos, los mayores, fueron testigos de la tragedia que ocurrió dentro de esa casa.

—¡Ah! ¿Hubo una tragedia dentro de la casa? —preguntó Mauricio frunciendo el ceño.

—Sí, sí..., que te cuente ella.

—Pues muchas gracias, amigo.

—De nada, hombre. Y no te comas demasiado el tarro, que los fantasmas no existen. Muerto el perro, se acabó la rabia.

—Ojalá fuese así de sencillo —contestó Mauricio regalándole una amplia sonrisa.

Y, efectivamente, por la carretera se acercaba una señora con una pañoleta negra cubriéndole la cabeza, en apariencia mayor, bajita y muy menuda, todo ella cerrada de luto. Iba medio encorvada tirando de una carretilla llena de hierba fresca.

Mauricio la abordó con su metro ochenta y cinco; al lado de ella parecía un gigante.

Grabadora en mano y con cierta sutileza, le preguntó inclinándose sobre ella que, nada más verle, ya se había parado.

—Buenas tardes señora, y perdone las molestias. Me llamo Mauricio y estoy investigando el misterio que encierra esta casa. Incluso se habla de una tragedia ocurrida en su interior hace años. ¿Sabe usted algo de todo ello?

Con cierta calma, la señora posó la carretilla en la carretera por la que pasaban pocos coches, se incorporó todo lo que pudo mostrando cierta disposición al diálogo, se ajustó el pañuelo sobre su cabeza y comenzó a hablar en un gallego muy cerrado:

—¡Ay *filliño*! Procura no meterte ahí, ya que esa casa está encantada... Pasan cosas muy malas ahí dentro... Muy malas.

—¿Cómo qué? —se interesó Mauricio haciéndose el sorprendido.

La anciana entrelazó sus manos arrugadas y sucias como quien suplica al cielo quizá buscando inspiración pues se la veía predispuesta, ya no solamente a hablar, sino más bien a contar una larga historia de misterio e intriga.

—Hace años que en esa casa maldita asesinaron a una mujer... A la pobre le abrieron la cabeza con una machada... Pobre Mercedes... Era una buena mujer, buena esposa y muy guapa.

—¿Vivía sola?

—No, no... vivía con su marido... Manuel, el actual dueño de la casa. En aquel momento el pobre estaba trabajando en el campo.

—¿Y el asesino...? ¿Se supo finalmente quién fue? —preguntó Mauricio que, ahora sí, parecía realmente intrigado.

—No, hijo, no... Nunca se supo quién fue el asesino... Sin duda un ladrón, ya que se llevó el poco dinero que había en la casa, aparte de las pocas joyas que tenía *a difuntiña*. Aquello fue un drama terrible... Terrible.

Realmente consternado por aquella trágica historia del crimen sin esclarecer y que sin duda quedaría en el olvido, en la memoria de los mayores del lugar que poco a poco se la llevarían con ellos al Reino de los Justos, por la cabeza de Mauricio pasó la idea de comprometerse a fondo en esclarecer el caso, en el que, al igual que en muchos otros, había una relación entre un crimen y una casa encantada.

—Entonces, ¿usted cree que el espíritu de ella..., de Mercedes, es el que habita la casa?

—¡Sin duda alguna, *filliño*! La pobre no descansará hasta que se sepa quién fue realmente el asesino y se le castigue como es merecido... ¡Qué pena! Mientras tanto, la *pobriña* no puede descansar en paz.

—¿Y hace mucho de todo esto?

—¡Ay! Por lo menos veinte años o más.

—Y, desde entonces, ¿qué ha pasado? —se interesó Mauricio viendo la disponibilidad de la señora que parecía tener ganas de soltar lastre, de contar una historia que llevaba incrustada en su cabeza muchos años—. ¿Hubo alguna desgracia más?

—Pues claro que sí..., pasaron muchas cosas *fillo*, muchas cosas —dijo la anciana dándole a la cabeza—. *Manoliño* se fue a vivir a la casa de sus padres..., ahí arriba, en el monte... El *pobriño* sufrió mucho y todo le recordaba a su mujer, así que, pasados un par de meses, puso la casa en alquiler y la tomó un matrimonio joven de la ciudad que tenía dos hijos. Sin saberse exactamente por qué, a las dos semanas el matrimonio y los hijos salieron de allí escopetados sin mirar para atrás. ¡Ni siquiera volvieron a por sus cosas! ¿Qué les había pasado? Jamás lo supimos. Poco después, *Manoliño* se la alquiló al cura nuevo que un año atrás había venido a sustituir a Don Manuel, nuestro párroco que ya estaba muy viejito el pobre. Sin embargo, el padre Damián era un cura joven, de unos treinta años, alto, fuerte y muy guapo. La verdad es que nadie comprendió por qué el nuevo cura alquiló esa casa teniendo la de la parroquia... Y esa fue su perdición. A los quince días de estar instalado en la casa, *o pobriño* apareció muerto en la cama... Nadie sabe de qué murió el padre Damián. Unos decían que del corazón, pero nosotros, los vecinos, sabemos que murió de miedo. Un miedo atroz que estaba reflejado en su cara y en sus ojos abiertos como platos. Mira rapaz, yo no hablo por hablar, ya que yo misma lo vi... ¡Aquella imagen, jamás se me borrará de la cabeza!

Mauricio parecía realmente impresionado.

–Y, desde aquello.... ¿no volvió nadie a ocupar la casa?

–No. Unos tres años después *Manoliño* puso la casa en venta, pero al ver que nadie se la compraba decidió alquilarla de nuevo. Pero nada. La historia de esta casa maldita había corrido como la pólvora. Y mira que ha venido gente a preguntar por ella...

–¿Para alquilarla o para investigar sobre ella?

–La mayoría por saber cosas. Por eso ha sacado de nuevo el letrero.

–O sea, que si voy a pedirle que me deje investigar...

–Te echará con cajas destempladas –se le anticipó la señora–. Él niega rotundamente que haya fantasmas en la casa. Pero nosotros sabemos que sí los hay y que *Manoliño* tiene miedo a reconocerlo... Mucho miedo.

–Normal. De todas maneras, voy a intentar hablar con él. ¿Dónde vive?

La señora le señaló el camino, al tiempo que le recomendaba:

–En ese camino que lleva al monte, a escasos cincuenta metros encontrarás a la derecha la casa que tiene un *castiñeiro* delante. Pero, si quieres un consejo, olvídate de esa casa *filliño*, que todavía eres muy joven...

–Muchas gracias por todo señora y no se preocupe, que tendré muy en cuenta su consejo. Le estoy realmente agradecido por toda la información que me ha dado. Gracias.

–De nada, *fillo*. Pero ten en cuenta una cosa: en el mundo de los muertos no aceptan a los intrusos... vivos.

Mauricio se quedó pensativo mirando a aquella señora en apariencia analfabeta que de nuevo tiraba de su carretilla medio encorvada carretera adelante, como si fuese un espectro del pasado. Sus últimas palabras, que parecían premonitorias, le impactaron; fue como si hubiese recibido un choque frontal contra un muro infranqueable.

Poco después conducía su coche radiante de felicidad. Había encontrado un filón de oro para desarrollar una historia; una tesis para iniciarse en ese campo para él tan apasionante de la parapsicología. Incluso se imaginaba saliendo en las revistas especializadas y, dispuestos a imaginar, hasta se veía como colaborador en un programa de radio o televisión. Pero primero tendría que presentar las pruebas concluyentes y, para ello, para hacer una gran investigación a fondo, necesitaba la ayuda inestimable de sus amigos.

A las diez de la noche, en la terraza de una céntrica cafetería, Mauricio estaba reunido con sus tres amigos: Nacho, de veintiséis años y programador informático; Vanesa, de veintitrés años y estudiante de periodismo; y Chus, de la misma edad que su amiga, y estudiante de biología.

Los tres amigos estaban muy atentos a las nuevas que les traía el amigo Mauri, como ellos le llamaban.

Después de que el camarero se alejase de la mesa en la que había servido cuatro cubalibres con olivas y patatillas fritas...

—El motivo por el que os he reunido con urgencia es mostraros el resultado de un trabajo de investigación que estoy realizando. Os aseguro que va a ser un bombazo, por lo que voy a precisar de vuestra ayuda.

—No nos vendrás con la historia de que has contactado con extraterrestres —bromeó Nacho con una sonrisa sarcástica en su cara de niño travieso mientras se tomaba una aceituna.

Las chicas rieron la gracia mientras Mauricio los observaba muy serio, como un jugador de póker que guarda un as bajo la manga esperando el momento oportuno para reventar la banca.

—No, no he contactado con ningún extraterrestre, pero estoy completamente seguro de que os va a interesar y mucho esta historia —se paró adrede para dar más intríngulis al momento, bebiendo un sorbo de su cubalibre—, que tal y como os había comentado hace tiempo, trata de la casa encantada de la carretera de...

—¡Bueno...! —lo interrumpió de nuevo Nacho echando su pelo castaño para atrás para dejar ver una amplia frente despejada—, ya sabía yo que algo de *porco* había.

—Ya cambiarás de opinión, Nacho, después de escuchar esta grabación. Prestad mucha atención —dijo Mauricio dándole al *play* tras comprobar que no había gente alrededor.

Terminada la grabación, los tres amigos se quedaron pensativos. Parecían impresionados mientras Mauricio los observaba en silencio.

Fue Vanesa, la estudiante de periodismo, una rubia de larga melena que le llegaba a la cintura, la primera en comentar:

—No tomes demasiado en serio estas declaraciones ya que la mayoría de ellas son leyendas urbanas y más entre las gentes de las aldeas, donde la superstición está muy arraigada.

—¿Y qué me dices de las declaraciones del chaval? A pesar de su escepticismo, aseguró haber visto algo anormal en la casa...

—Y también puede que tenga razón —le atajó Vanesa—; que alguien se esté aprovechando de esa leyenda para vivir de mogollón en esa casa.

—La verdad es que esta historia acojona. No se pierde nada por indagar un poco —comentó Chus, una chica morena de pelo rizado, algo más baja que su amiga Vanesa.

Mauricio se quedó mirando a Nacho que parecía reflexionar con las manos entrelazadas por detrás de la nuca.

—¿Qué precisas? —dijo finalmente, adoptando una postura normal con las manos sobre la mesa.

—Os necesito a los tres para formar un equipo. Os expondré mi plan —dijo Mauricio seguro de sí mismo.

A la una de la madrugada y bajo un cielo estrellado, los cuatro amigos, desde el interior del coche de Mauricio, observaban silenciosos la casa supuestamente encantada.

En apariencia todo era normal, pero los cuatro, en aquel silencio penetrante y sepulcral, respiraban un aire lleno de misterio quizá por los tonos sepia que proporcionaba la penumbra de la farola al iluminar la carretera y el frontal de la casa.

Las persianas estaban igual que por la tarde: ninguna cerrada del todo y otras algo más abiertas, especialmente las dos que daban al frente. Asimismo, las cortinas de visillo dejaban entrever la oscuridad del interior, como si fuesen bocas negras que producen temor.

—La verdad es que esta casa da miedo —comentó Chus desde el asiento trasero del coche, al tiempo que Mauricio sacaba fotografías con una cámara digital; planos abiertos y cortos tanto del frente como de los laterales de la casa, especialmente de las ventanas.

—Bien, ya está —dijo Mauricio recogiendo la cámara—. Al volver, haremos las mismas fotografías y por el mismo orden por si hubiese alguna variación en las persianas o en las cortinas.

Poco después emprendieron la marcha. Pero a las cinco de la madrugada, allí estaban de nuevo. Mientras Mauricio preparaba la cámara...

–¡Mierda! –exclamó Vanesa.

–¿Qué ha pasado? –preguntó Nacho desde el asiento del copiloto volviéndose hacia atrás, donde estaban las chicas.

–Una de las persianas, la de la derecha, está más subida que antes, que estaba más o menos por la mitad, y ahora...

–Vanesa tiene razón –le apoyó Chus volcándose sobre su amiga–; por lo menos está dos cuartas más arriba que antes.

–A mí me parece que está igual –dijo Nacho.

–Ahora mismo salimos de dudas –dijo Mauricio mientras manipulaba la cámara para ver en la pequeña pantalla las fotografías guardadas.

Pasados unos segundos...

–Es verdad. Comprobadlo por vosotros mismos –dijo de nuevo mostrando la pantalla de la cámara–; ahora está casi arriba del todo y las cortinas las tiene más abiertas. Sin duda alguna, ahí dentro hay alguien o algo.

–¡Larguémonos de aquí! –gritó Chus agarrada a su amiga–. Me estoy cagando de miedo.

–Tranquila. Sacamos unas fotos más y nos vamos.

Con los nervios a flor de piel y manos temblorosas, Mauricio sacaba las fotografías en el mismo orden que la vez anterior, adelantando un poco el coche para sacar las fotos del costado sur de la casa, tal como lo habían hecho antes.

–Ya está. Mañana nos reuniremos en mi casa después de comer para ver detenidamente las fotografías y analizar qué nos desvelan.

–Yo no vuelvo por aquí ni aunque me maten –dijo Chus, a quien se la veía realmente atemorizada.

–Pues a mí –intervino Vanesa–, empieza a picarme el gusanillo de la curiosidad.

–Es el periodista que llevas dentro, Vanesa –le dijo Mauricio al tiempo que guardaba la cámara en el estuche–, y por eso serás la redactora de esta investigación. Tenemos que hacer un buen trabajo.

—Sí —intervino Nacho—, tenemos que seguir adelante. Yo dispongo de elementos técnicos para hacer una buena investigación. Y, si lo hacemos bien, podremos cubrirnos de gloria.

—Pues yo no tengo tanta capacidad como vosotros para aguantar esta presión. Estoy realmente muerta de miedo —dijo Chus medio encogida en el asiento trasero.

—Si se hacen bien las cosas, nada hay que temer —trató de tranquilizarla Mauricio, mientras se disponía a arrancar el coche. Pero en aquel preciso instante, el fuerte ruido de un chasquido llegó hasta ellos.

Los cuatro al unísono volvieron sus caras hacia la casa comprobando que la persiana de la ventana de la discordia había bajado de golpe.

—¡Hostias! —exclamó Nacho, mientras las dos chicas, abrazadas la una a la otra, gritaban aterrorizadas.

Mauricio trató de sacar la cámara de nuevo pero no pudo, pues Chus se había aferrado a él exigiéndole medio enloquecida:

—¡Arranca Mauri! ¡Salgamos de aquí, por el amor de Dios!

—¡Tan solo sacaremos una fotografía a esa ventana y nos largamos! ¡Es una prueba muy importante, joder! —gritaba nervioso Mauricio tratando de zafarse de la morena.

Finalmente fue Vanesa quien, tirando para atrás de su amiga, consiguió separarla mientras gritaba:

—¡Saca esa maldita fotografía y larguémonos de una puta vez!

Tembloroso, Mauricio sacó la fotografía y ya no esperó ni siquiera a guardar la cámara; se la echó encima a Nacho, y sin más, arrancó y salieron disparados.

Ya en la ciudad, esperando a que se abriese un semáforo aún con el miedo reflejado en sus rostros, Mauricio comentó:

—Pues entonces, quedamos así: mañana sobre las cinco de la tarde, nos vemos en mi casa para ver las fotos... A ver si tenemos la gran suerte de haber captado algo o a alguien dentro de la casa.

—¿Y por qué esperar hasta mañana? —exclamó Nacho cuando el coche arrancaba de nuevo

—La curiosidad me mata. ¿Por qué no vamos ahora?

—Porque mis viejos están durmiendo y no los quiero molestar.

—Pues vayamos a mi apartamento y las vemos en mi ordenador tranquilamente tomando unas birras...

—¿A estas horas? —se quejó Vanesa, a lo que Nacho le reprochó:

—Aún no son las cinco y media de la madrugada... Normalmente solemos llegar más tarde a casa los fines de semana. ¿O es que tienes que madrugar?

—No, pero...

—¿Estás de acuerdo, Chus? —le preguntó Mauricio.

—Como queráis... Total, no voy a pegar ojo...

Mientras Nacho ponía el ordenador a punto, los otros tres, sentados en sus respectivas sillas a su lado con una lata de cerveza en la mano, seguían los pasos del experto con su amplio equipo informático instalado en su habitación.

Al poco, aparecieron en pantalla todas las fotografías juntas, bastante nítidas, especialmente las del frente de la casa, gracias a la luz de la farola de la carretera que había a unos tres metros del portal.

—Vamos a maximizar una por una —dijo el experto—. Ahí está.

Vistas todas las fotos de la primera ronda sin que apareciese nada anormal fuera o dentro de la casa, pasaron a ver las que habían tomado en la segunda ronda.

Ampliada la primera, la del frente de la casa con sus dos ventanas con la puerta en el medio, a simple vista se adivinaba que la persiana de la derecha estaba algo más subida.

—Incluso desde lejos se nota —comentó Vanesa. Nacho añadió:

—Luego comparamos. Vamos a por las otras.

La siguiente foto enfocaba la ventana izquierda del frente de la casa, con la persiana un poco más arriba de la mitad, que solamente dejaba ver las cortinas blancas de visillo cerradas y nada más.

—Esta ventana siempre está exactamente igual —comentó Mauricio—; es como si en ella no hubiese actividad.

—A lo mejor los espíritus, igual que los vivos, tienen su lugar preferido en la casa —dijo medio en broma Vanesa.

—Sí, seguro que ahí no tienen la televisión. ¡No te jode! —bromeó Nacho y, a continuación, pinchó la imagen de la ventana de la derecha. ¡Vanesa y Chus pegaron un grito aterrador, al tiempo que Mauricio y Nacho se apartaban de la pantalla del ordenador, como si estuviese emponzoñada por la peste negra! Y es que, en honor a la verdad, la imagen ampliada al máximo de la ventana ponía los pelos de punta. En ella se podía ver claramente el ectoplasma o espectro de una mujer aparentemente joven, allí plantada mirando hacia ellos, pegada al cristal de la ventana de guillotina.

Toda ella era de un blanco transparente, como si fuese una radiografía o cliché fotográfico que desprendiera cierta luminosidad pero, aún así y todo, se podía adivinar una larga cabellera cayéndole por los hombros por encima de lo que parecía un camisón posiblemente blanco, e incluso en su cara se podían intuir las facciones casi perfectas de una mujer que sin duda debió ser muy guapa en vida, a pesar de que sus rasgos expresaban cierta intriga o desconfianza. O es que simplemente estaba enfadada…, muy enfadada.

–¿Será Mercedes? –preguntó Mauricio, pálido como un difunto.

–Posiblemente. De todas maneras después de escanearla podremos sacar una copia casi exacta de lo que era –expuso Nacho acercándose de nuevo al ordenador–. Mientras tanto, veamos el resto de las fotografías por si hay más sorpresas.

No las había pero volvieron a la fotografía del frente completo de la casa con la puerta en el medio para analizar bien esa ventana en la que ellos no habían visto absolutamente nada. En ella, reflejada en el cristal, se veía una ligera claridad, como si fuese el reflejo de las luces de un coche o el de la luz de la farola de la calle.

–Ahí está –dijo Nacho–. De no saberlo pasaría completamente desapercibida. De todas maneras, la ampliaremos para ver qué se ve.

Encuadrando el hueco de la ventana, la amplió al máximo, pero tan solo se veía una silueta deforme formada por una especie de niebla transparente.

Dando por rematada la sesión, los dos jóvenes se volvieron hacia las dos chicas. Vanesa mantenía a Chus contra su pecho, pues la muchacha estaba completamente aterrorizada.

–Bien –dijo por fin Mauricio–. Creo que con toda esta documentación, tenemos suficiente para ponernos en manos de Iker Jiménez o de Javier Sierra y que ellos, como profesionales que son, continúen con la investigación.

–¿Y para hacer esta mierda de trabajo nos precisabas con tanta urgencia a los cuatro? –le preguntó Nacho indignado.

–Bueno…, yo nunca creí obtener un resultado así tan pronto.

–¡Pues vale, Mauri…! Llama a Iker Jiménez, a Javier Sierra y, de paso… ¿por qué no llamas también a J.J. Benítez, a Jiménez Del Oso... o a Erik von Däniken? Y ya puestos, puedes llamar también a los programas de cotilleo para que se rían a nuestra costa.

—¿Qué insinúas Nacho? ¿A qué viene ese sarcasmo? —le preguntó Mauricio con el ceño fruncido.

—Te estoy diciendo, querido Mauri y a la vez amigo, que debemos seguir investigando por nuestra cuenta y riesgo para explotar nosotros mismos esta historia.

—¡Cuidado Nacho, que esto no es un juego! Ellos, los especialistas o eruditos en esta materia, aparte de tener los medios, tienen gente sobradamente preparada para actuar en estos casos. No creas que todo es tan sencillo; de hecho, puede resultar muy peligroso. Muy peligroso.

Echándose para atrás con las manos en la nuca y moviéndose con la silla de ruedas, Nacho ironizó con una sonrisa burlona o más bien satírica en su boca:

—¿Peligroso...? ¡Vamos, hombre! Mauri, que no somos críos... ¿Qué nos puede pasar si logramos entrar en la casa?

—Mauri... —intervino Vanesa—, Nacho tiene razón. Imagínate que de esa casa sacásemos una historia fascinante, bien documentada. Entonces, entre los cuatro podríamos escribir un libro, o aún mejor: con todo el material conseguido abrir una página Web y ganar una pasta gansa con las visitas que tendríamos, lo que nos permitiría seguir investigando nuevos casos.

—Ahí es adonde quiero ir. ¿Para qué darles la gloria y el dinero a otros que ya no lo necesitan pudiendo hacerlo nosotros mismos? —concluyó Nacho.

—Cuidado chicos —dijo Mauricio—, que la ambición es mala consejera y más en estos casos. Os lo advierto. En tu caso Vanesa, lo comprendo; sé perfectamente que algo así te puede abrir muchas puertas al acabar la carrera pero... ¿realmente sois conscientes de a qué nos enfrentamos? Además, ¿qué más podemos hacer si el dueño no nos facilita información ni nos permite el acceso a la casa? ¿Asaltarla como si fuésemos delincuentes? Porque supongo que pretendéis entrar en la casa para investigar o hacer sicofonías...

—Conmigo no contéis. Con lo de hoy ya tengo bastante —estalló Chus.

En la postura que estaba, Nacho mantenía el mismo gesto irónico en su cara hasta que, por fin, muy seguro de sí mismo, le dijo a Mauricio:

—Vamos a ver, querido amigo, ¿cuántas irregularidades no se habrán cometido en nombre de la ciencia o en investigaciones judiciales o policiales...? Pero tú, ¿te imaginas por un momento que consiguiésemos esclarecer el asesinato de esa mujer... ¡desvelado por ella misma!? Sería la hostia tú. Imagínate los titulares: «Crimen esclarecido por el fantasma de la víctima». ¿Os lo imagináis?

—Pues que saldríamos los cuatro a la palestra —comentó Vanesa—. Ni siquiera haría falta llamar a los especialistas... Vendrían ellos a por nosotros, lo mismo que las moscas a la miel, nos haríamos muy populares y se nos abrirían una infinidad de caminos y posibilidades.

Mauricio volvió a quedarse pensativo mirando el suelo. Él sabía que sus amigos tenían razón y en realidad era lo que él llevaba soñando desde hacía muchos años y la ocasión se le presentaba propicia. Incluso llegó a pensar que la táctica le estaba dando sus frutos; ¡ya no tenía que ser él el que suplicase ayuda a sus amigos sino que se ofrecían ellos solitos!

Decidió seguir con el juego.

—No me gusta nada vuestra idea pero sois mis amigos y yo estaré siempre con vosotros. Lo que os pido es que no os dejéis llevar por la ambición; que mantengamos siempre y en todo momento las ideas muy claras en cada paso que demos.

—Claro, por supuesto —asistieron Nacho y Vanesa.

–Y a ti, Chus –le dijo Mauricio–, no te vamos a dejar de lado. Tú puedes aportar cosas sin necesidad de meterte en la boca del lobo. ¿Comprendes lo que te quiero decir?

–Ya, pero es que a mí me dan mucho miedo estas cosas…

–Ya verás como al final le coges el gustillo –le dijo Vanesa dándole un abrazo.

Pasados un par de minutos de total fraternidad entre los cuatro amigos, fue el propio Nacho –que parecía haberse erigido en líder– el que dijo:

–Bien. Antes de irnos a dormir, elaboremos un plan para mañana; qué vamos hacer y cómo.

–Lo primero –propuso Vanesa–, es grabarlo todo; incluso nuestras conversaciones. Debe quedar constancia de todo para luego redactarlo sin opción al error.

–Tienes razón Vanesa –afirmó Nacho–. Mauri, pon la grabadora en marcha mientras yo abro una carpeta para almacenar todas las fotografías. ¿Qué nombre le ponemos a esta operación?

Los cuatro se quedaron en silencio, hasta que…

–ECP –propuso Chus.

–¿ECP? –preguntaron los tres mirándola.

–«Expedientes Casos Paranormales» –aclaró.

Los tres asintieron con la cabeza, por lo que se dio por aprobado.

Sábado, seis de la tarde

El Seat Toledo color rojo de Mauricio pasó lentamente por delante de la casa y ellos mismos comprobaron que la ventana de la derecha volvía a estar como la primera vez: abierta un poco más de la mitad. Pero no se detuvieron. Fueron a aparcar unos cien metros más adelante enfrente de un camino de tierra que subía al monte.

Mauricio y Vanesa se bajaron mientras Nacho y Chus se quedaban esperando en el interior del coche.

Cogidos de la mano como una pareja de jóvenes enamorados tomaron el camino de tierra, en apariencia algo nerviosos o más bien intrigados al ignorar por completo con lo que se iban a encontrar.

—No te olvides de poner la grabadora tan pronto veamos la casa y procura que no se note que le estamos grabando si no queremos cagarla —recomendó Vanesa en voz baja, temiendo quizá ser escuchada por el miedo y la tensión que tenía por dentro.

—No te preocupes. A ver si tenemos suerte y podemos hablar con ese tal *Manoliño*.

Tal y como había dicho la anciana, a unos cincuenta metros monte arriba, a la derecha y a unos treinta y cinco metros, apareció ante ellos una siniestra casa de labriegos, toda de piedra y muy antigua, justo detrás de un gran castaño sin duda centenario que ensombrecía gran parte de la misma haciéndola aún más misteriosa de lo que en principio podía parecer.

—Esta debe de ser la casa —comentó por lo bajo Mauricio.

—Sin duda alguna. Pon la grabadora en marcha —dijo Vanesa con el mismo tono de voz.

Nada más enfilar el estrecho camino de barro que llevaba directo a la casa, de pronto, como surgido de la nada, se presentó ante ellos un fiero y mal cuidado pastor alemán cortándoles el paso, ladrando con rabia mientras mostraba sus desafiantes colmillos. Afortunadamente para la joven pareja de amigos, el animal arrastraba una larga cadena atada al tronco del castaño, lo que les impidió ser atacados. Aun así, los dos se quedaron petrificados sin capacidad de reacción.

Detenidos en el medio del camino con el miedo reflejado en sus rostros, Vanesa susurró:

—Atento. Parece que alguien va a salir de la casa.

—Veamos si hay suerte.

Efectivamente, la puerta principal de la casa se abrió y apareció ante ellos un hombre fuerte, de unos cincuenta y pocos años, sudoroso y enfundado en una camiseta toda sucia que le permitía mostrar unos fuertes brazos, anchos hombros y un pecho musculoso con mucho vello, que realzaba aún más la imagen objetiva de un hombre embrutecido quizá por el trabajo del campo.

—Debe ser él —dijo Vanesa en voz baja—. Menuda pinta tiene.

—Sin duda debe tratarse de *Manoliño*.

Desde la misma puerta, con gesto mal encarado, el hombre preguntó con voz potente:

—¿Qué desean?

Tal y como se habían quedado plantados a unos dos metros del enrabietado perro que no cesaba de ladrar como si la vida le fuese en ello, gritaron:

—¡Perdone! ¡¿Es usted Manuel...?! —chilló Mauricio para dejarse oír por encima de los ladridos del perro.

—¿Qué quieren? —insistió en preguntar el hombre desde la puerta.

—¡Hablar con usted!

De mala gana, el hombre salió afuera, gritándole al perro:

—¡*Lisca*!

Acobardado, el animal, con el rabo entre las piernas y la cabeza gacha, fue a refugiarse junto al tronco del árbol al que estaba atado.

—¿Qué desean? —preguntó el hombre parándose a dos metros de los jóvenes con los brazos en jarra y las piernas entreabiertas, en actitud claramente desafiante.

—Verá —dijo Mauricio cogiendo a Vanesa por el hombro y acercándola cariñosamente contra él—; el mes que viene tenemos previsto casarnos y andamos buscando una casa fuera de la ciudad, y pudiendo ser, con vistas al mar. Y precisamente un compañero de trabajo que pasa todos los días por esta carretera me habló de la casa que usted tiene ahí abajo, aunque ya nos hemos fijado que ha quitado el cartel. ¿Ya la ha alquilado?

El hombre miró con desconfianza y gesto taciturno. Haciendo el ademán de irse, dijo:

—Estuvo en alquiler, pero ya no lo está.

—¿La vende, tal vez...? —le atajó Mauricio para no darle opción a que se fuese.

El labriego se quedó muy serio para, con cierto desprecio, espetarles a la cara:

—Ustedes no tienen ningún interés en alquilar o comprar la casa. Ustedes vienen como todos los demás porque oyeron hablar de ella. Así que vayan con Dios que tengo mucho que hacer.

—Perdone, ¿hablar de qué? —preguntó Vanesa haciéndose la sorprendida.

—De la tontería esa de que la casa está encantada.

—Pero, ¿aún hay gente que cree en esas paparruchadas? —comentó Mauricio mostrando una sonrisa forzada de ingenuidad.

—Ya ve que sí. Y si no la alquilo es porque voy a echarla abajo para hacer otra casa nueva y más grande. Si me disculpan, tengo mucho que hacer.

—Perdone por las molestias —le dijo Mauricio— pero, ¿no sabrá usted de otra casa que se alquile o se venda por aquí? Es tan bonito el sitio con estas vistas al mar... —preguntó para disimular sus auténticas intenciones.

—No, que yo sepa. Que tengan buena tarde —concluyó el hombre dándose la vuelta. Y, sin más, se dirigió a su casa.

—Buenas tardes, y gracias por todo —le correspondió la pareja a su espalda.

A la una de la madrugada, los cuatro amigos volvieron a la casa supuestamente encantada. Esta vez se bajaron todos del coche aparcado a unos veinte metros del objetivo, y se acercaron pausadamente al pequeño portal de hierro y al muro de metro y medio de alto que cerraba la finca para analizar con detenimiento el entorno y los posibles accesos al edificio, con la emoción contenida a la espera de acontecimientos y sin perder de vista la ventana de la derecha.

—¿Cómo podríamos hacer para saber si entra o sale gente de la casa? —preguntó Nacho.

—Espolvoreando polvo de talco por el patio entre el portal y la puerta de la entrada. De esa manera, si entra o sale alguien, quedarán sus huellas impregnadas en él —dijo Chus.

—Buena idea —la apoyaron los demás.

—¿Ves como eres muy necesaria? —le dijo Mauricio regalando una sonrisa de complacencia a la morena que se sintió halagada.

—Vamos a una farmacia de guardia —ordenó Nacho.

Una hora después ya estaban de vuelta y en el mismo portal, que además de no medir más de un metro sesenta de altura, era de rejas, lo que permitía meter una mano a través de ellas. Fue el propio Nacho el encargado de esparcir el polvo de talco por el patio incluso soplando, mientras los demás estaban pendientes de si venía gente por la carretera o se veía la luz de un coche a lo lejos.

Finalmente, una amplia zona del estrecho patio que había entre el portal y la puerta principal de la casa, aproximadamente unos cuatro metros cuadrados, quedó completamente cubierta por un manto blanco como si fuese polvo de nieve, cosa bastante curiosa en aquella época del año.

—Ya está —dijo Nacho—. ¿Qué tiempo le damos?

—No debemos precipitarnos —dijo Mauricio—. Yo lo dejaría hasta el próximo viernes, aunque yo mismo me encargaré de pasar todas las noches para ver si hay huellas de pisadas y, de paso, sacar nuevas fotografías por si sale algo más.

—Yo puedo acompañarte —se ofreció Vanesa. Pero Nacho se interpuso dejando claro quién era el líder del grupo.

—En vista de que este verano nos vamos a quedar en la ciudad, podemos hacer el seguimiento todos juntos e ir clasificando información. Debemos aprovechar el mes de agosto al máximo, alternando trabajo con diversión, ya que más de una vez la vamos a necesitar..., me refiero a la diversión. ¿Estáis todos de acuerdo?

Mauricio y Vanesa aprobaron el plan de Nacho, mientras Chus permanecía silenciosa mirando hacia la ventana de la discordia.

—¿Y tú qué dices Chus? —le preguntó Mauricio.

La morena de cabello rizado se volvió medio distraída hacia su interlocutor, mientras respondía con cierta inseguridad:

—Si somos un equipo, acataré lo que apruebe la mayoría.

Conforme iban pasando los días y, a pesar de haber notado ligeros movimientos en la persiana de la derecha, e incluso, aunque no con tanta nitidez, y que en dos ocasiones apareciera el ectoplasma de la mujer, en el patio no había aparecido ninguna huella de pisadas en las fotografías tomadas. El polvo de talco mezclado con el rocío de las noches se había fundido con el cemento dejando una capa grisácea que permitía de cualquiera manera retener las huellas de pisadas en el caso de que entrase o saliese alguien de la casa o de la finca, cosa que no había sucedido.

El viernes siguiente lo planearon todo para entrar en el edificio durante la madrugada del domingo al lunes, que era cuando menos tráfico había por aquella carretera secundaria. No sabían todavía cómo entrar, pero irían preparados, incluso con un magnetofón de cuatro pistas y pilas abundantes por si no había electricidad. El objetivo era conseguir unas buenas sicofonías.

A la una de la madrugada del lunes, allí estaban los cuatro con el coche aparcado fuera de la carretera a unos cuarenta metros de la casa y medio oculto por la vegetación para no levantar sospechas. Lo tenían todo perfectamente planificado. Mientras los chicos entraban en la casa, Chus y Vanessa tenían la misión de vigilar desde el vehículo, y en caso de peligro, hacer sonar la bocina, arrancar e irse, para luego volver a recogerlos.

¡Los nervios estaban a flor de piel! Al poco, los dos chicos salieron del coche; Nacho, con una pesada mochilas a sus espaldas seguido de Mauricio, como si fuesen excursionistas, vestidos los dos de negro para confundirse con la noche, a pesar de haber farolas cada cincuenta metros por la carretera adelante que desprendían una luz amarillenta de escasa densidad. El silencio era absoluto; ni siquiera se escuchaban los grillos ni las cigarras mientras los dos amigos caminaban lentamente en dirección a la casa, a la aventura, rebosando adrenalina por los poros de la piel.

Nada más llegar al muro de bloques de cemento y al ver que no venía ningún auto por la carretera, Mauricio saltó sin el menor esfuerzo dentro y, sin más, se hizo cargo de la pesada mochila para, a continuación, ser Nacho el que saltase con la misma facilidad que su amigo, a pesar de ser algo más bajo y más ancho.

—Cuidado con no pisar el talco. No vaya a ser que dejemos nuestras propias huellas —le advirtió Mauricio.

Los dos se apresuraron a tantear todas las ventanas al tiempo que con linternas escrutaban el interior. En apariencia todo estaba normal dentro de la casa amueblada sencillamente al estilo de los años sesenta o setenta. Por desgracia para ellos, todas las ventanas tenían puesto el pestillo, no permitiendo el acceso.

Luego pensaron en probar con la puerta pero para ello tenían que pisar la capa de polvo de talco, por lo que desistieron.

—No nos queda otro remedio que pasar al plan «B» —dijo Nacho.

—Pues no perdamos más tiempo. Vayamos a la ventana de la cocina, que está al fondo en la zona más oscura —propuso Mauricio.

Al pie de la ventana del fondo de la cara norte, Nacho se apresuró a sacar de la mochila una palanca de hierro tipo «pata de cabra» y, mientras introducía la uña por la ranura inferior, aseguró:

—El pestillo es sencillo y está atornillado a la madera, por lo que saltará como si nada.

Y, efectivamente, con un mínimo esfuerzo, el pestillo saltó con un leve chasquido. Mientras Nacho guardaba la palanca en la mochila, Mauricio se apresuró a subir la ventana de «guillotina» y, al comprobar que no había peligro, se introdujo dentro de ella. Después de pasarle la mochila, Nacho hizo lo mismo aunque de manera precipitada. Estaba blanco como un difunto.

—¡Joder! Qué frío hace aquí dentro —se quejó frotándose el pecho y los brazos.

La cocina era sencilla pero a la vez inquietante, siniestra se podría decir, de butano, de tres fogones, toda llena de mugre y polvo…, con una nevera mediana rezumando óxido por los cuatro costados y alacenas de formica, viejas y deformadas, sucias y desconchadas, igual que la mesa arrimada a una de las paredes con sus cuatro sillas a juego y todo ello cubierto de suciedad y polvo, señal inequívoca de total abandono; de hacer muchos años que nadie pisaba aquella cocina.

Temblorosos, soltando vaho por la boca y con las linternas encendidas, buscaron enchufes y lo primero que encontraron fue el interruptor de la luz, que accionaron. Pero la bombilla que colgaba del techo permaneció apagada.

—Es igual —dijo Nacho—; el aparato ya tiene las pilas puestas. Le damos a grabar aquí mismo, encima de la mesa, y nos largamos con viento fresco.

—¿Le echamos un vistazo al resto de la casa? —propuso Mauricio, en apariencia algo más tranquilo que su amigo.

—¡No me jodas Mauricio! Venga, ya está grabando. Larguémonos de aquí cagando hostias.

El primero en salir fue Nacho, que se hizo cargo de la mochila, ahora mucho más ligera y, a continuación, saltó Mauricio cerrando con sumo cuidado la ventana. Ya ante el muro y, al comprobar que no venía nadie, brincaron a la carretera y se fueron caminando hacia el coche con las capuchas puestas y la cabeza gacha al ver las luces de un coche que pasó por delante de ellos como si nada.

—¿Cómo os fue? —preguntó Vanesa nada más entrar sus amigos y ocupar la parte trasera del coche.

—Bien, pero tira para adelante y busca un bar o una cafetería en la que podamos tomar algo caliente. Estamos muertos de frío —ordenó Nacho, mientras Mauricio trataba de relajarse con los ojos cerrados y la cabeza apoyada en el reposacabezas.

—¿Pasasteis mucho miedo? —preguntó Chus mordiéndose el puño de la mano derecha.

—No —mintió Nacho—, la verdad es que estaba todo muy tranquilo.

A las cuatro cuarenta, tres horas y cuarenta minutos después, volvieron al mismo lugar. Esa vez la maniobra para recuperar el aparato se hizo rápido; no habían pasado ni diez minutos y ya estaban de vuelta en el coche.

—Tira para mi apartamento —le indicó Nacho a Vanesa.

De nuevo el Seat Toledo salió con total normalidad rumbo a la ciudad, perdiéndose en la noche estrellada.

Tres cuartos de hora más tarde, los cuatro amigos, sentados en torno a la pequeña mesa que había en la también pequeña pero coqueta cocina del apartamento de Nacho, parecían reflexionar muy nerviosos, sin quitar ojo del magnetofón que tenían ante ellos ocupando el centro de la mesa.

—Antes de ponerlo en marcha, vamos a relajarnos un poco con unas birras. ¿Os parece bien? —propuso Nacho.

—Buena falta nos hace —asintió Mauricio—. Menuda experiencia la que hemos pasado.

—Pues nosotras estábamos cagaditas de miedo dentro del coche, ¿verdad Chus?

—Y tanto.

Un poco después, con una neblina flotando en el aire en un ambiente algo más relajado, los cuatro amigos se cogieron de la mano para desearse suerte antes de escuchar lo que pudiese haber grabado el magnetofón.

—Bien —dijo Nacho—. ¿Estamos realmente preparados?

—Sí —asintieron los tres.

—Si sale algo extraño, nada de gritos, sino los vecinos me capan. Esta semana tuve que aguantar alguna crítica de los de abajo, que son unos tiquismiquis de cojones, por lo de la semana pasada.

—Tranquilo, que no volverá a pasar... —dijo Chus sintiéndose ofendida por ser considerada la más miedosa; la de los chillidos agudos.

En un silencio sepulcral, con los ojos enrojecidos literalmente clavados en la cinta que comenzaba a girar, escucharon lo grabado al principio, reconociendo la voz de Nacho que decía: «Ya está grabando. Larguémonos de aquí cagando hostias». A continuación se escuchaban unos pasos seguidos de unos jadeos; se oía perfectamente cerrar la ventana y después, silencio...; tan solo se escuchaba el leve sonido del motor al arrastrar la cinta.

Ni veinte segundos habían transcurrido cuando se escuchó un «¡tram!», como si una puerta se hubiese cerrado con violencia.

—¡Para! —ordenó Mauricio—. Ese ruido no puede ser nuestro.

—No... —certificó Nacho—. Es en el interior de la casa y cuando nosotros ya estábamos fuera.

—Ponlo desde el principio y marquemos los tiempos.

Con suma atención escucharon lo grabado hasta el supuesto portazo y, haciendo cálculos, llegaron a la conclusión de que aquel ruido se había producido al estar ellos de vuelta, ya cerca del coche, por lo que no habían escuchado absolutamente nada.

–No hay la menor duda. Ese portazo se produjo después de habernos marchado nosotros –aseguró Mauricio.

–Sigamos escuchando –propuso ansioso Nacho, dándole de nuevo al *play*.

Unos segundos después del sonido de la puerta, se escuchó una especie de grito lejano de mujer, como en la parte opuesta de la casa, que los dejó paralizados.

Nacho se apresuró a darle al *stop* y rebobinar de nuevo. Antes de pulsar de nuevo al *play*, preguntó:

–¿Habéis entendido algo?

–A mí me parece que dice «¡elva! –arriesgó Mauricio frunciendo el ceño. Vanesa añadió:

–Algo así como «¡vera!»

–Habría que pasar la grabación por un filtro pero, de momento, poned atención para ver si llegamos a una conclusión. Atentos.

Nacho le dio de nuevo al *play* y la voz surgió como una llamada o una queja desesperada ahogada por la distancia pero, al mismo tiempo, que se desgarraba por sí misma, lo que la hacía más repelente y misteriosa a la vez.

–¿Lo pillasteis? –preguntó Nacho.

Mauricio y Vanesa se mantenían en lo mismo, y fue la propia Chus, quien abrazada a Vanesa, certificó:

–Dice: «¡fuera!»

Después de escucharla cuatro o cinco veces más, los cuatro llegaron a la conclusión de que, efectivamente, decía «¡fuera!», de una manera muy compacta; sin alargar las silabas.

Siguieron escuchando atentamente hasta que, unos minutos después, comenzaron a escucharse golpes de puertas al cerrarse, persianas que caían de golpe, cajones que se abrían y cerraban con violencia, para luego volver el silencio. Un silencio que solo duró unos minutos ya que a continuación se escuchó con total nitidez la voz de un hombre que parecía mayor por su voz grave, muy cerca del aparato, como si pretendiese dejar un mensaje grabado: «Preciso de Dios».

¡Los cuatro amigos se quedaron helados; sin capacidad de reacción!

—¿Será el cura? —preguntó finalmente Mauricio.

—Quién sabe. Lo que está claro es que dentro de la casa hay más de un fantasma —opinó Vanesa.

A las nueve y media de la mañana, agotados y mermadas las facultades psíquicas por la noche tan intensa que habían tenido, empujados por Nacho y Vanesa, Mauricio y Chus accedieron a un arriesgado plan.

Pese a las dudas de Mauricio y los riesgos que pudiesen correr, Nacho insistió en llevarlo a cabo.

—Pero vamos a ver, Mauri..., está claro que ellos no nos pueden hacer nada; de hecho, si pudiesen, ya lo habrían hecho cuando estuvimos dentro de la casa.

—Y, sin embargo, pudimos comprobar a través de lo grabado que están muy enfadados, en especial ella. Y eso de que no nos pueden hacer nada, es relativo. En muchos casos demostrados con hechos reales, se sabe que este tipo de espíritus tienen la capacidad de hacer daño; mucho daño e, incluso, pueden llegar a matar por defender su intimidad. ¡No soportan el intrusismo! Por otra parte, ninguno de nosotros tenemos experiencia con la güija; sin querer podemos abrir puertas no deseadas y que se presenten ante nosotros entes malignos y entonces...

—No les daremos opción a ello —intervino Vanesa—. Tendremos que demostrar a los «inquilinos» de la casa que nuestras intenciones son serias; que lo único que pretendemos es contactar con ellos para ayudarles a esclarecer el crimen y denunciarlo para que encuentren la paz que necesitan y emprendan el camino al lugar que les corresponda. Yo estoy completamente segura de que ellos lo agradecerán y colaborarán con nosotros. Lo que no debemos hacer, bajo ningún concepto, es tomarnos la cosa a cachondeo.

Todos guardaron silencio; parecían reflexionar sobre las palabras de Vanesa. Se les veía preocupados, con el miedo reflejado en sus caras. Pero de lo que estaban seguros, a excepción de Chus, era del deseo ferviente de seguir adelante con el plan establecido tomado ya como una cuestión personal de compromiso con aquella causa, con el drama que había ocurrido en aquella casa que había calado hondo en sus corazones.

Las cosas comenzaban a tomar un cariz serio. Lo que había comenzado como un simple juego escondía un terrible drama al margen de lo paranormal. Y es que, en realidad, el trabajo a realizar por estos cuatro jóvenes inexpertos, más que de una investigación de misterio o de un posible caso paranormal, se estaba convirtiendo en un caso policial: un crimen cometido hacía más de veinte años que no había sido esclarecido. Las intenciones de los muchachos eran buenas pero sus conocimientos escasos, por lo que no eran conscientes del posible peligro que podían correr.

–¿Y tú qué dices, Chus? –le preguntó finalmente Nacho a su amiga morena.

–La verdad es que tengo mucho miedo, lo confieso… –respondió con sinceridad la muchacha con el rostro congestionado–. Sin embargo siento una gran angustia en el pecho por esa pobre mujer a la que me gustaría ayudar. Por ella, y solo por ella, me arriesgaré a entrar.

–Entonces no se hable más –dijo Nacho levantándose de la mesa–. Esta misma noche el ECP entra en su última fase. Con el material conseguido comenzaremos a trabajar duro; a elaborar concienzudamente el expediente que nos ha de llevar al éxito. ¿Qué os parece si cenamos los cuatro aquí? ¡Pizzas, claro está! Yo me encargaré de pedirlas. Y tú, Mauri, no te olvides de ir a comprar la tabla esa de la güija y que te expliquen bien cómo funciona para no meter la pata. Y, si no, lo vemos por Internet.

☞

A la una treinta del lunes para el martes, un Audi negro conducido por Nacho pasó despacio por delante de la casa, mientras Mauricio, a través de una ventanilla abierta sacaba fotografías con su cámara digital. Las chicas, atrás, con gesto de preocupación, no perdían detalle, especialmente ventana de la derecha del edificio.

—Para un momento —ordenó Mauricio—. Vanesa, haz el favor de bajar un momento y acercarte al portal por si hay alguna huella.

Vanesa salió decidida. Volvió enseguida para anunciar:

—Sin novedad.

A continuación el coche emprendió la marcha con rumbo sur hasta desaparecer en la primera curva. Cinco minutos más tarde aparecieron de nuevo, pasando por delante de la casa despacio para, a unos cincuenta metros más adelante, salir de la carretera con precaución para adentrarse un poco en el monte con la intención de dejar el auto entre pinos y eucaliptos, oculto a la vista de los demás vehículos que pasaban muy de vez en cuando.

Unos minutos después los cuatro amigos caminaban en fila india por la carretera vestidos con prendas negras u oscuras y una actitud bastante sospechosa, especialmente al tratar de ocultar sus rostros al paso de un coche.

Ya junto al muro, Nacho y Mauricio, que llevaban sendas mochilas a sus espaldas, en silencio y con precisión matemática, demostrando que lo tenían todo bien planificado, ayudaron a las chicas a saltar, haciéndolo ellos a continuación. Pero las luces de otro coche los obligaron a esconderse tras el muro con el corazón encogido; el vehículo redujo la velocidad y pasó muy lentamente por delante del portal, cosa bastante habitual entre muchos curiosos dada la fama que tenía la casa.

La ventana de la cocina se abrió con suma facilidad y el primero en introducirse a través de ella fue Nacho mientras Mauricio ayudaba a las chicas, después de pasar las mochilas. Los cuatro estaban muy nerviosos pero Chus parecía realmente atemorizada con la boca entreabierta y los ojos desorbitados, abiertos como platos como si quisiesen penetrar la oscuridad.

Ya en la cocina, mientras Nacho alumbraba con una linterna, Mauricio cerró la ventana y bajó la persiana para que desde fuera no se viese claridad alguna. Todas las precauciones eran pocas y ellos lo sabían.

–Ya está. Podéis prender las velas –ordenó.

Las chicas, con gran nerviosismo y soltando vaho por la boca, encendieron las cuatro gruesas velas que fijaron con la misma cera en cada esquina de la mesa, al tiempo que Nacho dejaba el magnetofón grabando encima de la cocina de butano. A continuación, con una cámara de vídeo en la mano, buscó un buen ángulo donde instalarla de manera que enfocase la mesa, que había arrastrado para ocupar el centro de la cocina, como si fuese el escenario en el que se fuera a representar una obra de misterio o, quién sabe, de terror. Finalmente consiguió instalarla en una de las alacenas, sujetándola con cinta aislante.

Por su parte Mauricio posó sobre la mesa el tablero de la güija que había comprado aquella misma tarde, depositando sobre él un vaso de cristal boca abajo.

–Todo listo. ¿Empezamos? –dijo Nacho con voz temblorosa.

Los cuatro sentados en torno al tablero se miraron en silencio titiritando de frío... Un frío que no se correspondía para nada con aquella época estival del año. Pero ellos, especialmente los amigos de Mauricio, por su ignorancia lo achacarían a la emoción, pero sobre todo al miedo.

Chus parecía estar al borde de sufrir una crisis de terror, mientras Vanesa, que era la encargada de escribir el mensaje con un bolígrafo en una pequeña libreta que tenía a su lado, trataba inútilmente de calmar a su amiga frotándole la espalda.

—Venga —ordenó Mauricio—, llegado el momento posaremos suavemente el dedo índice de la mano derecha sobre el culo del vaso sin apretar, ni tratar de retenerlo si comienza a moverse. Tú, Vanesa, atenta cuando contacten con nosotros; apunta la letra en la que se para el vaso y, ojo, que puede ir muy de prisa. ¿Listos? Comenzamos entonces. Cojámonos de las manos, cerremos los ojos y concentrémonos. Vamos allá.

A continuación, con voz trémula pero ceremonial, Mauricio comenzó el ritual no muy convencido de lo que se debía hacer.

—A vosotros, entes que habitáis en esta casa, no pretendemos perturbaros la paz. Tan solo queremos contactar con vosotros, saber de vuestra existencia en la casa, para ayudaros en lo que podamos. ¡Manifestarse!

El ambiente era tan espeso como el aire contenido en los pulmones de los cuatro jóvenes. Las llamas de las cuatro velas se mantenían firmes pero, al mismo tiempo, parecían temerosas; como la tensa calma con la que se espera la tempestad. ¡De pronto la puerta de la cocina se abrió con gran estrépito, como si le hubiesen dado una patada! Los cuatro amigos saltaron de la mesa con las chicas gritando enloquecidas. Nacho se quedó de pie paralizado por el miedo, mientras Mauricio trataba de coger las riendas de la situación, ordenando a sus amigos que se sentasen de nuevo ante el tablero.

—¡Sentaos...! ¡Sentaos que no pasa nada...! ¡Hay que continuar! ¡Ahora no podemos detenernos, ya están aquí, con nosotros, en la cocina!

Los tres trataron de obedecer. El primero en hacerlo fue Nacho que estaba pálido como la cera, mientras Vanesa, gimiendo de miedo, intentaba arrastrar a la mesa a Chus que gritaba como una esquizofrénica amarrada a su amiga como una lapa en una roca de mar.

—¡No puedo...! ¡Quiero largarme de aquí...!

—¡Venga! —exigía Mauricio con el rostro desfigurado por el miedo—. ¡No podemos derrumbarnos ahora..., sería peor! ¡Poned los putos dedos sobre el culo del vaso, ya!

—¡No puedo! ¡Quiero largarme de aquí! —gritaba Chus deshecha en lágrimas, sujeta esta vez por Nacho que estaba a su derecha.

Antes de comenzar de nuevo, un frío más intenso todavía invadió la cocina, hasta el punto de que el vaho que soltaban por sus bocas parecía niebla mecánica.

Implantada la calma, cuatro dedos temblorosos buscaron el culo del vaso. Pero antes de que pudiesen continuar, ¡una fuerza invisible, como si de un brazo poderoso se tratase, arrasó todo lo que había en la mesa, velas incluidas, que se fueron al suelo de baldosas al tiempo que el tablero salía disparado contra el pecho de Nacho, que puesto de pie, maldijo:

—¡Me cago en Dios...! ¡Larguémonos de aquí...!

Tal como estaba de pie, Nacho recibió un tremendo golpe en la mejilla derecha que lo lanzó contra la pared dejándolo medio aturdido en el suelo.

Las velas se habían apagado y los cuatro quedaron sumidos en la más plena oscuridad. Vanesa, que no cesaba de gritar, tanteando dio con la cinta de la persiana y la subió con la intención de escapar. Pero antes de que consiguiese abrir la ventana, una fuerza descomunal la agarró de su larga melena rubia, llevándola a rastras hasta el lugar opuesto, hasta dejarla tirada en el suelo mientras ella se revolvía de dolor entre la mugre y el polvo. Por su parte Chus andaba a gatas por el suelo medio enloquecida buscando debajo de la mesa un refugio en el que esconderse.

¡Mauricio, de pie, no sabía a quién atender hasta que desde un cajón de la alacena que se abrió solo pudo ver con pavor (gracias a que por la ventana entraba algo de claridad), el reflejo de un cuchillo de grandes dimensiones que salía y se dirigía hacia su corazón! Retrocedió con las manos en alto hasta quedar de espaldas contra la pared, sin escapatoria. En un acto reflejo de valor, por salvar la situación o, mejor dicho, la vida, sin dejar de mirar la punta del cuchillo a poco más de un metro de su corazón, más que gritar, suplicó:

—¡Tranquila, Mercedes! ¡Sabemos que te llamas Mercedes y que fuiste asesinada y nosotros solamente pretendemos ayudarte! ¡Tienes que creernos, por favor!

El cuchillo se detuvo en su trayectoria y, en aquel momento, que parecía de confusión total, Nacho aprovechó para ayudar a las chicas a salir por la ventana, mientras Mauricio seguía diciendo:

—¡Te mataron con un machete, lo sabes ¿verdad?! ¡Como también sabes que el crimen no fue descubierto por la policía y eso es precisamente lo que nosotros pretendemos hacer...! ¡Saber quién te mató para denunciarlo!

De nuevo el cuchillo comenzó a avanzar peligrosamente por lo que Mauricio, a la desesperada, se jugó una última baza al certificar:

—¡Fue Manuel, tu marido, quien te mató, ¿verdad?! ¡Fue él y quedó libre de culpa porque tenía una coartada y tú lo sabes! Pues eso es lo que pretendemos.... ¡Denunciarlo para que se haga justicia y que así tú y el padre Damián encontréis la paz!

El cuchillo se detuvo aunque parecía forcejear con otra fuerza invisible que trataba de detenerlo. En aquel preciso momento, desde la ventana Nacho le gritó:

—¡Venga Mauricio...! ¡Salta de una puta vez!

Mauricio aprovechó el momento para correr hacia la ventana y lanzarse por ella mientras el cuchillo se estrellaba contra los azulejos. Junto a Nacho, que le había recogido, corrieron escapando de aquel infierno detrás de las chicas que a punto estuvieron de ser atropelladas por una moto que pasó a gran velocidad.

Ya los cuatro dentro del coche, entre jadeos, maldiciones y gritos, Nacho arrancó rozando las ramas de los pinos, y encaró hacia la ciudad a toda velocidad mientras en el vehículo había un gran revuelo, como si hubiese una pelea contra fuerzas invisibles.

Antes de llegar a la primera curva, el conductor fue literalmente arrastrado de los pelos hacia atrás por unas manos imaginarias que hicieron que perdiese el control del coche, que en plena curva se salió de la carretera y se fue a empotrar con gran estrépito contra una casa antigua de piedra.

Chus, con un montón de secuelas que la dejaron incapacitada para el resto de su vida, fue la única que sobrevivió a la tragedia. El ECP había terminado... o no. En toda acción siempre hay un doble sentido, *El otro sentido de la realidad*, que es así como se titula el siguiente relato.

La realidad es igual que una moneda de dos caras distintas. Todo depende del punto de vista que se mire. Una cara es la realidad que uno ve, palpa, goza o padece como la padecieron esos cuatro amigos. La otra cara es relativa; sabemos que está ahí pero tan solo podemos intuirla o imaginarla.

Es lo mismo que escribir dos guiones distintos y dispares para contar una misma historia.

«El otro sentido de la realidad» es un relato corto y posiblemente de escaso interés por ser más que nada orientativo y, por lo tanto, completamente ficticio... O no...

ELB-AMAH

El otro sentido de la realidad

A pesar de ser noche cerrada y no verse luces encendidas, en el interior de la casa había una extraña claridad, como si estuviera siendo proyectada a través de un filtro marrón que creaba un ambiente de color sepia melancólico o rancio antiguo, el mismo que conservamos en la memoria oculta y se revela en los sueños.

Un hombre, que parecía mayor a pesar de sus treinta años, corpulento y bien parecido, en bata de estar en casa y zapatillas a juego, sentado en un sillón de la pequeña sala con las piernas cruzadas, leía la Biblia mientras, a su derecha, una mujer relativamente joven, vestida con un camisón blanco y largo que parecía de seda y le permitía lucir ciertas transparencias, permanecía en todo momento de pie pegada al cristal de la ventana, sin perder de vista la carretera que pasaba justo por delante de su casa.

A simple vista parecía una mujer interesante. Sin ser muy alta, se le adivinaban unas largas piernas perfectamente torneadas que terminaban en la redondez de sus caderas, a las que casi llegaba la gran mata de pelo castaño que le caía por los hombros cubriéndole toda su espalda.

En un momento dado, el hombre levantó la cabeza del libro, y haciendo un gesto negativo con su cara, le dijo a la mujer:

—Mercedes, mujer... Deja de una vez la ventana y siéntate a mi lado.

Ella se volvió con gesto enojado para recriminarle:

—¡Pero si están ahí otra vez! ¿Cómo quieres que la deje...?

—Pero, ¿quiénes están?

—Los cuatro de antes con el coche rojo, haciéndole fotografías a la casa. ¿Te parece normal? Tú con refugiarte en la Biblia ya tienes bastante. ¡Pero quien tiene que mirar por la casa soy yo, ¿sabes?! Y te digo que a esos chicos no los veo muy buenas intenciones —remató ella tirando de la correa de la persiana que se cerró de golpe. Enojada como estaba, pasó por delante del hombre y salió de la sala dando un portazo.

—Dios mío, qué paciencia tengo que tener con esta mujer… —se lamentó el padre Damián sin perder de vista la puerta.

A continuación, con gesto cansado se levantó, subió de nuevo la persiana, oteó el exterior y, al no ver a nadie, resignado volvió al sillón y se entregó de nuevo a la lectura.

La noche siguiente se repitió la misma escena. Pero esa vez…

—¡Ya están ahí de nuevo! —gritó Mercedes desde la ventana—. ¡Y vienen caminando hacia la casa…!

—Pero Mercedes, mujer —dijo el padre Damián posando la Biblia encima de una pequeña mesita de cristal, haciendo un esfuerzo por levantarse—. Veamos qué pasa…

—¡Mira, mira…! —le dijo ella arrastrándolo por un brazo—. ¡Ahí los tienes delante del portal!

Con cierta pachorra el hombre se asomó a la ventana y vio con total claridad a los cuatro jóvenes, dos chicos y dos chicas, que hablaban entre ellos.

—Están curioseando. No parecen malos chicos.

—¿Y qué tienen que curiosear, eh? Esta es mi casa y yo no permito curiosos en ella, ¿te enteras? ¡Fuera…! ¡Fuera de mi casa! —les gritaba, mientras el hombre trataba inútilmente de calmarla.

—Mercedes, cariño. A veces, no te das cuenta de tu situación, de nuestra situación, ¿verdad?

—¡No me vengas con las tonterías de siempre! Esta es mi casa y la defenderé con uñas y dientes, ¿te enteras? ¡Incluso estoy dispuesta a matar por defenderla!

—Pero mujer... Mira, ya se van...

—Pero volverán... Verás como volverán.

—Dios me asista para soportar esto —se lamentó el hombre volviendo al sillón.

Aproximadamente una hora después...

—¡Me cago hasta en la puta madre que los parió! —gritó de nuevo Mercedes desde la ventana—. ¡Ya están otra vez aquí! ¡Fuera...! ¡Fuera de mi casa hijos de puta...!

—¡Por favor Mercedes...! ¡Esa boca! —dijo el hombre levantándose de nuevo y asomándose a la ventana.

—¿Qué están haciendo? —preguntó ella agarrada al brazo del padre Damián, como si ahora tuviese miedo.

—Están esparciendo polvo... polvos de talco.

—¿Para qué?

—Posiblemente para saber si entra o sale alguien de la casa.

—¿Ves...? ¿Ves como tienen intención de entrar...?

El hombre se quedó muy serio mirando a los muchachos, para luego asegurar:

—Sí, sin duda pretenden entrar en la casa. Pero no tengas miedo cariño. Posiblemente nuestro destino esté en manos de esos jóvenes.

—Pero, ¿qué dices?

El hombre se volvió hacia la mujer y, apoyando sus grandes manos en sus finos hombros tratando de transmitirle tranquilidad, le dijo:

—No tengas miedo, cariño, ni pierdas los nervios. Estos chicos no son malos... Posiblemente saben de nuestra existencia y pretenden comunicarse con nosotros. Y eso nos puede venir muy bien.

—Pero... ¿qué saben de nosotros? —preguntó ella frunciendo el ceño.

—Que estamos muertos, Mercedes. Que estamos muertos.

—¿Muertos...?

—Sí, cariño, sí. Ya llevamos mucho tiempo muertos pero tú no lo has asimilado. Pero algo me dice que en esos jóvenes está nuestra esperanza.

—Es que yo tengo miedo Damián... Mucho miedo.

—Ten fe, mujer, ten fe. Pueda de que aún estemos a tiempo de coger el verdadero camino..., el sendero de Dios. Fuera de estas cuatro paredes forzosamente tiene que haber otra realidad distinta a esta, en la que podamos ser inmensamente felices.

Una de la madrugada de lunes de la semana siguiente

Mercedes salió corriendo de la sala y entró asustada en una habitación en la que el padre Damián, de rodillas, rezaba apoyado sobre una cama.

—¡Ya están aquí, Damián! ¡Están saltando el muro y van a entrar...!

—¡Tranquilízate mujer...! —le dijo el padre Damián levantándose.

—Están alumbrando a través de las ventanas, ¿qué hacemos?

Cogiéndola entre sus brazos, Damián la arrastró contra el lateral de un armario que los escondía de la ventana y la puerta, como si temiesen ser vistos. Tapándole la boca, le susurró al oído:

—Déjalos que hagan lo que tengan pensado hacer y, si hacen algo malo, les salimos al encuentro. Pero, de momento, ten paciencia y no grites.

Mercedes lo miraba con los ojos muy abiertos y los sentidos en alerta, en especial el oído, pataleando de rabia al sentir forzar la ventana de la cocina y más al escuchar las voces de los chicos ya dentro. Pero el hombre, no sin esfuerzo, conseguía mantenerla callada tapándole la boca, hasta que volvieron a sentir que los intrusos se marchaban y cerraban la ventana tras ellos.

—Ya está... Ya se fueron —dijo él—. ¿Ves como no pretenden hacer daño?

No obstante, al verse libre, Mercedes escapó de la habitación dando un portazo para dirigirse a la salita y, desde allí mismo, viendo marchar a los chicos, les gritó:

—¡Fuera!

Al comprobar que el coche se alejaba, Mercedes entró en una especie de estado de crisis, golpeándolo todo e incluso abriendo y cerrando cajones por la casa en los que en vida supuestamente guardaba sus pertenencias. ¡Parecía una auténtica esquizofrénica! Mientras, el padre Damián entró en la cocina con sumo cuidado y se acercó al magnetofón que estaba grabando sobre la mesa. En cuanto Mercedes se calmó, con cierto temor y como si quisiese que el aparato registrase su voz, dijo:

—Preciso de Dios.

A continuación se alejó con sumo cuidado buscando a Mercedes que estaba en la habitación conyugal echada boca abajo sobre la cama golpeando de rabia el colchón con sus puños.

Cerrando la puerta tras de sí, el padre Damián se sentó a su lado y le acarició el cabello.

—Yo tenía razón, Mercedes... —le dijo en voz baja—, esos chicos vienen a ayudarnos... Dejaron una grabadora funcionando y les dejé un simple mensaje que entenderán cuando lo escuchen. Ahora es muy importante que estés tranquila pues ellos volverán esta misma noche a recoger el aparato. Después de que escuchen la grabación, volverán y seguramente traerán la ayuda que precisamos.

Ella se volvió boca arriba con los brazos abiertos y la mata de pelo extendida por la cama. Era realmente guapa; tenía unas facciones casi ideales, ojos grandes, de un castaño claro como la miel, y su boca entreabierta mostraba unos labios carnosos y una dentadura blanca casi perfecta, lo mismo que sus abundantes senos que se llegaban a intuir a través del camisón, mientras ella se mostraba en una actitud sensual y provocadora.

—¿Qué tipo de ayuda crees que nos podrían traer esos chicos...? —preguntó mirándole fijamente a los ojos.

—La de Dios... Espero que entiendan el mensaje; que lo que nosotros precisamos es de Dios y, entonces, posiblemente traerán a un sacerdote para limpiar y bendecir la casa y que, de paso, nos ayude a encontrar el camino que nos ha de llevar al verdadero destino, del que no debimos habernos apartado. Tú no tengas miedo amor mío... Ya verás como todo ha de salir bien.

Dibujando una sonrisa maliciosa, Mercedes, con sus brazos desnudos, trató de alcanzar el cuello del sacerdote con intención de atraerlo para sí.

—No, Mercedes... —dijo él sujetándole las manos—. Hoy no deberíamos caer en la lujuria. Lo que debemos hacer es dejar las persianas como estaban para que ellos entiendan que no les cerramos el paso sino todo lo contrario, ¿comprendes?

—Lo que tú digas... amor mío.

—¡Dios mío! —dijo él echado encima de ella mirándola a la cara—. ¿Qué tendrán estos ojos que me encandilaron desde el primer día que los vi y por los que renuncié a lo más sagrado para mí...?

—Más perdí yo, ¿recuerdas? Me enamoré de ti desde el primer día que llegaste para sustituir a Don Manuel en la parroquia.

—Y bien caro que lo pagaste, cariño.

—Pero no me importó ya que después te tuve para mí sola y para toda la eternidad.

»Desde el primer momento que me enteré de que te habías quedado aquí, en la casa, ya nada me importó. Quería seguir amándote hasta después de la muerte. Dios, que es amor, comprenderá el nuestro y me perdonará..., nos perdonará a los dos... amor mío.

—A mí tampoco me importaría quedarme aquí para el resto de la eternidad... siempre a tu lado.

»Pero debemos evolucionar... Tiene que haber otro mundo maravilloso fuera de aquí en el que podamos ser inmensamente felices en un entorno compartido con otros seres y sin más temor que el de Dios, que sin duda bendecirá nuestro amor, sin tener que estar a cada instante pendientes de la dichosa ventana. Por eso tengo fe en esos jóvenes... Parecen buenos chicos y, por lo tanto, deben tener una moral religiosa, por lo que acudirán a donde deben si de verdad pretenden ayudarnos.

—¿Qué mensaje les has dejado...?

—Según tengo leído y entendido, y hasta la Biblia lo dice, entre los vivos y los muertos no debe haber comunicación. Por ello dejé un simple mensaje a modo de clave; simplemente dejé caer un... «preciso de Dios». Si son inteligentes, lo comprenderán.

—No creo yo que sea muy convincente el mensaje.

𝓰𝓸

Tres horas y cuarenta minutos después

—¡Ahí están otra vez! —anunció Mercedes desde la ventana.

—Rápido. Volvamos a la habitación —dijo el padre Damián dejando la Biblia sobre la mesita de cristal.

Los dos volvieron al lugar de antes junto al armario, donde permanecieron abrazados pero con el oído presto. Escucharon como abrían de nuevo la ventana, entraban y salían enseguida cerrando de nuevo la misma ventana con suavidad, como si temiesen molestar a los inquilinos de la casa.

El primero en acudir a la cocina fue el padre Damián. Al comprobar que solo habían ido a por el magnetofón, juntó las manos mirando al techo posiblemente para darle las gracias a Dios.

Al entrar Mercedes en la cocina, le dijo:

—Ya está... Nuestro destino está en manos de estos maravillosos chicos. Ahora tan solo nos queda esperar a que vuelvan, y Dios quiera que traigan lo que realmente precisamos.

—Fue tan escueto el mensaje, que dudo mucho que lo entiendan. Pero lo que está claro es que ellos algo quieren hacer. Si es bueno o malo, no lo sé.

—Lo entenderán. Ya verás como lo entenderán.

𝓰𝓸

Más o menos a la una cuarenta de la madrugada del día siguiente, Mercedes entró en la habitación en la que el padre Damián estaba entregado a la oración.

—¡Vienen hacia aquí...! —gritó asustada—. ¡Los cuatro chicos vienen hacia aquí!

Él se levantó a toda prisa acudiendo a la ventana cuando los muchachos ya estaban ante el muro dispuestos a saltar.

—Pero... —dijo el padre Damián con cierta extrañeza mirando hacia ellos—, vienen los cuatro y solos... ¿Y por qué de negro y cargados con esas mochilas...? ¿Qué pretenderán hacer?

—Ya te advertí que a mí no me gustaban nada pero tú...

—Ya lo sé, cariño, ya lo sé. Pero tengamos un poco de paciencia. Quedémonos aquí para ver lo que hacen.

Los dos se quedaron juntos escuchando con mucha atención tras la puerta que daba acceso a la de la cocina, que permanecía cerrada.

Mercedes estaba muy nerviosa mientras él, con el oído presto, le acariciaba la espalda para que se tranquilizase. Después de sentirlos entrar en la cocina y cerrar la persiana de la ventana, escucharon la voz de uno de los jóvenes que ordenaba: «Ya está. Podéis prender las velas». A continuación, oyeron a otro chico que decía: «Todo listo. ¿Empezamos?»

El padre Damián estaba totalmente desubicado...; no entendía qué pretendían hacer los cuatro jóvenes hasta que escuchó al primero que decía de nuevo: «Venga, llegado el momento, posemos suavemente los dedos índices de la mano derecha sobre el culo del vaso tocándolo suavemente sin apretar, ni tratar de retenerlo si comienza a moverse...»

—¡Dios mío! —exclamó el cura—. Trajeron una güija...

—¿Y eso es malo...? —preguntó ella fuertemente amarrada a su brazo izquierdo.

—Es un juego de invocación que puede abrir las puertas del mismo infierno. ¡No lo puedo permitir! ¡Estos chicos están locos, no saben con lo que juegan!

En el momento en que él se disponía a entrar en acción, ella le retuvo para decirle:

—Espera. No sé qué están diciendo.

Los dos se quedaron escuchando atentamente mientras uno de ellos comenzaba a invocar... «A vosotros, entes que habitáis...»

—¡Tenemos que parar esto como sea! —dijo el padre Damián en tono enfadado—. ¡Voy a entrar en la cocina y se van a enterar de cómo me las gasto!

—Voy contigo.

El padre Damián entró con toda su corpulencia en la cocina trasteando la puerta, que se abrió de manera estrepitosa. Los chicos se pusieron de pie al tiempo que las chicas gritaban aterrorizadas mientras él, encolerizado entre ellos, les reprochaba:

—¿Qué hacéis, insensatos...? ¡Herejes! ¡Largaos con este juego maldito fuera de nuestra casa...!

El más alto de los cuatro, completamente ajeno a la petición y desesperación del sacerdote, trataba de ordenar a sus amigos: «¡Sentaos...! ¡Sentaos que no pasa nada...! ¡Hay que continuar...! ¡Ahora no podemos detenernos, ya están aquí, con nosotros, en la cocina!»

Temblando de miedo y de frío, dos de ellos intentaron hacerle caso mientras una de las chicas, la morena, deshecha en lágrimas y sujeta por otro chico, medio enloquecida gritaba: «¡No puedo...! ¿Quiero largarme de aquí...!»

—¡Eso es lo que tenéis que hacer...! ¡Largaos de aquí, hijos del Demonio, discípulos de Satanás...!

—¡Fuera de mi casa... hijos de puta...! —gritaba también Mercedes que se protegía detrás de su amante.

Al comprobar que los muchachos intentaban seguir con el juego de la güija, de un manotazo el padre Damián arrasó todo lo que había en la mesa haciendo que el tablero saliese disparado contra el pecho de uno de los chicos que, puesto de pie, maldijo: «¡Me cago en Dios...! ¡Larguémonos de aquí...!»

Al escuchar aquella blasfemia, con la mano del revés, el padre Damián, que estaba a su derecha, le descargó un terrible golpe en la mejilla al muchacho, que salió despedido unos dos metros contra la pared de azulejos.

Las velas se habían apagado y los jóvenes parecían ciegos, perdidos en la oscuridad, pero no los habitantes de la casa pues para ellos era como estar en otra dimensión o realidad virtual, ya que seguían habitando en aquella claridad de color sepia, por lo que podían ver perfectamente a la morena andar a gatas por debajo de la mesa chillando como un animal herido de muerte, o a la rubia de pelo largo tanteando por la pared buscando la cinta de la persiana que consiguió abrir. Pero, al intentar abrir la ventana con la intención de escapar, la propia Mercedes fue a por ella, y agarrándola por los pelos, la llevó a rastras hasta la otra parte de la cocina dejándola allí, retorciéndose de dolor.

A continuación, fuera de sí, Mercedes abrió un cajón del mueble de formica y sacó un cuchillo de grandes dimensiones con el que se dirigió al chico más alto que andaba de un lado a otro sin saber qué hacer ni a quién atender. Al ver el cuchillo, el joven se detuvo con las manos en alto mientras el sacerdote, desde el otro lado de la mesa, le gritaba:

—¡No..., Mercedes...! ¡No lo hagas!

Pero ella no cejaba en su intención. Solo se detuvo al escuchar al muchacho que, muy asustado, con la vista fija en la punta del cuchillo, suplicaba:

—¡Tranquila Mercedes! ¡Sabemos que te llamas Mercedes y que fuiste asesinada y nosotros solamente pretendemos ayudarte...! ¡Tienes que creernos, por favor!

Entretanto, los otros chicos lograron escapar por la ventana porque el padre Damián estaba más pendiente de Mercedes, a quien se le acercó por detrás agarrándole el brazo, mientras le sugería:

—No lo hagas Mercedes... Por el amor de Dios, no lo hagas.... No compliquemos más las cosas de lo que están.

Asustado como estaba e ignorante de lo que acontecía a su alrededor, el joven siguió:

—¡Te mataron con un machete, lo sabes, ¿verdad? ¡Como también sabes que el crimen no fue descubierto por la policía y eso es precisamente lo que nosotros pretendemos hacer...! ¡Saber quién te mató para denunciarlo!

Mientras el sacerdote trataba de impedir que Mercedes cometiese el crimen, el joven, que seguía muy asustado, sentenció:

—¡Fue Manuel, tu marido, quien te mató, ¿verdad? ¡Fue él y quedó libre de culpa porque tenía una coartada y tú lo sabes...! ¡Pues eso es lo que pretendemos... ¡Denunciarlo para que se haga justicia y que así tú y el padre Damián encontréis la paz...!

—¡Lo saben, Mercedes! ¡Quieren ayudarnos de verdad...! ¡Suelta el cuchillo por favor!

Mientras la pareja luchaba entre ellas, por la ventana, el otro chico llamó a su compañero:

—¡Venga Mauricio! ¡Salta de una puta vez!

El tal Mauricio así lo hizo, pero el padre Damián salió tras ellos sin necesidad siquiera de saltar por la ventana, pues pasó a través del muro como si no existiese, seguido de Mercedes, después de que el cuchillo se estrellase con rabia contra los azulejos de la cocina.

—¡Esperad...! —gritaba el cura que corría en zapatillas y con la bata abierta luciendo el calzoncillo blanco y la camiseta sin mangas—. ¡Esperad que tenemos que hablar...! ¡Ese no era el procedimiento!

Mercedes también corría tras ellos y en el momento preciso en que arrancaba el coche y salían a la carretera, el padre Damián la cogió de la mano y ambos se introdujeron en la parte trasera del vehículo revueltos entre las chicas que no cesaban de gritar, llorar o gemir entre el balanceo del coche. Por su parte, el padre Damián no dejaba de gritar al conductor:

—¡Para este maldito trasto y volved a la casa! ¡Tenemos que hablar...! ¡Todo ha sido un malentendido; una confusión!

Al comprobar que no le hacían caso y ante el griterío que había en el interior del vehículo causado por Mercedes al pelearse con las dos chicas como si estuviese fundida con el cuerpo de la chica morena, el padre Damián le tiró de los pelos al conductor con la intención de que detuviese el coche.

—¡Te ordeno que detengas este maldito coche si no quieres que...!

Se dejó sentir un terrible estruendo y el coche se paró, estrellado contra una casa antigua de piedra.

El primero en salir del coche fuese al que llamaban Mauricio; después lo hizo Nacho, y de la parte trasera salió Vanesa, la chica rubia que, de manera sorprendentemente tranquila, se quedó mirando a su amiga mientras anunciaba a los demás:

—Chus debe estar malherida..., no se mueve.

—Déjala —ordenó Mauricio—. Salgamos a la carretera para pedir ayuda.

Los tres gatearon hasta alcanzar la carretera, sin ningún síntoma de violencia por el impacto recibido. El propio Nacho, señalando a un punto determinado, anunció:

—Por ahí viene un vehículo. Debe tratarse de un camión con todo el alumbrado puesto.

—Pongámonos en medio de la carretera. Tenemos que pararlo como sea —ordenó Mauricio.

Y, efectivamente, la luz se detuvo y ellos se dirigieron a ella con intención de acercarse a la cabina para pedir ayuda al conductor del supuesto camión pero, sorprendentemente, los tres se encontraron de repente en el interior de un enorme túnel muy iluminado y ambientado con una musiquilla relajante.

—¿Dónde coño estamos? —preguntó Nacho caminando lentamente y mirando a todos lados

—Me temo, queridos amigos, que yo sí sé qué está pasando —dijo Mauricio con resignación encabezando el grupo.

—¿Sentís al igual que yo, una paz interior y una cierta alegría como si quisieses correr y saltar? —comentó Vanesa.

Ninguno de los dos le respondió. Nacho, que se había detenido mirando para atrás, preguntó a sus amigos:

—¿Quiénes serán esos dos que vienen detrás nuestro?

Mauricio y Vanesa se volvieron para mirar a una pareja abrazada que iba hacia ellos paso a paso observándolo todo con la incredulidad reflejada en sus rostros blanquecinos. Él iba en bata y zapatillas y ella en camisón largo con trasparencias.

—Son Mercedes y el padre Damián —aseguró Mauricio.

—¿Y cómo es posible que ahora los podamos ver? —preguntó Nacho un tanto sorprendido, a lo que su amigo Mauricio le respondió:

—A partir de ahora, querido amigo, verás cosas que antes ni podrías haber imaginado.

—¡Eh...! —les llamó Vanesa que ahora iba delante—. ¿Qué lugar será ese...? Qué bonito.... Y vienen a darnos la bienvenida... ¿Quién será ese señor tan alto y delgado vestido con una toga...? Parece un filósofo de la antigua Grecia, ¿verdad? ¡Y qué moreno está..., cómo reluce su calva! Parece una estatua de bronce, ¿a que sí?

—Sí, Vanesa sí —le dijo Mauricio con gesto cansino—, sin duda alguna viene a darnos la bienvenida...

–¿La bienvenida a dónde? –preguntó Nacho mostrando cierta ingenuidad.

–Al mundo de los Justos, amigo mío. Al mundo de los Justos.

–¡Chus se ha quedado sola en el coche! –dijo Vanesa con intención de darse la vuelta.

–Déjala Vanesa –le dijo Mauricio sujetándola por la cintura–. Chus es la única que ha sobrevivido al ECP.

–¿Pero…, de qué coño estás hablando, Mauri? –le preguntó Nacho mirándolo fijamente a los ojos–. No pretenderás decir que nosotros tres…

–Sí, amigo mío sí… Para nosotros se acabaron todas las preocupaciones.

Dos meses y medio más tarde, en silla de ruedas, Chus tuvo que declarar ante las autoridades. Con una orden de registro firmada por el propio juez, la policía entró en la casa, y se llevó todo lo que encontraron en la cocina, pero jamás salió a la luz pública lo que había grabado el magnetofón que, al parecer, al igual que la cámara de vídeo, había registrado todo lo acontecido.

Un año después, la casa fue echada a bajo y, en su lugar, se construyó otra más moderna, menos accesible pero más siniestra si cabe. Al parecer nadie vive en ella y muchos que conocen la historia dicen que más que una casa parece un mausoleo a la memoria quién sabe quién.

En ocasiones os pasan cosas que no acertáis a comprender, por muchas vueltas que le deis a la cabeza... Hay quien incluso llega a enloquecer. Si en tal situación os vierais, recordad que siempre, siempre hay una lógica, una respuesta a todo.

«El tranvía» es una historia supuestamente de ficción, pero que no se aleja mucho de la auténtica realidad, por esa obstinación vuestra que tenéis de no aceptar la más que razonable evidencia y no ver más allá de lo que vuestros ojos —ciegos— pueden ver, por lo que muchas veces hay que utilizar viejos trucos para rescataros de la ignorancia en la que os halláis sumidos.

ELB-AMAH

El tranvía

Vigo, 17 de julio de 2004

Ya no solamente por su trabajo sedentario en una oficina técnica de Vigo, sino más bien por ser como era, Julián Covelo García, de cuarenta y cinco años de edad, como cada sábado por la mañana acudía al Parque Quiñones de León —más conocido como la «Finca de la Marquesa»—, para correr y mantenerse en forma, ya que él se consideraba un hombre moderno que seguía las pautas que marcaba la moda.

Y la verdad sea dicha, a pesar de sus años, de estar casado, de tener una hija de quince primaveras, por su constitución y esmerados cuidados, Julián desataba pasiones entre las mujeres de su entorno y envidias entre los hombres de su condición, no solo por su metro noventa de altura, sino por su bien proporcionado cuerpo sin apenas grasa que pudiese deformar una figura casi perfecta.

Pero aquel sábado 17 de julio de 2004, a Julián Covelo el destino le tenía guardada una sorpresa para la que no estaba realmente preparado, ni jamás hubiese podido imaginar.

En chándal de marca perfectamente ajustado a su cuerpo, cerrado hasta el cuello para proporcionar la deseada sudoración, con amplia zancada por las pistas de tierra a la vera del recuperado río Lagares, Julián marcaba un ritmo fuerte entre la espesa y bien cuidada vegetación: pinos, eucaliptos, abedules, cipreses, acacias, floridas camelias... una paradisíaca Naturaleza que oxigenaba aquellos pulmones necesitados de vida por el gran esfuerzo que estaba realizando.

A las doce en punto del mediodía, con el reflejo del esfuerzo en su cara empapada de sudor, comprobó el cronómetro de su reloj deportivo, asintiendo con satisfacción por haberlo conseguido una vez más: batir su propia marca. Pero, al levantar la vista, se dio cuenta de que todo se estaba cerrando de niebla... Una niebla espesa que había aparecido de repente en una mañana limpia y soleada.

En un principio pensó que había sido su vista, que se le había nublado, pero enseguida lo descartó al comprobar que aquella niebla iba en aumento haciéndose cada vez más densa, hasta el punto de que se vio obligado a parar, ya que no veía absolutamente nada; ni siquiera dónde ponía los pies.

Y tal como apareció, aquella niebla poco a poco se fue disipando de manera inusitada... Era como si estuviese siendo absorbida desde el mismo cielo por una potente aspiradora o por un extractor, formando una especie de espiral como la de un tornado.

Con el panorama de nuevo despejado y con un ritmo algo más lento para no enfriarse, Julián se dirigió hacia a la salida del parque, dando por rematado el ejercicio sin otorgar mayor importancia al incidente. Con los ojos irritados por el salitre del sudor, con ritmo lento cruzó el río por el puente de madera, muy cerca ya del portalón de salida del parque, en la misma Avenida de Castrelos.

Nada más salir por el portón de hierro forjado, se detuvo en la acera de la avenida, mirando a derecha e izquierda para poder cruzar. De hecho podría haberlo hecho tranquilamente, ya que la carretera —cosa extraña a aquella hora del día— estaba completamente vacía, sin un triste coche a la vista. Sin embargo, lo que Julián vió a lo lejos, ¡le dejó estupefacto!, sin capacidad de reacción. ¡Hasta los ojos se frotó incrédulo! Mas la realidad era evidente, pero no para él, que con una mueca de extrañeza dibujada en su rostro cansado, no acertaba a entender lo que estaba pasando, al ver llegar por su izquierda del Cementerio de Pereiró, y con su marcha habitual, el «1», el tranvía que antiguamente hacía el recorrido «Estación-Pereiró», tal y como lo recordaba de niño hasta que en 1968 los retiraran de la circulación, cuando él contaba con tan solo nueve años. Y ahora lo tenía tan cerca que hasta pudo ver al conductor apurar la rueda del freno con su gesto peculiar, aún presente en su memoria.

Sin darle tiempo a la cordura, el tranvía apuró hasta detenerse justo delante de él, permitiéndole de esa manera ver a los pasajeros..., gente menuda de rostros amargos, enlutados la mayoría, y mujeres con paños negros sobre sus cabezas que apenas dejaban ver aquellos ojos hundidos, secos, sin lágrimas siquiera para humedecerlos que le miraban recelosos, como si Julián fuese un extraño ser de otro planeta, de otro mundo –o eso le pareció a él–, lo cual él atribuyó en parte a su altura y a su cuerpo atlético enfundado en aquel chándal de color blanco y azul metalizado que relucía al sol, calzado también con aquellas bambas deportivas blancas de la misma marca que le hacían aún más alto y portentoso.

De la plataforma trasera asomó el cobrador; hombre en apariencia corpulento vestido de uniforme gris con la gorra del mismo color y bolso de cuero al costado, en bandolera, que, haciendo un gesto de invitación con la cabeza y con cierta familiaridad, le preguntó:

–¿Va usted a subir, o no?

–¿Eh? ¡No...! No... –respondió Julián medio atontado.

Con gesto de indiferencia el cobrador tiró de la correa del techo para que el conductor, al escuchar la campanilla, emprendiese la marcha... Una marcha lenta por la amplia recta de cara a Las Traviesas, rumbo a la estación de ferrocarril.

Julián lo siguió con la vista sin comprender absolutamente nada, totalmente embobado, como si aquel tranvía fuese un fantasma del pasado que se alejaba con su lento balancear. Pero, de pronto, se dio cuenta de que en la Avenida de Castrelos había habido cambios ostensibles... ¡No había asfalto! Toda la avenida era de adoquines faraónicamente asentados uno por uno formando semicírculos. Por el medio, las dobles vías del tranvía paralelas parecían perderse en el infinito. Pero eso no era todo, no... Al levantar la cabeza y expandir la vista al frente, un escalofrío de muerte le recorrió el cuerpo al descubrir que el paisaje había cambiado de manera brutal, deprimente. ¡Los edificios habían desaparecido a lo largo de la avenida y ahora todo eran campos y casas pequeñas de una o dos plantas..., antiguas, aisladas casi todas unas de otras!

Aterrorizado, buscó con la vista el asentamiento del edificio donde vivía y le esperaba su familia que debía estar de frente a la izquierda haciendo esquina con la Avenida de Balaídos... Pero en su lugar solo había una finca cerrada con una casa pequeña que se le antojó terriblemente siniestra.

El miedo comenzó a apoderarse de él. La angustia le oprimía tanto el pecho que le dobló y de esa manera retrocedió hacia adentro del parque... asustado, confuso, con el rictus amargo reflejado en su rostro que parecía el de una persona totalmente desequilibrada. Enloquecido miraba a su alrededor como un poseso endemoniado, mientras comprobaba como también había cambiado el Parque Quiñones de León. ¡Ni siquiera se había percatado al salir de que faltaban los jardines, el lago artificial lleno de patos, gansos y cisnes y, por no estar, ni siquiera estaba el parque infantil lleno de niños alborotadores! Pero es que, además, se dio cuenta en aquel preciso instante, de que había cruzado el río Lagares por el puente de madera en vez de hacerlo, como cuando entró, por un ancho puente de piedra labrada adornado en su conjunto con un florido jardín y artísticos faroles de tres brazos que, en las noches de nostalgia o amor, daban resplandor al bucólico lugar. La visión que en aquel momento se le ofrecía era salvaje, triste, deprimente, en la que ni un alma se veía y ni siquiera el aire que se respiraba era limpio; sabía a amargo, a rancio antiguo, el mismo que permanece estancado durante siglos en las catacumbas.

Pasados unos segundos de total confusión, algo se le debió pasar por la cabeza, y de pronto echó a correr como un loco hacia el lugar en el que se había parado antes de que apareciese aquella extraña niebla a la espera quizá de alguna respuesta; de algo que tuvo que haber pasado allí que sin duda lo había transportado a otro tiempo.

Ahora la pista de tierra era un estrecho sendero entre un espeso cañaveral que ocultaba por completo el río Lagares, y un bosque salvaje de árboles autóctonos que crecían entre matas y hiervas bravas que le daban a la finca un aspecto primitivo, selvático.

¡La desesperación se hizo patente! Sumido en la confusión más profunda, Julián, con toda su corpulencia, buscaba por allí como un perro de caza en busca de una presa, pero nada halló y corrió de nuevo a la salida sin saber muy bien lo que debía hacer. Y allí estaba dando vueltas como en un tiovivo imaginario buscando a la desesperada una razón, una luz, o siquiera un alma con la que comunicarse. Entonces comenzó a sentir la desagradable sensación de la soledad..., de encontrarse solo en aquel mundo para él extraño, o aún peor: saber que estaba metido de lleno en un grave problema. ¡Quiso creer que todo aquello que le estaba pasando era parte de una pesadilla...! Pero sabía muy bien que no era un sueño, ya que él era dueño y señor de sus actos; del control total de su «prodigioso» cerebro, por muy confuso que estuviese.

Plantado en medio de la acera, por un instante se le pasó por la cabeza dirigirse a una de aquellas casas envueltas en el gris de la tristeza y preguntar... «Preguntar ¿qué...? —pensó para sí—. ¿En qué año estoy y qué demonios pinto yo aquí, en este tiempo que no me pertenece? ¡Me tomarán por loco!» concluyó. Y razón no le faltaba.

Sin dejar de pensar en qué hacer o a dónde dirigirse... ¡qué medidas tomar!, supo que estaba sumergido en una grave situación, con la complicación añadida de estar indocumentado, por su costumbre de dejar la cartera en casa cuando salía a correr. Y ahora, ¿qué iba a decir, en el caso de que tuviese que presentarse ante las Autoridades? ¿Cómo iba a revelar ¡a quién quiera que fuese! que pertenecía a otro tiempo, para ellos el futuro...? Creía saber que los tranvías habían comenzado a circular por Vigo en 1914 hasta 1968, año en que los habían retirado... ¡Seis décadas en total! Pero... ¿en cuál de ellas se encontraba? Posiblemente, mucho antes de que él naciera, ya que nada, absolutamente nada, le era conocido. De cualquiera manera, fuese antes o después de la Guerra Civil Española, Julián era consciente de que lo tendría muy difícil de explicar; que si confirmaban su procedencia, por las buenas o por las malas le harían cantar; le sacarían una información privilegiada del añorado futuro y, con ello, sin duda alguna cambiaría el curso de la Historia según había leído. ¡Catastrófico con solo pensarlo!

Empezó a temblar de miedo al tomar consciencia de la situación. Entonces pensó que debía esconder su identidad por el bien de todos y, en especial, por el futuro de su hija a la que adoraba.

Abatido, con un miedo atroz que no le permitía coordinar las ideas, se retiró al interior de la finca con una extraña sensación; como cuando se le bloqueaba su preciado ordenador y se sentía indefenso ante la fatalidad; sin el «programa» en el que guardaba toda su capacidad creativa, a sabiendas de que todo estaba allí, escondido no sabía dónde, hasta que llegase el técnico que lo recuperase para volver a la normalidad y evitar tener que comenzar de nuevo, de cero, valga la redundancia y dispuestos a comparar.

Completamente descorazonado y con los sentidos atrofiados, optó por sentarse al borde del sendero de tierra medio escondido por el cañaveral, de manera que su situación le permitiese vigilar la entrada al parque por si apareciese alguien. Pero, mientras tanto, no le quedó otra cosa que esperar... a ver qué pasaba..., qué le depararía el Destino, acomodándose en la triste melancolía cuando el tranvía llamó de nuevo su atención al verlo delante del portalón de la finca envuelto en un halo de misterio.

Igual que el ladrón que huye de la justicia, Julián se escondió adentrándose en el cañaveral vigilando entre las cañas; estaba a escasos ciento cincuenta metros del «1», el mismo tranvía que parecía esperarlo o reclamar su presencia.

Respiró aliviado al comprobar que el tranvía de nuevo emprendía la marcha con su lento balancear y, con él, los fantasmas del pasado que lo amedrentaban. Pero en su lugar, por la entrada apareció un matrimonio relativamente joven con un niño y una niña de entre diez y ocho años, una pelota de goma y nada más.

De pie, tratando de contener el nerviosismo, Julián vigilaba con gesto preocupado como si temiese ser descubierto por aquella gente de aspecto humilde, a pesar de que en apariencia no suponían un peligro para su anómala situación. ¡Incluso dudó de si salir o no a su encuentro y preguntar en qué año estaba, o qué hacía él allí...! Finalmente decidió quedarse escondido en el cañaveral a la espera de acontecimientos, conteniendo incluso la respiración cuando aquella familia pasó por delante de él por el mismo sendero de tierra, como una familia cualquiera que daba un simple paseo mañanero. ¡Hasta se sintió aliviado de no haber sido descubierto! Pero aquel alivio poco le duró ya que aquella gente de nuevo venía de vuelta hablando entre ellos y riendo... Los tuvo tan cerca que pudo ver todas sus facciones y características con detalle. Para su preocupación, casi traumática, en un pequeño claro que había a tan solo unos veinte metros de él, el hombre, de unos treinta y pocos años, bajo, de aspecto débil y vestido de manera simple, camisa blanca de hilo por dentro del pantalón de tela azul de mahón descolorido y calzado con alpargatas de fieltro sin calcetines, decidió sentarse allí, en la hierba fresca sin nada debajo.

La mujer, algo más joven y aunque menuda bastante guapa, recogió su vestido acampanado, estampado de flores azules y amarillas sobre fondo blanco para sentarse también al lado del hombre que bien podía ser su marido, mientras los niños se disponían a jugar con la pelota de goma.

¡Para Julián era como si estuviese viendo una película muy antigua que ya había visto antes pero que no recordaba cuándo, ni dónde! Le era todo tan familiar... Pero aquellas caras no le decían nada..., absolutamente nada.

El mundo era como si se hubiese detenido en aquel preciso instante; solo las risas de los niños rompían el sepulcral silencio del parque. En una de estas, el niño le dio un fuerte puntapié a la pelota que, por casualidad o no, o por estas cosas que tiene el destino, fue a caer a los pies del mismo Julián que se quedó paralizado, petrificado, sin capacidad de reacción para alejarla siquiera unos metros con una ligera patadita.

Con su holgado vestido blanco que le llegaba un poco más arriba de los tobillos, la niña acudió corriendo para recuperar la pelota, encontrándose con él, con Julián, que estaba rígido como una estatua de mármol blanco de Carrara que reflejaba en su cara esculpida una fuerte emoción contenida. Ella, la niña, que parecía intuir aquel temor, se quedó quieta también, muy seria, sin quitarle la vista de encima.

Ante la tardanza y la actitud sospechosa de su hermana, el niño, en apariencia unos dos años mayor que ella, se acercó también al lugar y, sin preguntar siquiera, optó por adoptar la misma postura que su hermana: observar muy serio a aquel extraño, con expresión serena en la palidez de sus caras..., la misma que tenían los niños de los años del hambre, los nefastos «40».

Al límite del nerviosismo por la indecisión, Julián tomó la iniciativa, por fin, para decirles a los niños, con voz trémula, apagada, señalando la pelota:

—Aquí la tenéis... podéis cogerla.

Sin hacer el menor caso, como autómatas, los niños siguieron pendientes de él con la curiosidad que caracteriza a un niño que, ante la incapacidad de comprender, incrementa su interés en el objeto observado. Aquella actitud Julián debió atribuirla a que aquellos niños no hubiesen visto en su vida a un hombre como él, alto y portentoso, recién llegado del futuro, o bien que pudiesen haberlo confundido con una aparición divina o con un extraterrestre. La llamada de su padre pareció despertarlos de su letargo.

—¿Qué hacéis ahí...? ¡Venid aquí ahora mismo!

Fue el niño quien se apresuró a coger la pelota y, sin más, los dos supuestos hermanos se alejaron hacia el lugar en el que les esperaban sus padres, mirando de cuando en cuando para atrás con el mismo semblante serio y para cualquiera, intrigante.

¡Julián no sabía qué hacer! Dudaba entre salir de su escondite o quedarse donde estaba, consciente de que los niños tarde o temprano hablarían con sus mayores de su presencia. Al ver que se habían sentado también en la hierba y permanecían callados, con la vista clavada en ellos como si temiese perderlos de vista, decidió quedarse a la espera de acontecimientos, dejándole una vez más la iniciativa al destino que lo había embarcado en aquella aventura por él no deseada.

El tiempo parecía estar detenido pero el tranvía había vuelto de nuevo..., muy despacio sin llegar a pararse, dando la sensación de que estaba vigilante.

¡Julián ya no podía más! Medio tullido se dispuso a salir para enfrentarse a la realidad, ya que nada parecía acontecer, un fenómeno físico o paranormal que lo devolviese a su tiempo, pues aquella situación estaba fuera de toda lógica y era físicamente anormal. Pero en aquel preciso instante, pudo ver a los niños que de nuevo venían a su encuentro. «¿Qué hago ahora?» pensó. Sin otra opción posible, decidió quedarse para ver lo que sucedía.

¡Y de nuevo allí los tenía! A los dos ante él plantados como si esperasen un mensaje divino o un prodigio dada su «condición», ya que no encontró palabras para expresarse y comunicarse con ellos. Se quedó como estaba de pie y tieso como una tabla con la expresión del miedo reflejada en su cara. Mas la paciencia no es precisamente un don del niño inquieto, por lo que el muchacho tomó la iniciativa de preguntarle:

–¡Oiga! ¿Usted por qué no sale de ahí?

Aquella pregunta cogió por sorpresa a Julián Covelo, que se lamentó de no haber preparado de antemano una respuesta adecuada a su anómalo comportamiento. Ante ello, expuso un razonamiento para él convincente:

–Estoy…, estoy esperando a un amigo –respondió nervioso, con la respiración contenida en su pecho.

–¿Cómo te llamas…? –le preguntó a continuación la niña con la curiosidad mostrada en su cara de porcelana.

–Julián. ¿Y vosotros? –preguntó también Julián más que nada por indagar qué parentesco podría haber entre sus padres y él, a sabiendas de que los conocía de mucho tiempo atrás, aunque no recordaba de cuándo, ni de dónde.

–Yo me llamo Carmiña –respondió la niña con acento gallego y cierta coquetería tocándose los rubios tirabuzones que le caían por sus finos hombros.

–Y yo me llamo Ramón –se presentó también el muchacho como si fuese un hombre mayor, vestido a semejanza de su padre.

«Carmiña y Ramón» repitió mentalmente Julián tratando de recordar. Pero aquellos nombres no le decían absolutamente nada al no haber un apellido esclarecedor. Al ver la disponibilidad de los chicos, se arriesgó a preguntarles:

—Mi apellido es Covelo García, ¿y el vuestro?

—Souto Patiño —respondieron los niños a coro como si estuviesen deseando soltarlo.

A pesar de ser apellidos gallegos bastante comunes, a Julián nada le parecían aclarar, haciéndosele la situación cada vez más confusa, por la obtusa idea que tenía de haberlos conocido antes.

La inquietante parejita siguió allí, a la espera, quietos, callados, dispuestos a responder a cualquier pregunta que se les formulase y sirviese de ayuda a Julián que tal como estaba, con la desesperación mostrada en sus grandes ojos castaños, decidió aprovecharse de ellos para aclarar una de las incógnitas que le consumían desde el primer momento de aquella situación anómala.

Antes de preguntar, vigiló a los supuestos padres y, al comprobar que hablaban entre ellos sin prestar atención a lo que hacían los niños, actuó.

—¿Vais a la escuela? —les preguntó con la intención de entrar en materia.

—Sí, señor —respondieron los dos a la vez sin dar más explicaciones, manteniendo siempre aquella postura de total quietud.

—Y... ¿sois buenos estudiantes?

Los dos hermanos se miraron el uno al otro sin decirse nada. Fue el niño el que respondió:

—Sí, señor.

—Entonces... sabrás decirme en qué año estamos... —le preguntó Julián inclinándose un poco sobre el muchacho, con la intención quizá de transmitirle confianza.

De nuevo los dos hermanos se miraron entre sí, buscando posiblemente la complicidad de los grandes secretos. Una vez más fue el muchacho el que respondió como si la pregunta se la hubiese formulado su propio maestro en la escuela.

—Mil novecientos cuarenta y tres.

«¡Mil novecientos cuarenta y tres...!» machacó mentalmente Julián. «¿Qué rayos hago yo aquí, en este año, cuando aún faltan... dieciséis años para yo nacer...? ¿Qué significado puede tener este año en mi vida... para que Dios..., el destino o la fatalidad me hayan incrustado de lleno en él?»

Sumergido en los pensamientos más profundos a la busca de una lógica razonable y tratando al mismo tiempo de poner algo de cordura en su cabeza para no enloquecer, sin querer levantó la vista. El corazón se le puso en un puño al ver que, quizá llamados por la curiosidad, los mayores, los supuestos padres, se acercaban a donde se hallaban los niños.

Nervioso como si la vida le fuese en ello, Julián pensó que no le quedaba otra solución que la de salir de su escondite a su encuentro y presentarse con una justificación para no comprometerse más con aquella situación para cualquiera extraña.

Igual que un castillo que surgiese de entre las cañas, dejó ver toda su corpulencia enfundada en aquel chándal blanco y azul metalizado en el que se reflejaban los pocos rayos de sol que se colaban entre las copas de los árboles dándole una apariencia divina.

Al dar unos pasos y presentarse con toda su inmensidad comparada con la estatura del supuesto matrimonio, un metro sesenta y poco él y uno cincuenta y algo ella —más o menos en la media española de aquel tiempo—, la pareja se quedó estupefacta, clavada en la tierra con una mueca de incredulidad reflejada en sus caras marmóreas. La mujer, sin dejar de observarle, asombrada se persignó como en un acto reflejo de incomprensión.

Julián, que no se daba cuenta de la situación, creyó intuir lo que pensaba la pareja: que se encontraban ante un ser excepcional llegado del espacio exterior. No obstante, el momento parecía de tensión entre la desconfianza y el temor, envuelto en un penetrante silencio. ¡Nadie movía un pelo!, ni siquiera los niños que permanecían cogidos de la mano de los mayores. Pasado un corto espacio de tiempo, fue la niña quien, con cierta normalidad, anunció:

—Se llama Julián.

El aludido agradeció la intervención de la pequeña, que fue como un poco de aire fresco entre la turbulenta confusión, dando pie a Julián para justificar su inusual presencia y sospechoso proceder, a sabiendas de lo que este podría suponer «en su tiempo», al haber niños de por medio.

Trató de imponerse tranquilidad al decir, un tanto nervioso y titubeante:

—Perdonen... No tienen nada de qué preocuparse ya que yo... estaba aquí antes que ustedes. Estaba descansando mientras esperaba a un amigo y, como no ha llegado..., ya me iba. Que tengan ustedes un buen día.

Saludando con la mano derecha a los niños, se despidió mientras comenzaba a caminar con paso torpe, posiblemente por tener las piernas entumecidas, doloridas por estar tanto tiempo de pie sin moverse, después de la paliza que se había dado por las pistas de «La Marquesa».

Los cuatro miembros de la familia, tal como estaban, así se quedaron; con la seriedad plasmada en sus pétreos rostros igual que si estuviesen posando para hacerse una fotografía de familia, pero sin perder de vista al «forastero» que seguía alejándose poco a poco.

Fue el niño quien por propia iniciativa tiró de la mano de su padre, al mismo tiempo que le hacía un gesto de exigencia sin decir absolutamente nada. El aludido, a la vez, intercambió una mirada con la mujer que, envuelta en silencio, con otro gesto asintió como para dar su aprobación bajo la atenta mirada de la niña, cómplice también de aquella intrigante situación, de aquel entendimiento que semejaba telepático.

Al estar ya Julián cruzando el puente de madera...

—¡Oiga usted, señor! —lo llamó el hombre desde el mismo lugar en el que se hallaba.

¡Aquella llamada fue como una lanza que se clavó en la espalda de Julián, impregnada de frío, que se expandió por su cuerpo hasta helarle el corazón!

Con los sentidos en alerta, lentamente, Julián se dio la vuelta sumido en una terrible indecisión y temor, que se reflejaban en su voz al preguntar:

—¿Es... es a mí...?

—¡Sí! —respondió secamente el hombre, que a continuación le espetó de manera directa—: ¡Usted está perdido, ¿verdad...?!

«¡Perdido!» pensó Julián con cierta melancolía y abatimiento reflejados en su cara. «Claro que estoy perdido, y jodido a la vez».

A pesar de su físico atlético, Julián parecía ahora un hombre totalmente derrotado, con los brazos caídos que le pesaban como pesadas losas hasta el punto de encorvársele el cuerpo, haciéndolo parecer más pequeño e insignificante.

Con su silencio, Julián otorgó y aquella familia así lo entendió. Envueltos en un aire de misterio se le acercaron sin quitarle los ojos de encima hasta plantarse justo delante de él, que se mantenía callado. Fue la mujer la que rompió el silencio para decirle con cierta benevolencia:

—Puede usted confiar plenamente en nosotros. Lo ayudaremos en lo que podamos.

Ayuda era lo que Julián precisaba y deseaba de todo corazón, mas la razón le obligaba a tener que engañar a aquella familia que tan gentilmente se le ofrecía. ¡Era consciente de que no podía o no debía delatar su procedencia! La «ayuda» que él precisaba no sabía por dónde le podría llegar, a no ser que aquel hombre o aquella mujer fuesen físicos, astrónomos, astrólogos, ufólogos o expertos parapsicólogos que le pudieran aclarar algo sobre su situación y de paso le diesen una solución o al menos una alternativa para devolverle a su mundo, a su tiempo. Para Julián, desde su punto de vista objetivo, aquel sin duda buen hombre, a pesar de su interés y sus buenas intenciones, más que nada le parecía un simple y posiblemente honrado trabajador. ¡Desconfiaba de las posibilidades y conocimientos..., de los avances científicos que aquel tiempo le podía ofrecer. Pero, mientras no diese con lo que él precisaba, debía seguirles el juego.

—¿Cómo lo supieron? —preguntó como si no estuviese vivo ni muerto, como si se encontrase sin alma.

—¡Hombre! No hay más que verlo —respondió su interlocutor, que luego lo invitó con total naturalidad—: ¿Qué le parece si nos sentamos y nos cuenta lo que le ha pasado? Para ayudarle, claro está, en lo que podamos y dentro de nuestras humildes posibilidades. ¿Comprende lo que le pretendo decir?

Comprender era realmente lo que Julián quería pero, y sin pretender ser descortés, rechazó aquella tentadora oferta.

—Son ustedes muy amables, pero tengo que irme... —alegó—, tengo que... —Antes de que terminase de exponer una disculpa, los dos niños, uno de cada mano, tiraron de él hacia al pequeño prado en el que anteriormente habían estado sentados los cuatro miembros de aquella extraña familia, si en realidad lo eran.

Julián se dejó llevar sin ofrecer resistencia, flotando en un mar de confusiones. ¡Se sentía igual que el tronco o el resto de un naufragio a la deriva en un mar tempestuoso! Era consciente de la tremenda atracción que aquellos niños ejercían sobre su persona, hasta el punto de que podían dominar su voluntad.

Haciendo la rueda en la hierba, la familia aguardaba expectante, en silencio, brindándole la calma necesaria..., la tranquilidad que precisaba. Poco después, sin exigencias de ningún tipo, con la vista enterrada en sus manos posadas sobre las piernas cruzadas, Julián se dispuso a contar una historia ficticia que le iba surgiendo sin más... Como el escritor que comienza a escribir una historia imaginaria, sin haber pensado antes lo que realmente quería escribir. (Por lo regular, en estos casos el resultado suele ser previsible: un fracaso).

—Me hago cargo —comenzó a decir con total decaimiento— de que no será nada fácil creer todo lo que me está pasando y lo que pueda contar les puede llevar a conclusiones erróneas acerca del estado de mi mente. Les puedo asegurar que en todo momento soy consciente de lo que digo, a pesar de no saber cuál es la razón de mi estado actual... No sé si comprenden lo que les pretendo decir...

El hombre, que en ningún momento se había presentado, por unos instantes lo observó en silencio con gesto serio, para luego decir sin mucho convencimiento:

—Desde luego que sí... Puede estar usted tranquilo de que nos hacemos cargo de la situación. Continúe, por favor.

Julián levantó la vista, pudiendo comprobar lo expectantes que estaban todos, incluso los niños, que eran los que realmente le preocupaban. Era consciente de que no era quién para mandarlos a jugar con la pelota, para no hacerlos partícipes de un engaño o, aún peor, que más tarde no pudiesen divulgar a los cuatro vientos la historia que se iba a montar. Muy a su pesar decidió seguir con la estrategia marcada, que había surgido así de pronto, sin pensar.

—La verdad es que no sé ni llego a comprender cómo vine a parar aquí, ya que nada recuerdo... ¡Ni siquiera sé quién soy, ni de dónde vengo...! Pero lo cierto, lo realmente cierto, es que me encuentro perdido en este lugar sin saber qué hacer o a dónde dirigirme... —hizo una pequeña pausa mostrando un total abatimiento y de nuevo, con la cabeza agachada, continuó contando—: Puede que, siendo gallego, venga de un país extranjero y haya tenido un accidente en el que perdí la memoria... ¡No lo sé! Pero la verdad es que preciso ayuda... y no sé a dónde recurrir, por el mero hecho de que estoy indocumentado, lo cual puede empeorar mi situación de verme en la obligación de tener que presentarme ante las autoridades...

—Pero usted reconoce llamarse Julián —le dijo el hombre.

—No lo sé..., cuando me lo preguntó Carmiña me salió así, de repente, sin pensarlo siquiera —mintió Julián.

Intuitivamente la mujer le hizo una pregunta intencionada y comprometedora a la vez, como si fuese un interrogatorio.

—¿Tiene familia...?

Aquella pregunta lo cogió de sorpresa, por lo que se mostró nervioso al responder:

—No..., no lo sé...

—Pero, por lo menos está casado —aseguró ella muy seria sin dejar de mirarlo a los ojos como si quisiese cazarle en una trampa.

—¿Casado...?

—Sí. Lo digo por la alianza que lleva en su mano derecha...

Julián cayó en la cuenta de que había cometido, por lo precipitado de los acontecimientos quizá, un tremendo error al no haberse quitado la alianza con la fecha de su boda en el interior, pieza fundamental, delatora, que le podría perjudicar y mucho. Sin capacidad de reacción, en silencio, con la cabeza gacha como un acusado ante las pruebas evidentes que le mostraba el fiscal, el «hombre del futuro» parecía indefenso, entregado ante la evidencia. Pero antes de que pudiese alegar una justificación, el hombre volvió a la carga.

–Usted habla de un posible accidente pero no hay rastro en las prendas o en su físico que lo pueda justificar... ¿Qué le pudo haber pasado...? nos preguntamos. Y yo, aún diría más: nos tememos que hay algo muy importante que usted esconde. ¿Por qué? No lo sabemos. ¿Tanta es la desconfianza que le ofrecemos...?

–No..., lo que pasa es que... no recuerdo nada y ni siquiera sé de dónde soy...

–Verá usted –le dijo el hombre–, nosotros tontos no somos y nos damos perfecta cuenta de que usted no es de por aquí... Esas prendas tan extrañas que usted usa no las había visto en mi vida ¡y ese reloj...!, parece de película americana. ¿Por qué no nos cuenta la verdad, sea cual sea...?

El silencio fue la respuesta. Sumergido en lo más profundo de sus pensamientos, Julián se sintió indefenso, igual que un animal acorralado que no sabe por dónde huir, mientras su cabeza no dejaba de trabajar y preguntarse a la vez: «¿Quienes serán estas personas y qué pretenden de mí...? ¿Qué intenciones tienen para mostrar tanto interés por mi persona...?»

Sin perder detalle de su proceder, entre el hombre y la mujer hubo un cruce de miradas que compartieron con los niños. El resultado de todo ello fue que...

–¡Julián! –lo llamó el niño de manera enérgica, como si quisiese sorprenderlo o simplemente por llamar su atención.

El aludido levantó la cabeza hacia la cara del niño, a la espera de alguna pregunta o sugerencia. Pero este se quedó callado mirándolo muy seriamente, lo mismo que los demás.

—Ese es su verdadero nombre, ¿verdad? —certificó el hombre mostrando cierto aire de sospecha.

Julián se dio perfecta cuenta de que estaba atrapado por sus constantes mentiras y seguir con ellas ya no tenía sentido. Estaba seguro de que aquella familia sabía mucho más de lo que pretendían y él, como un niño inocente, era el centro de atención de aquel juego que se traían entre manos, cuando debería haber sido al revés, dada su «condición» de hombre recién llegado del futuro, física e intelectualmente superior, supuestamente provisto de un montón de recursos para salir airoso de aquella situación. Pero la ficción nada tenía que ver con la realidad. Abatido, confirmó con la cabeza la pregunta que le hicieron.

—Entonces, ¿por qué no nos cuenta toda la verdad...? —le pidió la mujer con un tono dulce, suave como la seda, a lo que Julián respondió con voz apagada, prisionera del sentimiento más profundo de su padecer:

—No puedo, o no debo.

—¿Tan grave lo considera? —le preguntó el hombre.

—Sí —respondió Julián de manera seca—. Más de lo que puedan ustedes imaginar.

El momento se hizo tenso, incómodo bajo un gran silencio. Entonces la niña, que estaba a su derecha, trató de abrazarlo y, apoyando su cabecita en el brazo de Julián, le preguntó con voz angelical de una manera que sorprendería a cualquiera, ya no solamente por su intervención en una conversación de mayores, sino por la forma en que lo hizo, tan responsable y dulce a la vez, con cierto aire de tristeza en su cara marmórea:

—¿Tienes miedo...?

¡Para Julián la cosa no parecía tener cordura! Con un sentimiento que brotó desde lo más hondo de su ser, le respondió con toda sinceridad a la niña, como si la pregunta hubiese sido hecha por su propia hija:

—Sí, tengo miedo..., mucho miedo.

Un manto de tenso silencio se expandió por «La Marquesa», en la que ni los pájaros piaban ni la brisa mecía las copas de los árboles... Todo parecía estático, plasmado en un lienzo pintado para la eternidad.

—¿Qué precisas? —se ofreció poco después el cabeza de familia.

—Ayuda —contestó Julián muy serio, como si hubiese que sacarle las preguntas como el agua de un pozo, a calderos.

—¿De quién? —insistió el mismo con los ojos fijos en Julián, igual que lo haría un policía en un interrogatorio ordinario o, aún mejor, como lo haría un psiquiatra ante un caso difícil de locura transitoria. Julián respondió de mala manera:

—No lo sé, puede que de un especialista.

—Un especialista, claro —dijo el hombre pensativo agarrándose el mentón con su mano derecha y comentando a continuación—: Bien, está claro que aquí en la finca no lo va a encontrar..., ni va a echar toda la noche escondido. Piense que por ahí hay muchos escapados del régimen franquista y lo pueden confundir con uno de ellos, o también, por la maldita guerra esta que padece todo el mundo, sabrá que andan a la caza de muchos espías extranjeros y usted lo podría pasar muy pero que muy mal al ir indocumentado. ¿Por qué no hacemos una cosa? Véngase con nosotros a nuestra casa en la que estará seguro y luego ya veremos lo que podemos hacer. ¿Qué le parece?

Julián no se había percatado de que, efectivamente, en aquel año de 1943, la Segunda Guerra Mundial estaba en auge y que su integridad física corría un serio peligro, pero la actitud de aquella gente le resultaba algo más que sospechosa. ¿A qué venía tanto interés en querer ayudarlo, jugándose ellos mismos la vida...? ¿Acaso también eran ellos escapados, colaboradores de los maquis o de la resistencia antifascista que luchaba en toda Europa...? Ante el silencio intenso de la concentración, surgió la duda que se revelaba.

—¿Quiénes son ustedes...? ¿Qué pretenden de mí...? —preguntó mostrando la desconfianza del que está a la defensiva, del que se ve acorralado sin argumentos necesarios para explicar lo inexplicable.

La respuesta no se hizo esperar. Sin tomar a mal aquella desconfianza, el hombre le dijo con total naturalidad:

—Mire... Usted es muy libre de hacer lo que le plazca, pero de nosotros nada debe temer ya que somos una familia humilde y sencilla. ¡Yo no soy lo que usted pueda llegar a imaginar! No soy policía ni nada que se le parezca; ni siquiera soy partícipe de esta locura de guerra que tantos millones de muertos está causando y menos aún tenemos intención de aprovecharnos de usted, de su situación. Podrá creernos o no, pero nosotros solo nos ofrecemos a ayudarle... ayudarle y nada más... Y para su seguridad le diré que yo simplemente soy un mecánico que trabajaba en las cocheras de los tranvías.

¡Qué casualidad! Aunque a Julián aquel detalle le pasó desapercibido, fuese importante o no, por estar concentrado y preocupado por su proceder con aquella gente aparentemente sincera que le ofrecía una solución momentánea, una alternativa.

—Perdonen..., no me merezco lo que ustedes están tratando de hacer por mí, pero también deben darse cuenta de mi situación, de mi estado.

–No se preocupe. Lo ayudaremos lo mejor que podamos –le dijo el hombre, mientras los niños, cada uno agarrado de un brazo de Julián, le ofrecían su ternura y confianza.

Poco después los cinco se hallaban de pie en la acera delante mismo del portalón del Parque Quiñones de León, antigua «Finca de la Marquesa», pendientes del tranvía que venía de Pereiró, Cementerio Municipal de Vigo, unos trescientos metros más arriba.

¡A Julián le temblaban las piernas de manera ostensible, a la vista de cualquiera! Un miedo atroz le atenazaba física y psíquicamente dejándolo sin capacidad de reacción. Parecía una marioneta cuyos hilos manejaba aquella familia, mientras intuía que algo iba mal; que no era del todo correcta, desde el punto de vista de «su» tiempo, la entrega desinteresada de aquella gente con un desconocido indocumentado. Tenía la sensación de que algo ocultaban con intención premeditada, ensayada en su conjunto, y que daban protagonismo a los niños por su poder convincente quizás. Creyó entenderlo más pero se dejó llevar con la extraña sensación de ser ganado dócil camino del matadero.

Conforme se acercaba el tranvía –¡otra vez el mismo!– por la vía de la obediencia, Julián pensó que, una vez dentro, para bien o para mal, encontraría una respuesta a aquella locura que persistía y lo dominaba. Y más determinante le resultó leer el letrero del tranvía anunciando su destino, cual significación simbólica, casual o premonitoria: «PEREIRÓ–ESTACIÓN».

«¿Será posible tanta casualidad?» pensó, a sabiendas de que aquella línea, la «1», había existido hasta finales de 1968, año en que retiraron los tranvías... Y, por propia iniciativa, se puso a jugar con aquellas dos palabras como si tratase de descubrir en ellas una simbología; una especie de código oculto quizás, o tal vez un enigma, analizando mentalmente: PEREIRÓ=Cementerio: la muerte; ESTA-

CIÓN=Viaje: comienzo o final de un destino. ¡Un escalofrío le corrió el cuerpo al deducir lo que para él, sin duda alguna, era un mensaje oculto. «Viaje final. Destino: la muerte».

Convencido de que su resolución era acertada, de que aquello era un aviso de mal presagio, no tuvo capacidad de reacción y se encontró con el tranvía ante sus propias narices como salido del mismo Averno, y al que se vio literalmente aupado por aquella siniestra familia que ofrecía confianza y a la vez sospecha por aquel inusual comportamiento. ¡Hasta el cobrador era el mismo que ya conociera, que, con una amplia sonrisa de complacencia, parecía darle la bienvenida!

En fila de a uno por el pasillo entre aquella gente sentada, esparcida por los asientos —unos diez a lo sumo—, a Julián le parecían todas caras conocidas, a no ser que fuesen las mismas de antes; las que había visto por primera vez desde la acera, aunque tanta retentiva no creía tener. Pero, de todas maneras, aquella situación le producía angustia, miedo... ¡todo! Aquella gente, el tranvía, aquel olor a aldea..., a viejo...

Delante, a la derecha, uno frente al otro, pareciendo estar reservados para ellos, esperaban los asientos alargados..., de madera barnizada, a listones.

A Julián le concedieron el honor de ocupar la mejor plaza: mirando hacia adelante, junto a la ventana. Frente a él se sentaron los niños con su madre y, a su lado, con el tranvía ya en marcha, se sentó el padre; el que parecía ser el director de aquella «obra» macabra, dantesca, que estaba por comenzar.

Todos iban muy serios, como si estuviesen a la espera de acontecimientos, pendientes de Julián; al cruzar las miradas, las desviaban deliberadamente sin pudor. «¡Esto es una encerrona!» pensó al tiempo que un sudor frío humedecía su frente. En aquel preciso momento, sintió unos deseos enormes de huir, de saltar en marcha del tranvía y echar a correr hasta encontrar el camino de vuelta o reventar en el intento para de aquella manera acabar con el padecimiento..., ¡con aquella locura!

La presencia del cobrador con el taco de billetes en la mano, con la mueca de una sonrisa sarcástica dibujada en su cara, llamó su atención al saludar al padre de familia:

–¿Qué tal, Faustino? ¿Disfrutando de la familia en este día tan precioso?

–Ya ves que sí. A este no le cobres, que es de la familia –dijo el tal Faustino señalando a Julián.

–De acuerdo... que os vaya bien a todos. Hasta luego niños, adios Lourdes...

–Hasta luego Manolo –respondieron los cuatro a la vez mientras Julián se mantenía expectante, analizando cada palabra, cada gesto.

El cobrador se alejó por el pasillo en dirección a la plataforma trasera aguantando el equilibrio del balanceo que producía el tranvía en marcha, mientras Julián giraba la cabeza para seguirlo con la vista y, de paso, observar a los demás pasajeros tratando de encontrar algún parentesco tras las gorras o pañuelos negros que ocultaban parte de aquellas caras tristes. Todos rechazaban su mirada a pesar de él mismo sentir aquellas miradas frías y secas como puñales de hielo clavados en su espalda.

¡Estaba realmente nervioso, invadido por un miedo atroz que lo atenazaba! Presentía que muy pronto algo iba a suceder. Iba tan ensimismado que ni siquiera se había fijado como era su Vigo natal dieciséis años antes de que él naciera... Mientras tanto el tranvía seguía avanzando lentamente de cara a su destino, envuelto en misterio y melancolía.

Pálido como un muerto, Julián se fijó disimuladamente en los niños. Estaban pendientes de él, igual que Lourdes y Faustino.

Empapado en sudor, con los espasmos del terror reflejados en su cara, pensó para sí: «Fantasmas... Toda esta gente son fantasmas del pasado...»

La incomprensión lo atemorizó, le hizo enloquecer. Trató de esconder sus pensamientos alegando que todo era un sueño; una pesadilla de la que deseaba fervientemente despertar. Ver discutir a los niños porque la niña quería cambiar de asiento con su hermano para ponerse en la ventanilla y que su padre les riñera con un «¡niños, estaos quietos!» ¡fue un detonante, como si en su cabeza se hubiera producido un estallido que hizo que sonase una alarma o un despertador! ¡Fue la señal que le permitió abrir el cofre de los recuerdos de un pasado muy lejano que se le revelaba en aquel preciso momento, como la luz de un tubo catódico que se hubiera encendido en su cerebro y que le permitía revivir en tiempo real los acontecimientos que estaban a punto de producirse! «¡Dios mío...! ¡Tengo que impedirlo...!» gritó mentalmente.

Enloquecido se puso en pie; con desesperación esquizofrénica se asomó a la puerta corredera que daba a la plataforma delantera y, después de abrirla de un golpe seco, igual que un poseso, le gritó al conductor:

—¡Pare...! ¡Pare el tranvía por el amor de Dios, que nos vamos a matar...!

Sin llegar a meter el freno eléctrico, el conductor apuró la rueda del freno hasta detener el tranvía. Acto seguido, todos los pasajeros se personaron allí, cobrador incluido, en la plataforma delantera o asomados a la puerta corredera, con Julián con su corpulencia en el medio, que al más alto le sacaba por lo menos veinte centímetros. Todos en silencio esperaban impacientes una respuesta convincente que justificase su proceder.

Asustado, con los ojos desorbitados y sumido en una profunda crisis emocional, Julián movía las manos de manera ostensible como si esperase que le cayese del cielo una respuesta, aunque su verdadera intención era huir…, echar a correr hasta desaparecer de la faz de la Tierra. Pero al poco e incomprensiblemente, se quedó como en estado de trance: con la vista perdida mirando la nada. Con cierta calma aparente, entonces susurró:

—En la próxima curva, antes de llegar a Peniche, hay un camión aparcado con el cual vamos a chocar… Habrá muchos muertos.

—¿Y usted cómo lo sabe…? —le preguntó el conductor, hombre pequeño, ceñudo y serio.

Con los espasmos del horror reflejado en su rostro marmóreo, Julián contestó de manera sorprendentemente relajada, como el que acata su «condición» o su desgracia.

—Lo sé porque… mi familia y yo morimos en ese accidente… Yo era Faustino…, el esposo de Lourdes y el padre de estos niños…

—¿Qué pasó luego? —le preguntó la propia Lourdes, muy atenta a lo que pudiese decir, como si de ello dependiese el fin que todo lo justificase.

—Pasó que…, morimos…, la familia entera y unos cuantos más… Habíamos muerto, pero no lo sabíamos… Para nosotros, el tranvía, bajo una extraña sensación, siguió su ruta como si nada, hasta que entramos en un gran túnel del que salía una luz muy blanca… Tan blanca y fuerte como esa a la que nos dirigimos.

Después de un corto pero reflexivo silencio, la pequeña Carmiña lo cogió de la mano derecha, para con seriedad extrema, decirle:

—No tengas miedo. Todo irá bien.

Aquel mismo sábado 17 de julio, a las doce y cinco minutos, otro corredor encontró el cuerpo de Julián Covelo García en la misma pista de tierra donde todo había comenzado. Había muerto de un infarto fulminante.

¡Ay los niños...! Esos pequeños diablillos en apariencia dulces e inocentes... Mucho cuidado con ellos, ya que sus cerebros en pleno desarrollo son igual que una esponja absorbente, sensitiva... natural, limpia de la basura que poco a poco y a lo largo de su vida les irán metiendo hasta saturar su masa gris y atrofiar definitivamente sus neuronas. Y es por ello, quizás, que los niños desde que nacen hasta los cinco años, tienen todos sus sentidos más desarrollados y pueden ver, oír y sentir cosas que a vosotros los adultos os pasarían completamente desapercibidas.

¡Ni tampoco os volváis locos, por favor, al escuchar hablar a vuestro hijo con su amigo íntimo, para vosotros «imaginario»! El proceder de la protagonista de este relato que a continuación os van a contar, es un proceder inteligente, digno de tener en cuenta.

«El niño de la casa de al lado» supuestamente es una historia verídica que se da en infinidad de casos, aunque en este en concreto, el autor se ha visto en la obligación de poner algo de su imaginación para complementar unos hechos reales.

ELB-AMAH

El niño de la casa de al lado

1979, en un pueblo de montaña al sur de la mítica y mística Galicia

A las cinco de la tarde de aquel caluroso verano, las contras exteriores de madera de la única ventana de la habitación conyugal apenas dejaban pasar un fino haz de luz que atravesaba la cama y los pies de la cuna, y moría en mitad de la pared blanqueada, permitiendo de aquella manera mantener la estancia de estilo rústico envuelta en una suave penumbra.

A la cabecera de la cuna, un niño de unos once años de aspecto desaliñado con una media melena sucia y revuelta de color castaño claro tirando a rubio, hacía carantoñas a un bebé de unos tres meses que desde la cuna le reía las gracias pataleando con pies y manos mientras arrinconaba la fina sábana que le cubría los pies.

La piel blanquecina de la cara del niño, a pesar de estar sucia, igual que su camisa blanca llena de lamparones, hacía resaltar unos ojos oscuros y profundos que parecían tristes, sin vida, como la sonrisa que le dedicaba al bebé mientras le hacía juegos con sus manos sucias y sus uñas largas y negras. Pero, de pronto, aquel extraño niño se puso en alerta mirando hacia la puerta de la habitación allegada que daba al pasillo de madera por el que se sentían los pasos de una persona adulta.

Nada más abrirse del todo la puerta, aquella presencia desapareció como si se hubiese volatizado, hasta el punto de que el bebé lo buscó con la mirada pero, en su lugar, se encontró con Susana, su joven madre, que con dulce voz y acento argentino, le dijo extendiendo las manos hacia él:

–Qué bien que mi nene ya esté despierto. Venios con la mamá mi cielo que es la horita de la merienda. ¿No tenés hambre...? ¿Mi nene no tiene hambre hoy...?

Como respuesta el niño reía y pataleaba mientras la madre trataba de envolverlo con la misma sábana para llevárselo sobre su pecho apoyando su cabecita en su hombro derecho. Cuando se dirigían a la puerta, el bebé pudo ver al niño junto a la cabecera de la cama, que le saludaba con una mano dibujando en su rostro una triste sonrisa llena de melancolía, a la que el bebé correspondió con una sonora carcajada.

Susana entró con su hijo en la cocina de estilo rústico, que aún mantenía *a lareira*, la piedra en la que antiguamente se cocinaba y que ahora hacía de depósito de madera cortada, tarteras, potes y cacerolas, muchas de ellas colgadas sobre la cornisa de la chimenea de piedra, en la que también había colgados ajos, cebollas, tocino ahumado y un jamón sin empezar. A su lado estaba la cocina de hierro, que en las noches de crudo invierno daba calor al hogar.

Sentada en una silla de brazos junto a la artesa de madera que hacía las veces de mesa, estaba Celia, la abuela de Susana, a la que llamaban cariñosamente «la mamita». Al entregarle el niño, comentó:

–Qué lindo despertar tiene este niño... ¡Siempre riendo! Así da gusto criar a un hijo. Ya que parece no tener hambre, tómelo un ratito mientras yo voy a por leña al cobertizo.

–Trae hija, trae a este pedacito de cielo. ¡Mira...! Tiene los mismos hoyitos en las mejillas que su abuelo.

–Sí, es cierto. Y papá, cuanto mayor se hace, más pronunciados los tiene.

–Tu abuelo, que en paz descanse, también los tenía así. Quizá porque eran muy sonrientes.

—Sí…, debe ser la perpetuidad de la genética. Un día me tenés que contar cosas de ese abuelo al que me hubiese gustado conocer.

—Sí, *filliña* sí. Pero los recuerdos tristes déjalos para los momentos tristes. ¡Mira! Ernestito comienza a retorcerse…, parece que le ha llegado la hora de comer.

—Voy a por leña y ya le doy el pecho.

Sí, tanto Celia de ochenta y tres años como su nieta de veinticuatro, parecían felices en aquel pueblito de montaña no muy alejado de núcleos urbanos importantes. Celia había sido una brava mujer… —una «mujer coraje», como se dice ahora—, que se había enfrentado sola a la vida después de que en el 36 se llevasen a su marido preso por haber votado al Frente Popular y simpatizar con el Partido Comunista, en el que ni siquiera llegó a militar… Murió en el año 43, en la triste y famosa Isla de San Simón (al fondo de la Ría de Vigo, enfrente mismo de Cesantes), en la que recluían a los presos políticos y, en especial, a los tísicos «enemigos de la Patria».

Ella sola luchó por sacar adelante a sus tres hijos, contra todo tipo de adversidades y del aislamiento, ya que entre la mayoría de los vecinos no había comunicación por temor a las represalias, pues rara era la casa en la que no hubiese un preso «político» o un muerto durante la contienda del golpe de estado y después la dura y cruenta represión. El pueblo se había hecho muy famoso en los tiempos de la República y por ello lo estaban pagando muy caro. De la noche a la mañana se había convertido en un pueblo fantasma, en el que solamente habitaban mujeres, ancianos y niños.

A pesar de los pesares, Celia supo mantenerse firme. Se sentía aliviada cada vez que cada uno de sus hijos, dos hombres y una mujer, con la pubertad partían en busca de una vida mejor allende los mares, concretamente en Argentina, donde plantaron semillas regadas con lágrimas de nostalgia. Aunque nunca dejaron de estar en contacto con su madre, Celia no había vuelto a ver a sus hijos en persona, pero mantenía la esperanza de un día sentarlos a todos juntos a la mesa por Navidad, quizás antes de que la muerte llamase a su puerta.

Susana, la nieta mayor e hija del hijo mayor de Celia, nació y se crió en Buenos Aires, donde sus padres regentaban una casa de comidas que les permitió a ella y a sus hermanos estudiar y adquirir cierta cultura. Pero un buen día, aún muy jovencita, conoció a un joven estudiante santiagués que había viajado a Argentina para visitar a unos parientes que, por esas cosas que tiene el destino, eran vecinos y amigos de la familia de Susana.

Entre los dos jóvenes surgió el flechazo del amor que, a pesar de la distancia que los separaba, se fue incrementado durante cuatro largos años hasta que un buen día Daniel se presentó allí para casarse con ella y traerla a España. Ella por supuesto lo aceptó, pero con una condición, posiblemente inducida por su padre: que se irían a vivir a la casa de la abuela y de paso la cuidarían.

Daniel accedió encantado, ya que por su trabajo —era representante de una importante firma— tenía que viajar mucho y estar fuera de casa, a veces más de una semana. De aquella manera su amada no se encontraría tan sola, e incluso, aparte de cuidar de su «mamita», tendría un huerto en el que entretenerse plantando patatas y hortalizas, además de atender a los animales, en especial a las gallinas que proporcionaban buenos huevos y ricos caldos en los días y noches del invierno tan duro en la montaña. Y ahora, con aquel precioso bebé nacido del fruto del amor, ¿qué más podía desear?

Pero en aquella casa feliz había algo más... A veces pasaban cosas extrañas que no llegaban a causar alarma pero a las que tampoco se les encontraba una lógica que las justificase. La propia Celia siempre se apresuraba a desmitificar el asunto. Aun así, Susana tenía extrañas sensaciones, como la de estar constantemente vigilada, en especial cuando estaba con el niño; pero lo callaba. Ella creía en «esas cosas» y estaba segura de que había alguien más en la casa, aunque sabía que no les haría daño y por eso estaba tranquila. «Sin duda es el abuelo que nos cuida» llegó a pensar con una sonrisa de complicidad.

Un día a principios de septiembre, al atardecer, Susana estaba haciendo la cena para ella y para la abuela en la cocina de hierro; el bebé ya dormía plácidamente en los brazos de Celia sentada en su silla de brazos junto a la artesa. Sin dejarlo de acunar, le cantaba una vieja nana en gallego.

—Ya está la cena en el fuego. Déjeme el niño que lo voy a acostar —dijo Susana inclinándose sobre su hijo.

—Toma hija, que cada día pesa más.

—No me extraña... ¿Ha visto lo que ha cenado? Aparte del pecho, el muy tragón se largó un biberón enterito...

—No debes darle tanto de cenar, que después de noche te dará la lata —le aconsejó Celia.

—Esperemos que no.

Con sumo cuidado la joven madre cogió a su hijo en brazos y se lo llevó a la habitación. Con ternura y amor, depositó al bebé en la cuna arropándolo con la sábana y una manta porque ya comenzaba a refrescar. Como el niño por la noche no dejaba de patalear, introdujo la ropa por debajo del colchón para que no se quedase al aire y se resfriase. Con un besito de buenas noches, se alejó apagando la luz pero dejando la puerta entreabierta por si lloraba.

Susana se desenvolvía con soltura y frescura y en nada parecía una madre primeriza; de hecho, había ayudado primero a su hermano, y luego a su hermana, por lo que había adquirido cierta experiencia. Pero aquella vez cometió un error muy grave: dejar al bebé boca arriba, literalmente aprisionado con la sábana y la manta, y más a sabiendas de que había cenado mucho. Quizás ella confiase en su fino oído pero...

Nada más salir ella de la habitación, se presentó el ectoplasma del niño aquel, como si fuese un ladrón. Desde la cabecera de la cuna contemplaba al bebé con cierta admiración al tiempo que con su mano sucia le acariciaba el cabello liso y castaño y, de aquella manera, permaneció allí con él. Pasados unos minutos, vio como el pequeño tenía una contracción y, acto seguido, se le inflaban los mofletes para después estallar como un volcán mientras le salía la papilla por los orificios nasales y la boca. ¡Con la boca llena de papilla y la nariz taponada, Ernestito no podía respirar, ni siquiera gritar, y se debatía por la vida bajo la presión de la manta! ¡Ya se estaba poniendo morado mientras el niño fantasma no sabía qué hacer, y hasta parecía enloquecer, gritando desesperadamente hasta el punto de que se le habían hinchado tanto las venas del cuello que parecía que le iban a reventar! Pero sus gritos de auxilio, en el mundo de los vivos solamente eran silencio.

En su desesperación pasó a gran velocidad a través de la cama matrimonial y salió por el otro lado corriendo hacia la puerta con los brazos extendidos como el que pide auxilio, mientras Ernestito se debatía entre la vida y la muerte por asfixia. Por casualidad o a propósito, quién sabe, justo al pasar por los pies de la cama, el brazo izquierdo del niño arrasó con todo lo que había encima del tocador arrimado a la pared muy cerca de la puerta, yendo todo al suelo que, al ser de madera, causó un gran estrépito. ¡Hasta el propio niño parecía sorprendido, asustado, parado ante la puerta sin saber muy bien qué hacer!

El ruido llegó a la cocina provocando la alarma. ¡Susana salió disparada al pasillo, seguida de Celia, dentro de las posibilidades que su avanzada edad le permitía! Nada más encender la luz de la habitación, la joven madre se encontró con el desastre esparcido por el suelo. Pero su instinto maternal hizo que se dirigiese a la cuna.

—¡Dios mío! —gritó desesperada destapando a su hijo.

Al entrar Celia en la habitación vio a su nieta, completamente nerviosa, que mantenía a su hijo boca abajo sobre su brazo izquierdo, mientras que con la mano derecha le daba golpecitos en la espalda sin dejar de gritar y llorar de desesperación e impotencia, con el niño ya completamente amoratado, ennegrecido, sin dar señales de vida. Decidida, le levantó la cabeza a su biznieto con su mano izquierda mientras le introducía el índice de su mano derecha en la boca. La criatura comenzó a vomitar el resto de la papilla que le obturaba la tráquea, permitiéndole de aquella manera recibir una gran bocanada de aire fresco de la montaña, que fue seguida de un llanto desgarrador, al mismo tiempo que iba recuperando paulatinamente el color de la esperanza, de la propia vida.

Sentada al borde de la cama abrazada a su hijo, Susana también lloraba desconsoladamente dándole gracias a Dios.

—Venga hija, ya ha pasado todo —dijo Celia con aparente tranquilidad—. Voy a poner un poco de agua a calentar para bañar al niño de nuevo.

Una hora después, mientras el crío dormía plácidamente en el cochecito al cuidado de Celia en la cocina, Susana, de pie en la habitación, contemplaba pensativa los destrozos esparcidos por el suelo, consciente de que habían sido tirados a propósito contra la puerta. Tratando de encontrar una lógica a todo ello, se dirigió a la ventana que daba al huerto y a los corrales y pudo contemplar por ella misma que estaba perfectamente cerrada. Pero aun así, desconfiada abrió las ventanas interiores de cristal y luego las contras de madera, comprobando que en aquella noche casi cerrada, clara y estrellada, reinaba la tranquilidad más absoluta.

Dejando la ventana abierta posiblemente con la intención de ventilar la habitación, resignada, Susana se dispuso a recoger las cosas del suelo..., la foto de su boda con su marco de plata y el cristal hecho añicos..., el joyero con las pocas joyas esparcidas por el suelo... el cuadro pequeño con la foto de su bebé, entero, el juego de tocador regalo de boda con dos de las tres piezas rotas... ¡un desastre sin duda alguna! Pero un desastre que, a fin de cuentas, había valido y mucho la pena ya que, gracias a ello o a quien hubiese causado aquel destrozo, le debía la vida de su hijo. Susana había aprendido una dura lección que en adelante procuró tener siempre presente: nunca más acostar a su hijo boca arriba y menos después de comer, ni nunca más aprisionarlo con la mantita... Solo de pensarlo se le encogía el corazón; por su culpa, menudo mal momento había pasado su hijito del alma.

Aquella noche las dos mujeres apenas pudieron cenar. Estaban envueltas en un halo de misterio y, de cuando en cuando, miraban al niño que seguía durmiendo plácidamente en el cochecito, con su color sonrosado, habitual.

En uno de aquellos momentos de reflexión, Susana le preguntó a su abuela:

—¿Vos quién creés que tiró las cosas del tocador a propósito para que nosotras acudiésemos a la habitación a salvar al niño...?

Sentada en la silla de brazos, el pequeño y delgado cuerpo de Celia parecía encogerse en sí mismo bajo sus holgadas ropas negras del luto eterno inculcado por la superstición en aquellos tiempos en los que predominaba la ignorancia. Su cara sonrosada parecía quererse ocultar bajo el paño también negro que cubría su cabeza de cabellos blancos como la nieve mientras sus ojos claros rehuían los de su nieta, como si temiese contestar a su pregunta.

—Su Ángel de la Guarda, quizás —respondió finalmente la anciana con voz apagada.

Susana se quedó mirándola en el más absoluto de los silencios, pensando que quizá su abuela supiese más por lo que callaba que por lo que decía. Dejó la cosa así. Pero aquella noche no fue capaz de pegar ojo. La imagen de su hijo muriéndosele entre sus brazos la atormentaba, y más la impotencia que había sentido. «¿Cómo he podido haber cometido semejante error?» se preguntaba constantemente y, con aquella angustia, trataba de dormir. Pero nada más entrar en duermevela, volvía a despertarse sobresaltada, asustando incluso al niño que había salvado a su hijo, que permanecía a su vera entre la cama y la cuna.

Dos días después, sobre las cinco de la tarde de un viernes, un Citroën GS color rojo se acercaba levantando una polvareda por las pistas de tierra en dirección al pueblo. Al parar justo delante de la casa, Susana, con el niño en brazos, salió a recibir a Daniel, su marido, mientras Celia los miraba desde el mismo quicio de la puerta con las manos cruzadas por delante del mandil.

Susana estaba realmente esplendorosa y radiante de felicidad cuando los tres se fundieron en un prolongado abrazo. Después de los besos, Daniel se dirigió a Celia para preguntarle:

—¿Qué tal abuela? ¿Se portaron bien estas dos fieras?

—Sí, hijo... Ellos siempre se portan bien —contestó ella desde la puerta con una sonrisa complaciente.

Como de costumbre, cada vez que Daniel volvía de un largo viaje solía traer unos detalles para cada uno de ellos. Al niño le había traído un osito de peluche.

—¡Qué bonito! —exclamó Susana—. Me gusta más que mi regalo. ¿Me lo cambias? —le dijo al niño, pero él abrazó el peluche fuertemente contra su pequeño pecho, al tiempo que se giraba sobre su padre que le tenía sentado en sus rodillas en el sofá de una pequeña pero acogedora sala comedor.

Ya por la noche, a solas en la sala, Susana puso a su marido al corriente de lo que le había sucedido con el niño.

—Vaya susto que os llevaríais, ¿no? —dijo él.

—Susto y angustia fue lo que pasamos. Lo que no logro entender es quién pudo haber tirado las cosas al suelo para llamar nuestra atención.

—Nada, mujer... Seguramente entró un animal en la casa..., una gallina o un gato de los vecinos...

—¡Imposible! La ventana estaba cerrada y, de haber algún animal, tendría que habérmelo topado por el pasillo o por la casa ya que la puerta de la entrada estaba cerrada. No..., no, Daniel... no ha sido ningún animal ya que de haberlo sido, hubiera tirado una pieza o dos... Pero el que lo hizo arrasó con todo cuanto había encima del tocador; fue como si lo hubiese barrido con un brazo estrellándolo todo contra la puerta para llamar nuestra atención.

—¿Y una corriente de aire...? —dijo Daniel extendiendo las manos para tratar de encontrar una respuesta que satisficiese a su esposa, sin conseguirlo.

—¿Vos estás loco...? ¿Cómo una corriente de aire dentro de la casa iba a causar tal estropicio...?

—Pues no lo sé, cariño. Fuese lo que fuese, tiene que haber una explicación lógica, ¿no crees? Yo de ti no le daría más importancia. Gracias a Dios, o a lo que fuese, el niño está bien y eso es lo que realmente importa, ¿no?

Susana se quedó pensativa unos segundos y después le dio un sorbito a la copa de licor de café, tratando seguramente de encontrar el valor suficiente para hacerle una pregunta un tanto complicada a su marido.

—¿Vos creés que pueda haber un espíritu en la casa...?

—¡Me lo temía! —dijo Daniel cogiéndole las manos—. Tú sabes cariño que yo no creo en esas historias tercermundistas... Además, te digo una cosa: de ser cierto que hubiese un espíritu en la casa, bendito sea por haber salvado a nuestro hijo. Y es más: hasta me alegraría que fuese así porque ello me daría más tranquilidad al saber que alguien más cuida de vosotros.

—¿Lo decís en serio...?

El lunes siguiente por la noche, antes de acostarse, Susana acomodó bien a su pequeño ya dormido, poniéndolo de lado mirando a la cama. Después de darle un beso lleno de ternura, le puso a su lado el osito de peluche al que tanto cariño había cogido. Después contempló con tristeza la cama vacía, pensando quizá que le hubiese gustado dormir todas las noches abrazada a su amado esposo... Pero era lo que había, se consoló al pensar, y que mucho peor lo tenían las mujeres de los sufridos marineros.

A la mañana siguiente...

—¡Pitas, pitas...!

De espaldas a su hijo Susana abrió los ojos al sentir a la abuela dando de comer a las gallinas. Encendió la luz de la lámpara de la mesilla de noche, se incorporó un poco y vio en el despertador que eran las ocho de la mañana. Sonrió por lo madrugadora que era la abuela Celia, posando de nuevo su cabeza en la almohada. ¡Fue entonces cuando se percató de que tenía el osito de peluche a su lado, junto a su cara, en el lado opuesto al de la cuna! Incorporándose se giró como una centella, comprobando que el niño dormía plácidamente, tal como lo dejara.

Sentada en la cama, contempló al osito y a su hijo indistintamente. ¡Ella estaba completamente segura de haberle dejado el osito al niño en su cuna y que era imposible que la criatura lo hubiese tirado y que este hubiera alcanzado el lado opuesto de la cama para caer justo pegado a su cara!

Abrazada al osito, con la vista recorrió cada rincón de la habitación. Todo... absolutamente todo, estaba en orden. Fue entonces cuando le vino a la memoria lo que le había dicho el viernes al niño después de que su padre le regalase el osito: «¡Qué bonito! Me gusta más que mi regalo. ¿Me lo cambias...?»

Sí. Aquello sin duda era una señal para Susana y ahora ya estaba completamente segura de que dentro de la casa había una presencia. Al contrario que su marido, ella sí creía en «esas cosas». De pronto se sintió invadida por una extraña alegría al pensar que era el espíritu del abuelo el que habitaba en la casa y que con aquel gesto le había querido decir que la quería... que estaba con ellos para protegerlos.

Al mediodía, nieta y abuela comían tranquilamente sentadas en torno a la artesa que hacía las veces de mesa en la pequeña cocina. Como quien no quiere la cosa, Susana le preguntó a la abuela:

—Decidme mamita, ¿cómo era el abuelo...? ¿Era bueno, cariñoso...?

Celia se limpió la boca con una servilleta y se le iluminó la cara al decir:

—Un santo, hija mía... Era el hombre más bueno que existía bajo las estrellas.

—Tendrás que contarme cosas de él.

—Claro, hija... Pero dejemos las cosas tristes de lado, ya que fueron muchas, muchas las tristezas.

—Después de tantos años, aún lo echa de menos, ¿no es así?

—Sí, hija sí. Cada noche le rezo un Padrenuestro.

Susana se contagió de la tristeza de su abuela. Le hubiese gustado decirle que él se encontraba allí, entre ellas en la casa, pero prefirió callarlo de momento. De todas maneras, ella estaba completamente segura de que su abuela ya lo sabía de sobra.

෧

Tres años después

Desde aquella época Susana se había despreocupado por completo de todo lo que había sucedido y, aunque seguía teniendo extrañas sensaciones o veía como su niño se reía como si estuviese jugando con alguien, e incluso llegaba a ver mecerse la cuna sola durante la noche cuando el niño se despertaba, lo aceptaba con total normalidad. ¿Qué mal le podría hacer su abuelo? Y, quizá por ello, guardaba aquel secreto a su marido e incluso, cuando pasaba algo «anormal», abuela y nieta, en total complicidad, se referían a su «ángel de la guarda», con la certeza de que ella, la abuela, sabía de sobra quién era en realidad el «ángel» que los protegía.

Por su parte, Daniel había encontrado en más de una ocasión a su hijo hablando solo. Al preguntarle con quién hablaba o con quién se reía, el niño siempre le decía que con «su amigo», por lo que el padre tomó la decisión de hablar con su esposa para decirle medio en broma:

–Cariño, vamos a tener que encargarle un hermanito a Ernestito porque se encuentra muy solo. Hasta se ha inventado un amigo imaginario...

–Son cosas de niños, cariño. Esperemos a que sea un poco más mayor, ¿vale?

Una tarde, cuando el niño ya andaba cerca de los cuatro años, estando limpiando en la cocina mientras la abuela veía una telenovela en la televisión recién comprada e instalada en la sala, Susana escuchó hablar y reír a su hijo con tanta naturalidad que, llamada por la curiosidad, se asomó al pasillo y se encontró con su Ernestito sentado en el suelo con una pelota de goma quieta en el otro extremo del pasillo.

–¿Con quién juegas cariño...? –le preguntó ella como casualmente.

–Con mi amigo, mamá –respondió el niño con total naturalidad.

Después de otear el pasillo de cabo a rabo y, al no ver a nadie, ella le preguntó de nuevo como si aquello fuese un juego más de niños:

–¿Y dónde está...? Yo no lo veo...

–Ya se fue... –dijo el niño como quien le dice algo a alguien que no comprende nada de lo que pasa.

–¿Y por qué se fue...? –insistió ella cada vez más nerviosa. El niño, moviendo la cabeza con un claro gesto como el que trata de imponer paciencia, contestó:

–Porque mi amigo tiene miedo a los mayores, mamá...

¡A Susana de pronto se le rompieron todos los esquemas! Pero tratando de auto imponerse calma, insistió en preguntar con gesto serio:

–Tu amigo..., es un niño como tú...

–No..., mamá... es un poco mayor que yo...

–¿Cómo de mayor? –insistió ella tratando de contener la emoción o los nervios.

—¡Ay mamá...! Qué pesadita estás... Mi amigo más o menos es como Pablo... Y ahora déjame, sino él no vuelve.

—¿Como Pablo, el hijo de la señora Carmen...? —insistió Susana, ahora más intrigada que antes.

—Que sí mamá..., como Pablo.

«¡Un niño de entre diez y once años... ¿Quién puede ser...?» se preguntó mentalmente Susana.

Pensó, tal como había dicho su esposo, que Ernestito se había inventado un amigo imaginario, pero no; lo descartó enseguida, ya que su hijo parecía muy convencido de lo que decía.

«¡Un niño!» pensó. ¿Y el abuelo...? ¿Realmente había vivido todo aquel tiempo equivocada, en la ignorancia...? Y, lo peor de todo... ¿quién podría ser ese niño...? Desde luego no, tenía noción de que en la casa hubiese muerto ningún niño pero..., si su hijo lo percibía y lo veía..., «¿quién podía ser...?» Susana decidió entonces que si actuaba con inteligencia, podía aclarar muchas dudas.

—Perdona, cariño —le dijo como quien no quiere la cosa—, si vuelve tu amigo, pídele disculpas de mi parte y dile que... que de mí nada debe temer ya que yo también quiero ser su amiga. ¿Se lo dirás mi vida...?

—Vaaale...

Ella volvió a la cocina y a los cinco minutos escuchó de nuevo a su hijo hablar. Dejando lo que tenía entre manos, se puso a escuchar tras la puerta que daba al pasillo. Le pareció que en aquel momento los niños hablaban en serio; se oía como una conversación de adultos, aunque solamente pudiese escuchar a su hijo que decía:

—No... Mi mamá y mi papá son buenos... No, no son como los otros... Ellos no matan a la gente.

¡Una punzada en el corazón le hizo doblarse en dos y se vio obligada a sentarse apoyando la cabeza entre sus manos! Por primera vez sintió miedo, pero al poco se levantó con la intención de hablar seriamente con su abuela y preguntarle quién era aquel niño... ¡Ella debía saberlo forzosamente! Pero, antes de que ella pudiese llegar a la puerta, esta se abrió y apareció su hijo.

—Mamá, ¿me das la merienda...? —le pidió desde la puerta.

Susana se quedó paralizada en medio de la cocina, pálida como una difunta, por lo que tardó en responder:

—Sí, hijo. Ven que te siento a la mesa.

—¿Estás malita mamá? —le preguntó el niño sin moverse del sitio.

—No..., cariño... Es que me estaba quedando dormida. ¿Preferís un poco de leche con cacao y galletas o un bocadillo?

—Leche y cacao con galletas...

Después de calentar un poco de leche y servírsela, sentada frente a su hijo, Susana lo observó seriamente como si tramase algo. Poco después, aparentando calma, le preguntó:

—¿Está aquí, en este momento, tu amigo...?

El niño, entregado a la merienda, sin dejar de mojar galletas en la taza, simplemente negó con la cabeza.

¡Susana parecía a punto de estallar; sentía deseos de zarandear a su hijo para exigirle de una vez por todas saber quién diablos era aquel niño y qué pintaba en la casa! Pero se contuvo. Con los ojos cerrados tomó aire por la nariz y, soltándolo despacito por la boca, logró calmarse. Ya completamente relajada, le preguntó de nuevo:

—Dime cariño, ese niño..., cuando no está contigo... ¿dónde va...?

—A su casa, mamá...

—A..., ¿su casa...? —preguntó Susana mostrando extrañeza en su hermosa cara—. Entonces... ¿dónde vive?

—En la casa de al laaaadooo... —respondió el niño de mala gana, suponiendo quizá que ellos, los adultos, deberían saberlo todo.

Ella desvió la cabeza pensativa. Era consciente de que la casa de la abuela era la última del núcleo del pueblo y a la izquierda, a unos treinta metros, estaba la casa de Carmen, la madre de Pablo, un niño de diez u once años.

—Tu amigo..., ¿vive en la casa de la señora Carmen...? —preguntó mostrando extrañeza.

—Que no mamá... Vive en la otra casa..., en la vieja...

¡Susana levantó la cabeza como quien pone en alerta todos los sentidos ante una amenaza de peligro! Ella no había contado con la casa en ruinas que estaba a la derecha, a tan solo unos veinticinco metros de la de ellos, y de la que únicamente quedaban las paredes exteriores que surgían de entre los matorrales. Jamás se había interesado por la historia de aquella casa... Pensaba que la habían abandonado, tal como habían hecho con muchas otras casas del pueblo por la constante y masiva huida de los jóvenes a la ciudad, o que salían del país como emigrantes tal como lo hicieran su padre y sus tíos.

«¡Tengo que hablar con la abuela!» pensó, pero antes quería saber más cosas de aquel extraño niño, por lo que siguió instigando a su hijo:

—Y... ¿con quién vive ese niño en la casa vieja?

—Vive solito, mamá.

—¿Y sus padres...?

—No lo sabe... Un día vinieron unos hombres muy malos y se los llevaron.

—¿Se los llevaron...? ¿Presos...?

—No. Para matarlos.

¡Susana palideció de pronto! Se sintió invadida por un profundo sentimiento amargo que le rasgaba las entrañas. Con emoción contenida, insistió en preguntar:

—Dime cariño: ¿Hace mucho que lo conoces…?

—¿A Sebas…?

—¡Ah! Se llama Sebastián, tu amigo…

—No mamá… Se llama Sebas… —dijo el niño después de beber un sorbo de la taza.

—Y… ¿desde cuándo lo conoces…?

—Desde hace mucho…, desde que era pequeñito.

A cualquiera le hubiese hecho gracia aquella respuesta de un niño tan pequeño pero ella, sin apartar la vista de su hijo, dibujó una triste sonrisa llena de preocupación ya que los fantasmas de un pasado muy reciente en su memoria habían vuelto de repente.

—Ya acabé. Me voy a jugar —dijo el niño bajando de la silla ayudado por su madre, que le recomendó:

—Bien, cariño. Pero sal afuera a jugar con los otros niños, que siempre estás encerrado en casa.

—Vale. Pero luego vuelvo, ¿eh?

—Faltaría más…

Al encontrarse sola, Susana lloró amargamente sobre la mesa. Pasados unos minutos, se encontró con Celia, que estaba de pie en medio de la cocina con las manos cruzadas sobre el delantal de cuadritos blancos y azules sobre sus ropas negras como la noche más negra, manteniendo la vista baja y rostro de circunstancias.

—Sentáte mamita, que tenés muchas cosas que contarme —le pidió Susana un tanto abatida.

Con su característica calma, Celia se sentó en la misma silla de siempre con las manos cruzadas sobre su regazo y la vista perdida en la ventana que daba al exterior, a la calle.

Susana tomó aire para tranquilizarse y mantener una conversación serena.

—¿Quiénes eran los habitantes de esa casa en ruinas que tenemos aquí al lado…? —le preguntó sin más preámbulos a la anciana.

Tal como estaba, como ausente de la realidad, Celia contestó:

—¿Para qué remover el pasado hija...? ¿Para qué recordar las cosas tristes...?

—Porque es necesario mamita... Para mantener viva la memoria del pasado.

—Qué sabréis vosotros los jóvenes de la memoria del pasado... Qué sabréis vosotros lo que es sufrir..., convivir siempre con el miedo.

—¿Y vos me lo preguntás a mí, mamita...? ¿Acaso olvidás de dónde vengo...? ¿Creés que no he visto el sufrimiento y que no sé lo que es convivir con el miedo...? ¿Olvidás que a mí también me arrancaron de mi vida a mi hermano Pedro...? Tenía dieciocho años mamita... Era un prometedor estudiante, un chico alegre que nunca hizo daño a nadie, y se lo llevaron por sus ideas liberales, peligrosas para el gobierno de Videla... Se lo llevaron como se llevaron a los padres de ese niño..., Sebas, para nunca más aparecer. Vos sabés de lo qué os hablo, ¿verdad mamita...? —concluyó Susana mientras le caían lágrimas por sus mejillas.

Sin apartar la vista del suelo, Celia, totalmente abatida, asintió con la cabeza.

Susana decidió darle una tregua a la abuela para que se tranquilizase también, y se levantó de la mesa para preparar café con leche para las dos.

Después de servir en dos tacitas el café sobre la artesa, mientras revolvía el azúcar, comentó:

—Perdone abuela... Como comprenderá, estoy muy nerviosa después de hablar con Ernestito. Yo sabía, desde aquella vez que tiraron mis cosas del aparador, que había una presencia en la casa, pero creía que era el abuelo y por ello estaba tranquila y no lo había hablado con nadie, ni siquiera con Daniel. Para mí era algo maravilloso tener al abuelo cuidando de nosotras y en especial de mi hijo... Pero al saber que se trata de un niño ajeno a la familia el que habita en casa...

–Él también cuidará de vosotros, como cuidó de mí cuando estaba sola –dijo Celia con la tacita entre sus manos.

–¿Usted llegó a verle...?

–No necesitaba verle... Él siempre estaba ahí, a mi lado cuando vivía sola. Después de ser insultada por la calle, de recibir amenazas y vejaciones, de noche lloraba sobre la almohada y entonces él me consolaba con sus caricias. Yo sentía sus finas manos acariciar mis piernas por encima de la ropa, o alisarme el cabello. Para mí era un gran consuelo saber que no estaba sola..., que alguien velaba por mí.

–¿Y por qué a vos, y en esta casa?

–Porque yo era su madrina.

Se hizo un emotivo silencio.

Al poco Susana se levantó de la mesa, se llevó las tacitas al fregadero y, a continuación, sentándose frente a la abuela y tomándole las manos, más que pedir le suplicó con voz dulce:

–Mamita... Tenés que contármelo todo, por favor... Necesito saber cosas de ese niño y de su familia. ¿Lo hará...?

Unos segundos después, Celia, mirando al suelo comenzó a narrar su historia mientras la película guardada en la memoria se iba rebobinando permitiéndole revivir la historia de un tiempo atrás que siempre quiso olvidar, cosa harto difícil ya que ella era parte de esa historia... Estaba allí, aquel 14 de abril de 1931, cuando Paulino llegó al pueblo con su hijo Sebas en la pequeña furgoneta medio destartalada tocando la bocina entre la polvareda del camino, anunciando la proclamación de la República, y como casi todos los vecinos, lo habían festejado hasta las tantas de la noche con José el trompetista tocando el Himno de Riego. Veía, como si fuese ayer, al pequeño Sebas de seis años correteando por la plaza haciendo ondear la bandera republicana seguido de los demás niños.

—Eran tiempos de esperanza e ilusión contagiosa —recordó Celia—. Paulino resultó ser un buen líder y comenzó a organizar al pueblo... Se había rehabilitado una casa abandonada que se convirtió en la Casa del Pueblo en la que se tomaban todas las decisiones en asamblea. En la misma casa, se dejó una habitación en la que se montó una pequeña escuela para los niños más pequeños y, al atardecer, para los adultos analfabetos, que éramos muchos... Hasta nuestra economía mejoró al formar una pequeña cooperativa, con la que vendíamos mucho mejor el ganado, que era nuestra principal fuente de riqueza. Por todas estas cosas, nuestro pueblo comenzó a ser muy conocido e incluso recibíamos a personalidades que acudían a dar charlas o a estudiar nuestra situación, poniéndonos como ejemplo de lo que se debía hacer... Hasta vinieron líderes políticos con la intención de «fichar» a Paulino, a tu abuelo y a unos cuantos más, para ir en las listas electorales... Pero ellos, a pesar de las simpatías que pudiesen tener con comunistas o socialistas, no aceptaron. Habían hecho entre todos un serio compromiso, dada su condición de personas humildes con escasos estudios académicos, de seguir luchando por su pueblo y su gente. Aquellos primeros años fueron como un sueño de verano que se frustró el 18 de julio de 1936... Nuestra fama había creado también recelos y odios... El día siguiente al alzamiento, sin tener siquiera tiempo de organizarnos, vino a por nosotros un destacamento de la Guardia Civil y miembros de la Falange con el párroco delante que, pistola en mano, decía quiénes debían subir o no en las camionetas... Vi subir a Paulino, a Ana, su esposa, a tu abuelo, a Juan, a Manuel y a su esposa, a Farruco y a dos de sus hijos de apenas diecisiete y veinte años, a José el trompetista... El pueblo se quedó prácticamente sin hombres... Solamente quedamos mujeres, niños y viejos...

—¿Y por qué actuó así el párroco? ¿Habían tenido algún conflicto con él?

—No, salvo que Don Manuel —que así se llamaba el cura—, en complicidad con un cacique que teníamos de alcalde allá por los años veinte, se apoderó de unos terrenos que eran muy productivos y pertenecían a la comunidad, y desde entonces siempre habíamos mantenido una pugna para reclamarlos, y más al morir el cacique, ya que su parte sí fue recuperada mientras la otra no había manera de arrebatársela al cura que decía que aquel terreno pertenecía a la Iglesia. Al proclamarse la República, Faustino se encaró varias veces con el padre Manuel, que terminó por marcharse del pueblo. A pesar de no haber habido violencia de ningún género cuando fue expropiado el terreno, la venganza de Don Manuel para con los vecinos fue desproporcionada y muchos lo pagaron caro... Muy caro.

—¿Y Sebas..., el hijo de Paulino y Ana...? ¿Qué fue de él...?

—Ese fue un gran misterio que jamás se ha podido resolver... Nadie vio subir al niño a las camionetas con sus padres, ni lo volvimos a ver. Pensamos que quizá el padre, temiéndose lo que se les venía encima, había puesto a su único hijo a salvo en casa de algún familiar fuera de la aldea, pero parece que no fue así ya que los primeros en interesarse por el niño fueron los de la propia Guardia Civil y, más tarde, toda la familia, tanto de Faustino como de Ana, que por mucho que buscaron, no lo encontraron. Los que quedamos en el pueblo también organizamos batidas por los montes y alrededores, pero todo resultó inútil. Pensamos que a lo mejor el niño asustado escapó por el monte, se perdió y fue pasto de las alimañas... Quién sabe.

—Pobre criatura. ¿Qué fue de los padres...?

—¿Qué iba a ser, hija? ¿Qué iba a ser...? Después de ser vilmente torturados e interrogados, días después, cuatro de ellos con unos cuantos más de otros pueblos, fueron fusilados y enterrados en una fosa común... Los cadáveres de Faustino y Ana los dejaron tirados en la cuneta del camino a la entrada del pueblo... Era este un medio de advertencia o amenaza a todos nosotros para someternos, al considerarnos enemigos del golpe de Estado que se había producido y que finalmente derrocó a la República... ¡Pobres...! Ni siquiera nos permitieron darle cristiana sepultura; tuvimos que enterrarlos por la parte de fuera del cementerio como si fuesen dos perros.

—¡Qué horror!

—Sí, hija sí..., todos fueron condenados a muerte, pero a tu abuelo, al caer enfermo de tisis, lo mandaron a la isla de San Simón donde murió en 1943...

෯

Ernestito ya tenía su propia habitación, pero cuando su padre estaba fuera normalmente ocupaba su lugar en la cama conyugal. Pero aquella noche prefirió dormir solo.

Debían ser las doce de la noche. Susana no era capaz de pegar ojo pensando en ese niño y en su tragedia y con el recuerdo de su hermano desaparecido en la Argentina del dictador Videla. No pudo contener las lágrimas. Eran dos torrentes silenciosos que se perdían en la almohada de los sueños, cuando sintió como una mano ligera acariciaba sus piernas por encima de la colcha.

Lejos de asustarse o sobresaltarse, en plena oscuridad, con la cara mojada de lágrimas y los ojos enrojecidos, levantó la cabeza y lo vio... Estaba de pie, a los pies de la cama con su cara pálida, sucia, en la que dos regueros de lágrimas hacían surcos serpenteantes como ríos que buscan la libertad que ofrece el mar de la esperanza.

Los dos se quedaron mirándose el uno al otro, hasta que Susana le dijo en un susurro:

—Pienso ayudarte mi niño... Juro que daré contigo.

Entonces el niño, que desprendía una tenue claridad, pareció decir algo al tiempo que extendía el brazo izquierdo señalando con el dedo una de las paredes en dirección a su casa y, sin más, desapareció, como si se hubiese difuminado en plena noche.

Susana no había escuchado absolutamente nada, pero había comprendido a la perfección lo que Sebas pretendía decirle.

☙

Dos días después

Eran las cuatro de la tarde de un jueves. Daniel venía literalmente reventado. Por ganar un día más para disfrutar de la familia había conducido toda la noche y el resto del día. En total llevaba treinta y dos horas sin dormir y eso se reflejaba en su rostro.

Después de los saludos y la entrega de regalos...

—Voy a darme un baño... ¡Lo necesito! —dijo mientras se quitaba la chaqueta y la corbata. Susana le recriminó:

—Eso. Y luego échate una siesta que estás que no puedes más. ¿A quién se le ocurre cometer semejante salvajada?

—Por estar un día más contigo. ¿Es así como me lo pagas?

–Prefiero perderte un día que perderte el resto de mi vida por un día más. Así que no quiero que lo vuelvas a hacer... ¡Como para haberte matado!

–Tienes razón, cariño. Como de costumbre, tienes razón y no volverá a ocurrir.

Poco después Daniel salió del cuarto de baño hecho un pincel, en pijama y bata.

–¿Has comido...? –le preguntó Celia.

–Sí, abuela, he comido algo por el camino pero me tomaría un café con leche.

Ernestito jugaba en el pasillo con la misma pelota de goma que un día le había traído su padre, mientras en la cocina, los tres sentados en torno a la artesa, merendaban tranquilamente. Daniel preguntó:

–¿Y qué, cómo os fue la semana? ¿Algo nuevo?

Entre nieta y abuela hubo un cruce de miradas que no pasaron desapercibidas al hombre, que las escrutaba con recelo.

–Nada importante cariño. Es mejor que descanses un poco y después hablamos.

Daniel se quedó muy serio mirando a su esposa. Tras darle un sorbo al café, dijo:

–Después de ver vuestras caras, ¿crees que sería capaz de dormir algo...? No. Es mejor que me lo cuentes ahora, antes de que me consuma la incertidumbre.

Susana titubeó pero al final accedió a contarle todo desde el principio; la historia que le había narrado su abuela y la presencia de ese niño en la casa, así como la propia experiencia paranormal que ella misma había tenido.

–Ese niño forzosamente murió en su casa... Sus padres seguramente lo escondieron para que no viese como los torturaban o mataban, y no lo entregasen a un orfanato..., quién sabe. Posiblemente el niño tenía una orden concreta pero, por causas que desconocemos, no quiso o no pudo salir de su refugio y ahí sigue, cariño. Los restos de ese niño siguen en la casa y yo..., con tu ayuda, quiero encontrarlo para darle un entierro como es debido.

Con gesto de preocupación, Daniel negando con la cabeza, dijo:

—Creo cariño que os estáis dejando llevar por una paranoia que empieza a ser preocupante.

—¡Que no! De verdad que...

—Déjame terminar, por favor —le cortó Daniel—. Al principio no le di demasiada importancia y te seguí el juego pues lo encontraba inocente, pero ahora empieza a preocuparme y hasta me pregunto si por el bien de todos no sería mejor que nos fuésemos de aquí a vivir a la ciudad, lejos de fantasmas y supersticiones.

—No crees nada de lo que te he contado, ¿verdad? —lo increpó Susana con los ojos húmedos—. ¿Tan simple me crees como para dejarme llevar por una paranoia...? No, Daniel. Te digo que ese niño habita entre nosotros, que nos quiere como a su propia familia y que cuida de nuestro hijo como si fuese su hermano. Además, te digo que yo misma lo he visto..., sentí sus caricias y pude ver sus lágrimas compartidas con las mías.

No pudiendo contener la emoción, Susana rompió a llorar.

Daniel se levantó apresurado para consolarla, mientras Celia, sentada en su silla de brazos con las manos cruzadas sobre su regazo, permanecía seria, con la vista hacia el suelo.

—Tranquilízate cariño... —dijo Daniel abrazando a su esposa—, ya veremos qué podamos hacer... Pero no llores por favor, que me rompes el corazón.

—Ponte en su lugar..., o pon a nuestro hijo en su lugar y ya verás como el corazón se te desgarra por sí solo... —dijo Susana con la voz quebrada, ahogada contra el pecho de su marido.

—Ya veremos lo que se puede hacer.

—No debéis preocuparos —interfierió Celia sin cambiar de postura—. Llegada la hora, el niño se vendrá conmigo.

La pareja se quedó mirando a la abuela, que parecía como ausente, perdida entre sus propios pensamientos.

—¡Bueno! —dijo finalmente Daniel—, voy a echarme un poco en la cama. Si me quedo dormido, despiértame para la cena. Luego hablaremos con más calma.

En el pasillo, Ernesto seguía jugando con la pelota; estaba sentado contra el fondo del pasillo en el momento en que entraron sus padres que le dijeron:

—Anda cariño... Deja de jugar con la pelota que papá está muy cansado y quiere dormir un poco.

—Déjalo. No vas a hacer ruido, ¿verdad machote...?

—No... jugaremos despacito.

Susana dedicó un gesto de complicidad a su marido como queriéndole decir: «está con él». Daniel simplemente se limitó a mirar a su hijo sin decir nada.

La habitación estaba a oscuras aunque fuera la tarde estaba soleada, pero Daniel, a pesar del cansancio y el sueño atrasado, no era capaz de pegar ojo. Sus cinco sentidos estaban centrados en la puerta que daba al pasillo en el que estaba jugando su hijo, escuchando el rodar de la pelota que en ningún momento llegó a golpear contra la puerta; incluso oyó a Ernestito decir con la voz contenida: «tira despacito...», «te la paré...», «qué tonto eres...»

No pudiendo contener la curiosidad, se levantó de la cama en plena oscuridad y arrimó la oreja derecha a la puerta para oír mejor a su hijo, que con el mismo tono de voz muy baja, decía: «No valió..., no la metiste entre las piernas y la mía sí entró. He ganado».

Con sumo cuidado y conteniendo la respiración, despacito Daniel le dio a la manija para abrir un poco la puerta, lo suficiente como para ver el pasillo. De espaldas cerca de la puerta estaba sentado su hijo mientras al fondo tan solo encontró la pelota parada y nada más. Al volver la vista hacia su hijo, este tenía la cabeza girada hacia él, con un gesto de extrañeza en su cara de niño.

Sin decir nada, cerró tras de sí la puerta, volviendo a la cama.

¡Estaba consternado! y más, al no volver a escuchar el rodar de la pelota, ni a su hijo hablar a solas con su amigo imaginario.

Finalmente, después de dar muchas vueltas en la cama, consiguió dormirse profundamente hasta que, sobre la nueve de la tarde noche, percibió una extraña claridad en la habitación que venía de los pies de la cama. Al fijarse en ella, medio incorporado, incrédulo se frotó los ojos para ver allí plantado al niño de la casa de al lado; de pie, con su cabello casi rubio, revuelto, estropajoso y la cara blanquecina llena de suciedad que, muy serio, lo miraba desafiante.

¡Daniel no tuvo capacidad de reacción! Sin más, el niño se dio la media vuelta y se fue difuminando hasta volatizarse por completo en plena oscuridad.

¡El hombre parecía un fantasma cuando entró en la cocina en bata de estar en casa! Estaba pálido y un fino sudor perlado cubría su frente.

Al percatarse de su presencia, Susana que, en aquel momento estaba haciendo la cena, se le acercó limpiándose las manos en el delantal.

—Iba a llamarte en un momento —le dijo—, ¿qué te pasa?

Sin decir nada, él se abrazó a ella.

—Lo has visto, ¿verdad?

Al día siguiente por la mañana, Daniel bajó al pueblo para arreglar unas cosas y, de paso, llamar por teléfono a la empresa para la que trabajaba. Había decidido tomarse unas cortas vacaciones para, entre otras cosas, tratar de resolver el «problema» que tenían en casa.

Poco antes del mediodía, el matrimonio estudiaba los restos de la siniestra casa de al lado, prácticamente comida por la vegetación.

—Usted que conoció bien la casa, ¿dónde cree que pudieron esconder al niño? —le preguntó Daniel a la abuela.

—No lo sé, y por más que buscamos...

—Seguramente hicieron un zulo para esconderse ellos también, pero seguramente no les dio tiempo y escondieron solo al niño —pensó Susana en alto.

—Quién sabe... Lo primordial es limpiarlo todo, incluso la parte trasera donde estaban las cuadras y la bodega —propuso Daniel.

A las cuatro de la tarde, la pareja, en ropa de faena y hoz en mano, comenzaba a trabajar mientras la abuela se quedaba en casa al cuidado de su biznieto. Minutos después, pasó por allí Laureano, un vecino casi anciano que les preguntó:

—¿Qué hacéis...?

—¡Limpiando toda esta maleza, que es un verdadero criadero de ratas e insectos! —contestó Daniel.

—Eso está muy bien... Ahora vengo y os echo una mano.

Una hora más tarde, entre hombres, mujeres y chicos, incluso niños, eran unos veinte a limpiar con ahínco, lo que hizo sospechar al joven matrimonio que toda aquella gente contribuía con su esfuerzo desinteresado para hacer algo que durante años pensaban hacer y no se habían decidido o atrevido. Se confirmó cuando, sobre las siete de la tarde, teniendo todo limpio, se quedaron todos allí, a esperar órdenes, quizá de los impulsores de la idea.

Al ver que la orden no llegaba, en torno a la hoguera en la que se quemaban los rastrojos, fue el propio Laureano quien preguntó:

—Y bien, ¿por dónde comenzamos a buscar?

Daniel y Susana se encontraron con la mirada haciendo un gesto de complicidad. Fue entonces cuando el propio Daniel organizó la búsqueda sin necesidad de dar más explicaciones.

—Nos dividiremos en grupos de a cuatro. Un grupo buscará en el interior de la casa, revisando pared por pared y, sobre todo, el suelo por si hubiese alguna trampilla. Otro grupo se encargará de la bodega y las cuadras, y el resto tanteará el terreno por el exterior, por si hubiese alguna cueva o trampilla. Venga, aprovechemos el poco sol que nos queda.

Al morir la tarde, todos estaban extenuados sin haber obtenido ningún resultado. Se encontraban en el campo que había detrás de la casa, frente a la bodega que estaba hecha una auténtica ruina haciendo planes para continuar la búsqueda al día siguiente cuando se presentó Celia con Ernestito.

—¿Habéis hallado algo...? —preguntó.

Todos negaron con la cabeza, pero Susana se quedó mirando a su hijo, que, agarrado de la mano de Celia, muy serio, mantenía la vista fija en un punto determinado. A ella se le pasó por la cabeza que su hijo lo estaba viendo en aquel momento, por lo que no dudó en preguntarle delante de todo el mundo:

—Cariño... Lo estás viendo, ¿verdad? Dinos dónde está Sebas, por favor...

Sin apartar la vista, Ernestito señaló con el dedo índice de su mano derecha hacia el interior de lo que debió ser un pequeño cobertizo, ya sin tejado, y alrededor del cual habían limpiado pero en cuyo interior permanecían estibadas contra la pared de la casa, troncos y ramas de roble y eucalipto de unos dos metros de alto aproximadamente, antes de ser cortados y almacenados para alimentar el fuego que habría de calentar el hogar de aquella familia durante el crudo invierno. Y allí seguían, enteros, medio podridos, cubiertos de moho y musgo.

—¿Entre la madera...? —le preguntó su padre con extrañeza.

Ernesto no respondió; se limitó a mirar fijamente hacia el lugar señalado con gesto taciturno tratando a la vez de buscar refugio entre las holgadas sayas de su bisabuela a la que también —influenciado por su madre tal vez— llamaba «mamita».

—¿A qué esperamos? ¡Saquemos ahora mismo toda esa leña podrida! —ordenó Laureano.

—Mamita, lleve al niño a casa, por favor —le pidió Susana dispuesta y a la vez con la ansiedad del que tiene la gran esperanza de encontrarse en el buen camino para aclarar aquel misterio del niño de la casa de al lado, que tanto había calado en su corazón.

Unos cuantos hombres, entre ellos Daniel y el propio Laureano, comenzaron a apartar los troncos con ahínco, puesto que la noche se les echaba encima.

Algunos de aquellos maderos se deshacían en las manos pero al poco, contra la pared de la casa aparecieron los restos de tablas completamente podridas y, bajo ellas, en el fondo de lo que en su día debió ser una cabaña camuflada por las propias ramas, contra el suelo surgió una base o cama de restos orgánicos putrefactos y, sobre ella, el esqueleto de un niño de entre diez y once años perfectamente colocado en estado fetal, encogido como si estuviese en el vientre de su madre.

Aquella noche calurosa, el pueblo entero se quedó allí hasta altas horas, velándolo con velas y lámparas de gas. La mayoría, en especial las personas mayores, a pesar de la buena temperatura se abrigaba con prendas de abrigo o mantas para protegerse del rocío, todos sentados en las sillas y banquetas que habían traído de sus propias casas, junto a los cafés y botellas de licor que los animaban a la conversación libre, sin la mordaza de la censura ni el miedo a la represión... Fue como si, de pronto, hubiesen recuperado la memoria perdida del pasado.

Cada cual contaba su historia, su experiencia. Los que habían sido niños en aquella época negra de la Historia de España, dedujeron que Sebas, como casi todos ellos, tenía su propia cabaña, su escondite para jugar, para aprender, sin saberlo, a forjar su propia independencia.

Sin duda los padres sabían de su refugio y, posiblemente, al verse sorprendidos por las fuerzas represoras, mandaron a su único hijo a que se escondiese; o tal vez el niño se asustó y se escondió por miedo y allí se quedó quizá esperando el regreso de sus padres que no llegaban. Y como aquellos guardias civiles y falangistas armados y uniformados se quedaron en el pueblo rondando la casa durante dieciocho días, el niño seguramente no se atrevió a salir ni siquiera para pedir ayuda y enfermó, o simplemente murió de inanición. Todos coincidían en que Sebas era un niño decidido, que no hubiera dudado en pedir ayuda a los vecinos pero, por miedo a que se lo llevasen como hicieran con sus padres, no había salido de su escondite.

—Puede ser que él también creyese que se habían llevado a todo el pueblo y, al andar a buscarle los guardias y los falangistas, se asustase más y allí se quedó el pobrecito —comentó Susana.

—¿Cuánto tiempo tardó la familia en venirlo a buscar? —preguntó Daniel.

—¡Uf...! Ya habían pasado más de tres semanas, cuando tan solo quedaba en el pueblo un retén de cuatro guardias civiles —aseguró una anciana.

–Claro... Fue demasiado tiempo para un niño sin beber ni comer –comentó Daniel.

El café y los licores de aguardiente pasaban de mano en mano, como mandaban los cánones en los velatorios de la Galicia más profunda, mística y supersticiosa, en los que se habla sobre todo del fallecido, alabando su personalidad, o riendo al recordar las anécdotas graciosas. Por ese desprendimiento intelectual, Daniel y Susana se enteraron de que, antes de que ellos llegasen al pueblo, aparte de la casa de Celia, Sebas también deambulaba por todas las casas de los primitivos vecinos, en especial donde había niños que proteger. ¡Todos lo sabían, todos le intuían, y muchos lo vieron! Pero absolutamente todos, por miedo, por respeto o por lo que fuese, guardaron silencio en complicidad; mantuvieron el secreto.

El sábado fue un día de anuncio y denuncia, visitas de familiares, de la guardia civil, del juez y de algún que otro periodista que se interesó por cubrir la noticia. Alguno de ellos hizo una investigación profunda entre los vecinos para sacar a la luz del día la verdadera historia de aquel niño al que llamaban Sebas y más de uno se sorprendió de lo que encontró. Gracias a ello, la noticia corrió como la pólvora.

El domingo, a las cinco de la tarde, en presencia del juez, de una pareja de la Guardia Civil, de las autoridades de los pueblos adyacentes y de algunos periodistas más, el pueblo entero contempló en silencio la exhumación de los restos de Paulino y de su esposa que estaban enterrados contra el muro exterior del cementerio parroquial, para darles por fin descanso eterno en el Campo Santo de sus ancestros. Con todos los honores, fueron recibidos en comitiva los tres féretros de aquella familia cuyo único delito había sido soñar un mundo mejor para todos.

Unas semanas después Susana tuvo una pesadilla. En ella vio a su abuela Celia cogida de la mano de Sebas. Desde el pie de su cama, sonrientes se despedían de ella al tiempo que se alejaban.

¡Se despertó sobresaltada! Consumida por la angustia se dirigió al cuarto de la abuela y, efectivamente, Celia, su «mamita», había fallecido plácidamente en su cama, de muerte natural.

El joven matrimonio decidió quedarse a vivir allí y, desde entonces nunca más volvieron a pasar cosas «extrañas» en la casa. Ernestito, con los años, no se acordaba que de niño había tenido un amigo imaginario que se llamaba Sebas.

«Si fueseis capaces de oír más de lo que vuestros oídos —taponados— oyen... Si fueseis capaces de ver más allá de lo que vuestros ojos —ciegos— os dejan ver... Si tuvieseis la capacidad de analizar los sueños —en especial los que consideráis «pesadillas»— y actuarais en consecuencia, cuenta os daríais de que muchas de las cosas que os pasaron, pasan o puedan pasar —desgracias incluidas—, las hubieseis haber podido evitar.

¡En fin! Es tanto lo que os queda por aprender, por evolucionar... pero vamos a por otra historia que sin duda no os dejará indiferentes ya que, nada, absolutamente nada es lo que parece. Todo puede cambiar entre el día y la noche y, en especial, en los más importantes muelles de los puertos marinos.

De día, donde tanta gente trabaja, todo es luz y color; sirve de distracción al viejo marinero, al turista de tierra adentro o a la gente del entorno en su tiempo de relajación, de «lecer», como dicen los gallegos.

Los muelles son como un gran parque temático donde se puede aprender y comprender el esfuerzo del sufrido marinero, donde se intuyen el riesgo, la tragedia, la aventura y el progreso. Cada barco es un libro abierto en el que está escrita la Historia de la propia Humanidad.

Pero esos mismo muelles, de noche, en muchos casos se tornan escenarios llenos de misterio y terror y, en especial, durante las noches de... «¡niebla!»

ELB-AMAH

¡Niebla!

Aquella noche, las luces del largo muelle de la villa marinera de Bouzas, en Vigo, eran pequeños círculos amarillos, opacos, que se difuminaban con la distancia. Parecía el alumbrado *dos fachos*[1] de la Procesión de los Muertos, La Santa Compaña.

Las arboladuras de los barcos con sus mástiles, torretas, radares, plumas, chimeneas y cuerdas, en su conjunto asemejaban un bosque futurista, abstracto, deprimente... ¡Todo era gris, igual que la masa gris del cerebro humano que todo asimila y confunde a la vez!

Aquella noche, el campo visual no alcanzaba más allá de los diez o quince metros. Fuera de ahí todo se difuminaba; era un velo gris que aislaba del resto del mundo, reducía el espacio vital, acobardaba, mareaba, y al mismo tiempo producía una sensación claustrofóbica que ahogaba.

Pancho era un viejo lobo de mar ya retirado con una pequeña pensión que apenas le daba para mantenerse él y su esposa pero que, como vulgarmente se dice, le daba «para ir tirando» si no hubiera sido por su afán de querer ayudar a sus dos hijas y a sus tres nietos; por ellos trabajaba de noche como guardián de barcos, a los que había dedicado toda su vida como marinero de cubierta.

Pero aquella noche en concreto del mes *dos mortos* en noviembre, iba a ser una noche muy especial para Pancho y él era consciente de ello ya que, para colmo de males, tenía a su cargo cuatro palangreros del espada salteados por el pantalán número 2, lo que le obligaba a hacer la guardia «en tierra» en el mismo muelle para poderlos controlar a todos.

---

1   Antorchas.

Nada más llegar al muelle a las ocho de la noche y después de hacer el relevo a su compañero Xorxe, un brasileño de setenta años, aquellos pequeños ojos oscuros y profundos en un rostros arrugado, quemado por el sol y el salitre, trataban inútilmente de encontrar los barcos entre la niebla, lo que le resultaba harto difícil. Prácticamente tenía que acercarse a ellos... casi palparlos.

Controlada la ubicación de cada uno, y después de tentar los cabos y ver el estado de la marea que seguía bajando, con mala cara y gesto preocupado, Pancho deambulaba por el muelle con paso lento, como perdido entre las tinieblas, con la bolsa en una mano y en la otra un caldero de veinte litros de pintura vacío que le serviría de asiento cuando encontrara el lugar estratégico en el que instalarse, que le permitiría controlar los barcos y las dos entradas a la dársena a la vez, cosa que, aquella noche en concreto, le iba a resultar muy difícil, por no decir imposible.

Finalmente decidió instalarse delante de una de las puertas de las primeras chabolas de los armadores que hay a lo largo del muelle. Mas, se pusiese donde se pusiese, aquella noche el viejo Pancho era consciente de que tendría que patear de cuando en cuando aquellos poco más o menos trescientos metros que separaban unos barcos de otros, con el peligro que ello representaba.

Dentro del caldero llevaba unos cartones para aislarse del frío metal. Mentalmente se preparó para soportar las doce largas y monótonas horas, ajustándose el viejo chaquetón de cuero a su pequeño y delgado cuerpo, aunque fibroso por el esfuerzo que supone dedicar toda una vida al mar.

De la bolsa de deporte sacó su ya característico gorro negro de lana, encasquetándoselo en su pequeña cabeza bien poblada de cabellos largos y bravos como él mismo, para protegerse de la persistente humedad que, sin mojar del todo, calaba hasta los huesos, algo que él sabía por propia experiencia.

Sentado en el caldero junto a la bolsa con las manos en los bolsillos, cuello encogido, piernas estiradas con la espalda apoyada en la madera de la puerta de la chabola, desconfiado clavaba sus pequeños ojos en cada sombra que, caprichosa, dibujaba la silueta, bien de un hombre o de un animal al acecho que espera el momento de atacar. ¡Él sabía muy bien que eran cosas de la cabeza, de la imaginación, del subconsciente!, pero aun así no podía evitar el miedo y que el corazón se le pusiese en un puño. Por los miedos escondidos *nas lembranzas*[2], aquella noche para el viejo Pancho, para bien o para mal, sería una noche especial... muy especial. ¡Y es que no podía evitarlo! Cada vez que se veía sumergido en la niebla cerrada, surgían de ella los fantasmas del pasado en barquitos de madera como cáscaras de nuez, navegando día y noche entre la niebla cerrada que los aislaba del resto mundo. Por la total ausencia de la tecnología moderna de la que disponen hoy en día, navegar en aquellos barcos era como ir entre las tinieblas de la inconsciencia, donde solo se escucha el repiqueo de una pequeña campana de metal anunciando a los demás barcos su presencia. ¡Cuánta soledad, cuántos rezos en silencio! Cuántos miedos retenidos en aquellos corazones bravos y sinceros... ¡Ni siquiera en la peor de las tormentas lo pasaban tan mal! Aquella noche, para el viejo Pancho las circunstancias eran distintas, aunque por ello no dejaban de ser menos peligrosas.

Cerca de las once persistía la densa y húmeda niebla que parecía perenne. Envuelto en la más absoluta soledad y en el silencio —ya que ni siquiera quiso poner la radio que guardaba en la bolsa—, el viejo Pancho se sirvió un café con

---

2   Recuerdos del pasado.

leche caliente de su termo que siempre llevaba consigo en la misma bolsa, compañera inseparable de fatigas.

De pie, lo saboreaba a pequeños sorbos, mientras su cuerpo le agradecía aquel calorífico placer cuando, casi sin querer, ¡un sexto sentido le advirtió de un peligro inminente! El corazón le latía con fuerza mientras que con la vista trataba de atravesar la cortina de niebla hasta intuir, bajo la opaca luz de los faroles, la silueta de un hombre o de un ser corpulento que se le acercaba con paso lento, misterioso, como una aparición maléfica entre las tinieblas de una pesadilla.

¡Un miedo atroz le dejó paralizado, sin saber muy bien qué hacer!: si quedarse o subir a bordo de uno de los barcos como medida cautelar, donde sin duda alguna encontraría mejor defensa.

A toda prisa devolvió el líquido candente al termo y, antes de tener tiempo suficiente de coger la bolsa, instintivamente decidió quedarse, ya que la silueta había comenzado a coger forma al entrar en su campo visual, a tan solo unos escasos veinte metros.

Conteniendo el aliento, con la espalda apoyada contra la puerta de madera, parecía querer fundirse con ella para no ser descubierto hasta que...

—Pancho... ¿Estás ahí? —preguntó el recién llegado guardando la prudente distancia de seguridad del que también teme el peligro.

Al reconocer aquella voz, Pancho tomó una bocanada de aire fresco para respirar aliviado, como un náufrago que emerge de las turbulentas aguas del mar.

—¿Eres tú, Paco...? —preguntó por si acaso en gallego y sin atreverse a salir.

—Sí, soy yo.

Igual que un globo al desinflarse, liberado de la tensión que lo atenazaba, Pancho salió del escondite al encuentro de su amigo y compañero de fatigas. Al acercarse y dejarse ver, se trataba un hombre mayor, regordete pero no muy corpulento, aunque el «efecto lupa» de la cortina de niebla –y también de la imaginación– hacía que pareciese mucho más alto y portentoso de lo que en realidad era. Saludándolo como se merecía, en gallego y con el lenguaje peculiar de la jerga marinera entre dos viejos lobos de mar, le espetó:

–*¡Me cago ata na cona que te pariu!*[3]

–¡Ja, ja, ja...! Pues no veas el que me diste tú a mí. Más que un fantasma, parecías un pulpo pegado al plano de la chalana al que no hay manera de arrancar.

–*¡Vai á merda!*

Igual que Pancho, Paco, con mejor suerte, estaba al cuidado de un «ramplero», por lo que su trato –que no quiere decir contrato– con el armador era estar en el barco, vivir en él mientras estuviera en tierra como si fuese un marinero más haciendo las veces de guardián y al mismo tiempo de inspector de los trabajos que se realizaban a bordo, cuando no los realizaba él mismo ya que, por lo regular, siempre tenía faena, y si no la había ya se encargaría el armador de buscársela, por lo que tan solo podrá abandonar el barco para ir a comer o a cenar en la cantina o en el bar lo más cercano posible.

–¿Y qué haces por el muelle? –le preguntó Paco.

–Es que tengo cuatro *espadeiros* por ahí ciscados. ¿Y qué puedo hacer, si con esta niebla no se ve un *carallo*? Si por lo menos estuviesen los cuatro juntos...

–*Ti es parvo*. ¿Quién va a venir esta noche...? Si ni los cacos se atreven a venir con este tiempo, cuánto más ellos –se refería a los armadores– desde A Guardia[4].

____

3   ¡Qué susto me diste, cabrón!

4   A Guardia está a casi cincuenta kilómetros de Vigo, en la misma desembocadura del Río Miño, que es de donde procede la mayor flota de palangreros del pez espada.

–Ya sé que por los armadores no hay problema. Lo que me preocupa son los hijos que andan por ahí de fiesta o de putas y tan solo, por joder o por presumir, vienen con las tipas a tocarte *os collóns*.

–¡Pues mándalos a la mierda! A ver si por la porquería que te dan por cada noche vas a arriesgar tu vida.

–*Déixate de carallos* Paco, que las cosas no están para tirar *foguetes*. Y tu barco... ¿cuándo llegó?

–Al mediodía... Está atracado en el martillo, al final de la dársena. Al parecer se va a quedar un par de meses en tierra para reparar. Ahora iba a cenar a la cantina y, de paso, a pagarte una visita. Sabiendo que había palangreros supuse que andarías por aquí.

–Por no perder la costumbre. Pero tú vete tranquilo a cenar, que mientras yo me encargo de echarle un vistazo al barco.

–¡Pero deja de hacer el parvo y súbete a uno de ellos y ponte al abrigo! Y ten cuidado: no te vayas a caer al mar, que esta niebla es muy traicionera.

–Luego, cuando vuelvas.

–Está bien... En una hora estaré de vuelta.

–Vete y que te aproveche.

De nuevo Pancho se quedó envuelto en la soledad en la fría y húmeda niebla que lo aislaba del resto del mundo y lo privaba del calor humano..., del placer de esparramar la vista y hasta de respirar el aire con cierto sabor a salitre, a barco; ese olor característico, inconfundible, una mestura entre sudor, pescado y gasóleo del que cada marinero se ve impregnado y que lo acompaña toda su vida... En esos días y noches de niebla cerrada, hasta los sentidos más finos se atrofian y se impregnan de temor.

Poco antes de las doce, tal y como prometiera, volvió Paco con su aspecto espectral de entre la niebla, aunque esta vez no asustó a su amigo; es más, este se alegró de que llegase para echar una parrafada y hacer la noche más llevadera.

Estuvieron casi una hora hablando; recordando mil historias con sus momentos felices y sus tragedias, exhibiendo dos auténticas bibliotecas del saber y padecer que estaban escondidas en sus cabezas y que tanto gustaban revivir y que, desgraciada e irremediablemente, desaparecerían con ellos. Sin lugar a dudas, no hay mayor oficio ni aventura tan arriesgada que la que estos hombres viejos lobos de mar habían hecho de sus vidas, compartidas con el resto de la tripulación, que era su segunda familia.

–*¡Carallo!* Ya es la una de la madrugada y a las siete me tengo que levantar, pues vienen a trabajar a bordo –dijo Paco después de escrutar el reloj.

–Pues venga. Ya nos veremos mañana cuando llegue.

–No. Antes de que marches por la mañana, acércate al barco para llevar a casa un poco de pescado del quiñón que me han dejado.

–No sabes cómo te lo agradezco ya que estos –se refería a los armadores de los espaderos–, por no dar, no dan ni las gracias.

–*¡Mándaos á merda* y hazme caso!: métete en el puente de uno de esos barcos y sal del muelle. ¡Ah!, y si tienes algún problema, yo, como de costumbre, estoy durmiendo en el camarote del capitán en el puente. No tengas reparo en llamarme.

–Esperemos que no pase nada. Y gracias por la visita...

–Lo sé, Pancho. Hasta mañana o..., hasta dentro de unas horas.

Desde las 21:35 horas, la marea –viva, de luna llena– estaba subiendo lentamente igual que la noche que seguía su curso despacio, aburrido, mientras la niebla persistente seguía allí, estática, sin una brizna de brisa que la despejase.

Desoyendo el consejo de su amigo, Pancho decidió seguir en el muelle; acurrucado en sí mismo sentado en el caldero, parecía un bulto olvidado o un fardo de red abandonado por un barco. Y es que ni siquiera se le veía la cara.

Cerca de las tres y media aproximadamente, un extraño silencio se expandió por toda la zona. ¡Era como si el mundo se hubiese detenido de pronto y el silencio lo impregnase todo de una misteriosa falta de sonido! Las pasarelas dejaron de chirriar, y hasta los mástiles dejaron de moverse... con aquel balanceo lento, ceremonioso y acompasado, igual que la macabra danza de los cadáveres en el fondo del mar... Cualquiera ajeno a este mundo se aterrorizaría en esta situación sospechosa, y para cualquiera, anormal. Para Pancho era la hora que esperaba, la de la tranquilidad, el «estambay»[5], la marea quieta en su plenitud en la que los barcos parecen quedar dormidos o aletargados.

Con desgana se levantó para revisar de nuevo las estachas por si estaban muy tensas, aflojarlas un poco, no fuese a ser que se rompiese alguna y se le escapase un barco... ¡Sería un desastre, una mancha imperdonable en su honorabilidad como marinero reconocido de primera, y como vigilante!

Afortunadamente, todo estaba bien, todo perfecto. De vuelta, se acomodó de nuevo en el caldero y optó por relajarse tomando el resto del café con leche que le quedaba en el termo, mientras la niebla seguía presente en todo momento sin dar siquiera unos minutos de respiro. Pancho ya parecía tenerlo asumido y se tranquilizó al pensar que solo le faltaban unas cuatro horas para que le llegase el relevo, para poder por fin cumplir el deseo ferviente de llegar a casa y meterse en la cama al calorcito de Rosa, su mujer.

Minutos después, ante la calma aparente, el cuerpo se relajó y los párpados comenzaron a pesar como losas de

---

5   *Stand-by.*

mármol mientras la masa gris se confundía con tiempo y espacio, sueño o realidad, perdida también entre tinieblas. Pancho trataba de luchar para no dejarse vencer por su sueño, pero eso era algo superior a su voluntad... «Una cabezadita nada más», pensó seguramente sumergido ya en ese estado de duermevela donde todo es confusión. De pronto, el silencio fue roto por un grito escalofriante, desgarrador, que se expandió por todo el muelle y la dársena impregnándolos de terror.

El eco confundió a Pancho que, puesto en pie, desorientado y lleno de miedo, no sabía de dónde podía venir aquel grito sin duda de hombre, ni sabía a dónde dirigirse. Un presentimiento de mal presagio lo llevó a pensar en su amigo Paco por lo que, sin reparo ni temor a un accidente, corrió como un poseso gritando su nombre por el muelle, pero, para su desesperación, tan solo el eco respondía burlón: «¡¡Paco...!! ¡Aco...! Aco...»

La pasarela en posición casi vertical, prácticamente colgada del costado de estribor del ramplero, no fue obstáculo para que el viejo Pancho, con el nervio que lo caracterizaba, alcanzase la cubierta de pesca llena de boyas, cabos, bidones y aparejos. Se movía entre ellos como pez en el agua corriendo de popa a proa hasta alcanzar las escaleras que llevaban al puente.

Allí mismo, miró por el cristal de la escotilla percatándose de que la puerta del lado de babor del puente estaba entreabierta, lo cual fundamentó su temor. Con genio golpeó la mampara de hierro del puente, sin dejar de gritar:

—¡Paco...! ¡Paco...!

Al no obtener respuesta alguna, se apuró en dar la vuelta para entrar por la puerta abierta del puente. Pero nada más doblar la esquina, el viejo lobo de mar se quedó petrificado, sin capacidad de reacción, al ver a su amigo Paco tendido allí mismo delante de la puerta del puente..., boca arriba, inmóvil, con los ojos muy abiertos y espasmos de terror en la cara, mientras un desconocido y horripilante animal que ni la mente más retorcida podía imaginar, después de haberle destrozado la garganta, le estaba abriendo la caja torácica con sus fauces con gran destreza, posiblemente para extraerle las entrañas.

¡Tan terrorífica visión no tenía parangón ni en la mitología celta, ni en la griega, romana, egipcia o nórdica ya que el animal en sí —si realmente era tal cosa— parecía salir del mismo Averno, hasta Cancerbero, el perro de tres cabezas guardián del infierno, palidecería ante semejante presencia!

Pancho no era capaz de articular palabra. Con el sistema nervioso paralizado, que ni parpadeaba siquiera, se quedó como una estatua de piedra y más al ver a aquella «cosa» levantar la cabeza y mirarle desafiante, mientras segregaba abundante baba ensangrentada y dejaba ver unas enormes fauces de horripilantes caninos en una boca tan grande que, abierta de par en par, en ella cabría perfectamente la cabeza de un hombre adulto. ¡Aquellos ojos amarillos desprendían una extraña luz que hipnotizaba y paralizaba a la «pieza», su siguiente víctima! Aquella cabeza era muy difícil de definir..., era como la de un enorme perro sin orejas, con dos agujeros en su lugar, los mismos que tenía en el hocico abultado y redondo de donde salía un espeso y pestilente vaho que se fundía con la niebla. El cuerpo era igual que el de una enorme pantera negra, como la noche más negra y sin pelo. Todo él era de una piel lisa y brillante mientras que la cola era larga y puntiaguda como un látigo de cuero que serpenteaba por la cubierta superior haciendo un gran abanico de sangre.

Dejando el cuerpo inerte de Paco rebozado en un gran charco de sangre, el «mal» se centró en su siguiente víctima, dirigiéndose hacia Pancho con pasos cortos y lentos de sus gruesas y portentosas patas.

Pancho en todo momento había permanecido estático, igual que un mimo representando al hombre ante el horror, con la mano izquierda inconscientemente agarrada a algo, que ni él mismo sabía qué era. En el último momento, estando a tan solo unos tres metros de la bestia inmunda que se disponía a atacar, quizá por el instinto de conservación, el viejo lobo de mar despertó como de un letargo y buscó una salida. Entonces se dio cuenta de que había permanecido agarrado a la estrecha escalera vertical que se utiliza para subir a la cubierta del puente.

¡Con la agilidad asombrosa de un felino, comenzó una huida cara arriba, a la desesperada, para ponerse a salvo de una muerte que parecía irremediable e inminente! Mas, a punto de lograr su objetivo, el monstruo se lanzó al ataque, alcanzándole el pie derecho al clavarle sus colmillos en el tobillo por encima del zapatón de cuero y suela de goma. ¡Fue una lucha terrible a vida o muerte! El animal —en el sentido más despectivo de la palabra— no soltaba la presa y Pancho aguantó todo su peso, hasta que la ley de la gravedad impuso su lógica y aquellos setenta kilos, más o menos que podría pesar el bicho, cayeron a la cubierta llevándose en la boca la bota con parte del pie en su interior, concretamente con un trozo del talón.

¡Nadie parecía oír los gritos de dolor del pobre Pancho que se expandían por la dársena y se ahogaban en la niebla!

Tirado en la cubierta del puente, el marinero se retorcía de dolor en su propia sangre que le salía del pie a borbotones. Por los conocimientos que tenía de supervivencia, sin dejar de gemir y llorar, luchó por sacar el cinto del pantalón, consciente de lo que tenía que hacer y, sin demora, una vez conseguido su objetivo, rodeó con él la pierna dañada. A continuación, metiendo la punta del cinto por la hebilla y por encima del tobillo, apretó y apretó todo cuanto pudo, le dio un par de vueltas más y siguió apretando sin dejar de gemir y llora. Al final lo trincó con un doble ballestrinque hasta que por fin el pie dejó de sangrar a pesar de tener los huesos naturales del talón al aire. Aun así, el dolor le resultaba irresistible. Al principio le quemaba como el fuego, como si le clavasen hierros candentes. Pero conforme pasaban los minutos, se tornó en frío; como si a continuación le clavasen témpanos de hielo en la herida, lo que intensificaba aún más el dolor.

A pesar de todo, Pancho era consciente de la situación; de que tenía que luchar por su vida tal como lo hiciera en otras ocasiones, en otras circunstancias cuando la muerte parecía evidente. ¡Estaba hecho a ello y sabía que tenía que luchar con todas sus fuerzas y sabiduría! De nada valía llorar, ni esperar ayuda milagrosa…, tan solo eran él y sus circunstancias.

La sangre derramada y el agua de la humedad de la niebla transformaron la cubierta del puente en una pista de patinaje. El hombre se deslizó por ella hacia la popa del puente que, aunque mojada, estaba limpia y, allí mismo, recostado contra la torreta del radar y el sónar, comenzó a desnudarse de medio cuerpo para arriba. A continuación, con mucha dificultad y sufrimiento, tiritando de frío, empezó a vestirse de nuevo dejando la camiseta de felpa sobre sus piernas, con la que envolvió el pie dañado atándola por encima del cinto que hacía de torniquete. ¡No era gran cosa, pero la maniobra le dio cierto alivio!

Mojado, embadurnado de los pies a la cabeza, temblando de frío y dolor, debilitado por la sangre perdida, acurrucado dentro del chaquetón, esperó…, esperó con la vista clavada en el muelle como una vía de esperanza entre rezos, súplica y desolación, mientras escuchaba el crujir de los huesos de su amigo Paco; el crujir de las costillas al romperse mientras que la bestia maldita saciaba su voraz apetito con los preciados órganos vitales.

El tiempo parecía haberse detenido, lo mismo que la niebla persistente, cómplice de la tragedia. Pancho trataba de ver en su reloj de muñeca qué hora era; ¡cuánto le faltaba por aguantar aquel suplicio! Mas, por las circunstancias adversas, no llegó a ver las agujas del reloj que, paulatinamente, segundo a segundo, jugaban a favor o en contra de su destino. La experiencia le decía que no debía perder energías en llantos o plegarias... ¡que debía luchar por el legado más preciado: la vida!

Pasados unos minutos que para él debieron ser horas y ante el silencio más absoluto, arrastrándose por la cubierta ensangrentada intentó asomarse a babor, junto a la escalera por la que había subido, para ver cómo estaba la situación y si aquel monstruo se había ido para bajar y pedir ayuda ¡aunque fuese a rastras!, hasta llegar a la cabina telefónica que le esperaba a tan solo unos cuarenta y cinco metros, como un testigo mudo de su propia desgracia. ¡Cuánto lamentó en aquel momento no haber hecho caso a su esposa y a sus hijas para comprarse un teléfono móvil...! Pero Pancho consideraba que las nuevas tecnologías y él eran totalmente incompatibles, aparte de caras.

Boca abajo cerca de la escalera, con los sentidos atrofiados, trató de concentrarse en escuchar. En el sepulcral silencio de un camposanto, con tiento y temor, poco a poco asomó la cabeza. En aquel preciso instante, ¡el vaho pestilente de la bestia lo envolvió, y a punto estuvo de alcanzarle de no haber sido por haber tenido el gran reflejo de apartarla a tiempo! La mala bestia había saltado como un jaguar que pretende alcanzar al oso perezoso abrazado al tronco de un árbol.

Tendido panza arriba, y ya no solamente por el susto, Pancho lloró amargamente su desgracia, con las lágrimas haciéndole surcos entre la sangre pegada a su cara en la que tan solo se le veía el blanco de los ojos enrojecidos de sufrimiento. Poco después, a rastras de nuevo, se desplazó a estribor, tratando de controlar, a pesar de la poca visibilidad, el muelle, por si llegaba alguien que le pudiese ayudar. Él por sí solo ya no podía hacer nada..., no tenía fuerzas para más.

Conforme pasaba el tiempo, la niebla se confundía con las tinieblas de la inconsciencia. Estaba perdiendo la consciencia paulatinamente y se entregaba a la muerte, sin más capacidad para seguir luchando.

Ya no sentía nada... A pesar de tratar de mantenerse despierto, las pestañas le pesaban como persianas de hierro, y se daba perfecta cuenta de que todo estaba absolutamente perdido. No le quedaba más que entregarse al destino. Estaba en ese proceso de preparación para acatar la nueva «condición», reviviendo los momentos más definidos de su vida...

Sí..., allí estaba con tan solo cinco años, en la playa de Cangas do Morrazo esperando la llegada del barco del cerco que gobernaban su abuelo y su padre, como patrones del Panchiño II. ¡Cuánta delicia había en aquellos encuentros llenos de esperanza depositada en la panza del barquito en la bodega! La dicha completa se reflejaba en su cara como si la estuviese viviendo en aquel momento, con sus celebraciones y todo, en las tascas del pueblo junto a su padre, su abuelo y los demás marineros. ¡Qué placer le causaba rememorar aquellas *lembranzas*...!

Pero la película de su vida no se detenía y le mostró con precisión los momentos cruciales de su vida, algunos muy dolorosos como la víspera de aquella Navidad en la que, con ocho años, junto a su madre y a su hermana y a ocho familias más, esperaban impacientes en la playa la llegada de dos barcos: el Panchiño II y el Xurel. Fue una espera larga que cada vez se hacía más angustiosa. Llegó primero el Xurel que entre su carga traía el dolor reflejado en las caras de los marineros, que nada pudieron hacer por la tripulación del Panchiño II que se había hundido cerca de las Islas Cíes, a tan solo veinte minutos de casa... Aquel día tan señalado, y que con tanta ilusión acumulada, fue la primera vez que a Panchito se le había roto el corazón en añicos. Cambió su vida y la de su madre y su hermana de una manera drástica. También revivió con gran dolor sus dos naufragios y la pérdida de muchos de sus amigos y compañeros de fatigas de los cuales tres de ellos se presentaron ante él para llevárselo al mundo de los muertos, al Más Allá, o eso pensó. ¡Llegó a reconocerlos...! Se trataba de Luis el «fritangas», Carlos «*o caldeiras*» y *Manoliño «vaicheboa»*, compañeros inseparables de toda la vida y que habían muerto allá en el mar de Las Azores...

El primero parecía decirle algo inaudible mientras los otros dos esperaban de pie con las manos cruzadas sobre sus vientres. Pancho, que parecía entender lo que le decían, con voz muy débil respondió en gallego:

—*Agora vou*[6].

Sin más condición, el bravo marinero se entregó a la muerte envuelto en un placentero bienestar, con la seguridad que le ofrecía la presencia de sus amigos. Aquel era el fin, el último eslabón de la larga cadena de su vida y, en su honor, los barcos hacían sonar las sirenas en señal de despedida.

En el último segundo antes de entregarse a lo inevitable, abrió los ojos buscando quizás aquella extraña luz que se alejaba y, con ella, sus amigos, sin que la sirena de un barco dejase de sonar insistentemente reclamando su presencia. «¡La sirena!» pensó. «¡Está llamando por mí!, está entrando un barco...»

—Está entrando un barco... —repitió con voz trémula, apagada, sin apenas mover los labios.

Sin duda alguna, aquella señal era como el despertador del tiempo que le anunciaba: «¡Arriba gandul, que aún no es tu hora!»

---

6   Ahora voy.

La capacidad humana tiene un don de superación que, de ser estudiado a fondo, sorprendería a cualquiera, en especial a la Ciencia. Sin duda existen unas gotitas de «esencia de vida» que desde el cerebro se inyectan en la sangre, revitalizando de esa manera los órganos vitales para poder seguir luchando por sobrevivir.

Con los sentidos agudizados, Pancho se arrastró de nuevo por la cubierta para poder ver qué barco era el que entraba y dónde iba a atracar. Con todas sus fuerzas luchó por ponerse en pie agarrándose a la torreta y, aunque no lo consiguió, se quedó sentado escudriñando la niebla. ¡Ya sentía el tac-tac del motor...! ¡Ya veía las luces difuminadas entre la niebla...! ¡Hasta reconoció la silueta de un palangrero del espada...! «¡Es el Santa Tecla!» gritó para sus adentros.

—*Virxen do Carmen...* —rezó en silencio—. Haz que atraque en este costado por favor...

El barco entró en la dársena, pasando a tan solo unos veinte metros de él sin dejar de tocar la bocina reclamando la presencia del guardián para que recogiese el chicote del cabo en el muelle y lo fijase al estay o a una anilla. ¡Hasta podía ver a los marineros en cubierta que reclamaban su presencia...!

— ¡Guardián...! ¡Pancho..., *desperta...*!

—Aquí... *Estou* aquí... —trataba de llamarlos él agitando una mano.

Para su desgracia, el barco fue hacia el centro de la dársena, arribando al costado de un barco de la misma casa, que era uno de «sus» barcos.

Desde su posición, y gracias al potente alumbrado del buque, podía ver con bastante claridad toda la maniobra y hasta escuchaba hablar a los marineros con su jerga alegre por llegar bien a tierra, cansados pero contentos de estar de nuevo en casa. ¡Cuántas veces él mismo había sentido aquella alegre sensación, después de dos, tres o cuatro meses de marea al pisar tierra firme... llegar al hogar! Y si la pesca había sido buena, la felicidad era completa ya que ello garantizaba el sustento de toda la familia hasta la próxima marea. Mientras tanto, y en aquel preciso momento, Pancho, con lágrimas en los ojos, suplicaba ayuda. Pero el sonido del motor ahogaba sus quejidos y lamentos.

Desde su atalaya, pudo ver con desesperación el furgón blanco que iba a buscar a la tripulación para llevárselos a sus casas, la mayoría habitantes de A Guardia. Poco después, el motor se calló, el alumbrado se apagó, y de nuevo volvió el silencio..., la soledad perdida entre la niebla.

Con el desánimo de la ocasión perdida, llorando y gimiendo se arrastró de nuevo a babor con la vista clavada en el muelle a la espera de un milagro, o de la dulce muerte que esperaba.

Igual que una piltrafa humana tirada en la cubierta del puente, ni siquiera se le veía la cara; todo él era un bulto que temblaba y que, con un hilo de voz, proclamaba ayuda, como lo haría un barco a punto de hundirse pidiendo socorro:

–*Meidey... Meidey... Meidey...* Ayuda... Situación: Longitud, 42º, 13, 8 minutos Norte. Latitud, 8º, 45 segundos Oeste. *Meidey... Meidey... Meidey...* Ayuda por favor.... ¿Hay alguien a la escucha...? *Meidey... Meidey... Meidey...*

Rendido sin más capacidad ni fuerzas para seguir viviendo, antes de cerrar los ojos llegó a ver al «mal», animal o lo que fuese, bajar por la pasarela hasta perderse por el muelle entre la niebla. ¡Otra gotita de «esencia de vida» revitalizó su precario estado al tiempo que un grito interior sonó en su pecho: «¡Estoy salvado!»

Tan solo tenía que bajar como pudiese, llegar hasta la cabina telefónica y llamar... ¡Llamar a quien fuera que llamase pero que acudiese cuanto antes en su ayuda!

Manteniendo la capacidad de pensar, decidió aguantar un poquito más por si «la cosa» andaba cerca. Mientras, con movimientos torpes y lentos, se sacó su gorro de lana de la cabeza y se lo metió en el pie dañado por encima del vendaje circunstancial ya negro y tieso por la sangre medio seca.

¡La impaciencia no le permitió aguantar más que cinco minutos! ¡Sabía que tenía que darse prisa...! Era consciente de que antes de dos horas tenía que aflojar el torniquete para que sangrase un poco la herida y no se le gangrenase la pierna... No sabía ni podía ver la hora que era y, como pudo, se deslizó por la estrecha escalera cayendo como un fardo entre los restos esparcidos, completamente descarnados de su amigo Paco, una imagen terriblemente patética.

Sin dejar de gemir, se arrastró con bastante agilidad hasta bajar por las escaleras que daban a la cubierta, valiéndose del pasamanos para luego comenzar una carrera de obstáculos en la misma cubierta de pesca en una lucha desesperada por alcanzar la pasarela que ya no estaba tan empinada, pero que aún así bajó a trompicones dando vueltas como un saco lleno de carne fresca sin huesos hasta «tocar tierra».

Arrastrándose consiguió llegar hasta las chabolas que le sirvieron de apoyo para ponerse en pie e ir a la «pata coja» hasta la cabina que estaba cada vez más cerca. Caminaba un poco y se paraba para coger aire, vida... y, medio encorvado, lo volvía a intentar... ¡Ya estaba cerca de la esquina, a escasos diez metros de la cabina de la esperanza, de la salvación! Y, para infundirse valor, se animaba a sí mismo: «¡Vamos Pancho, que tú puedes...!» «¡Ya llego a la esquina...!» «¡Ya está prácticamente hecho...!» «Ya...»

Solo le quedaba entregarse sin condición a un destino disfrazado de bestia inmunda que había surgido de pronto entre la niebla, con una mueca que parecía una media sonrisa sarcástica, malvada, dedicada seguro al triunfo de la inteligencia.

Apoyado en la esquina de las chabolas que con tanto esfuerzo y dolor había logrado ganar, quién le diría a Pancho que ese iba a ser el escenario de su propia tragedia. Ya ni siquiera tenía fuerzas para gritar o pedir ayuda, y menos para luchar. Tan solo para esperar, reteniendo el aliento en su pecho y los ojos desorbitados con las pupilas dilatadas de terror en las que se reflejaba la imagen del «mal», que con pasos cortos, ceremoniosos se podría decir, se acercaba a él poco a poco, hasta hacer sentir su pestilente vaho y cómo aquellas terribles fauces se le clavaban en el cuello como punzones candentes... Sintió correr la sangre caliente por su cuerpo que se sacudía violentamente sin ofrecer resistencia.

Tendido en el suelo panza arriba, Pancho ya no sentía nada... Sus ojos buscaban el cielo, pero solo veía la luz opaca de la farola que tenía encima y que poco a poco se apagaba... De pronto sintió una extraña calma..., ya no veía absolutamente nada; solo tinieblas y, entre ellas, de nuevo aquella extraña luz blanca.

☙

7:45 h de la mañana

—¡Pancho...! ¡Pancho, despierta...! —lo llamó y sacudió Xorxe, el brasileño que le hacía el relevo.

Pancho se despertó sobresaltado, mirando a todos lados con los ojos muy abiertos y pálido como un difunto.

—¿Qué... qué ha pasado...? —preguntó sentado como estaba mirando a los barcos y el muelle ahora completamente despejado.

—¿Te encuentras bien, Pancho? —le preguntó Xorxe—. ¿Quieres que llame a tu casa y que te vengan a buscar...?

—No... no... ¿Y el Santa Tecla?

—¿El Santa Tecla...? Aún no ha llegado... posiblemente llegará esta tarde, pero... ¿de verdad estás bien...?

—Sí..., sí —dijo él tratando de incorporarse y analizando el zapatón de su pie derecho—. Ya estoy bien... Seguramente estuve algo indispuesto pero... ya, ya estoy bien.

—Pues venga. Vete a casa y descansa, que esta noche tienes que volver.

—Sí, sí, claro —dijo cogiendo la bolsa y echando a caminar por el muelle como si fuese un sonámbulo.

Al llegar a la altura de la pasarela del ramplero, Paco ya le estaba esperando con una bolsa blanca de plástico casi llena de pescado. Al entregársela en el muelle, su amigo lo miró con extrañeza.

—¿Qué te pasa Pancho? —le preguntó—. ¡Tienes una cara que parece la de un difunto!

—Posiblemente lo sea, Paco.... Posiblemente lo sea.

—¿Te encuentras mal?

—Sí, pero fue por algo terrible que me ha pasado esta noche... ¡Fue algo terrible, Paco!

—Pero... ¿se puede saber qué te ha pasado...? —insistió en preguntar Paco con cara de preocupación.

Entonces Pancho le contó con pelos y señales la terrible experiencia que había «vivido», rematando un tanto emocionado:

—Fue terrible, *compañeiro*, ¡terrible...!

Su amigo trató de transmitirle sosiego posando su mano derecha en el hombro izquierdo de un afligido Pancho:

—¡Pero eso no fue nada, hombre! Con el sueño te quedaste frito y tuviste una mala pesadilla, pero nada más...

—No, Paco no... «Aquello» tan horrible no podía ser fruto de la imaginación... ¡Era la cosa más horripilante que te puedas imaginar...! Y de verdad te digo ¡que he sentido la muerte Paco! como nunca la había sentido, y tú sabes muy bien que hemos vivido momentos críticos. Pero «aquello...» no era un sueño... Yo era consciente en todo momento de lo que estaba pasando, sentí todo el dolor del mundo..., sus colmillos clavarse en mi pie, y luego en mi garganta... ¡Sentí la sangre correr por mi cuerpo y aquel olor pestilente de su aliento lo sigo oliendo impregnado en mis ropas...! –concluyó rompiendo a llorar.

Paco lo abrazó, diciéndole:

–Está bien, Pancho. Te creo. Pero ahora lo que tienes que hacer es irte a casa, desayunar bien y dormir mucho. Ya verás cómo esta noche cuando vuelvas no le darás tanta importancia a lo sucedido.

Pero no... Aquella experiencia traumática se había incrustado en el cerebro de Pancho de forma que ya no sabía qué hacer para desprenderse de ella. Apenas podía conciliar el sueño. A partir de entonces, las noches de guardia en el muelle, hiciese frío o calor, lloviese o hubiese niebla, las pasaba atemorizado asustándose con cada sombra, con cada movimiento. Él era consciente de que «aquello» había sido una especie de presagio..., una advertencia de que corría un serio peligro a la que posiblemente debería hacer caso, tomarla muy en serio y procurar cambiar de vida... Dejar los muelles y dedicarse a disfrutar de su bien merecida jubilación, de la vida. Pero, por aquel afán de querer ayudar a sus hijas siguió trabajando clandestinamente como guardián, completamente desprotegido de todo tipo de seguridad.

24 de diciembre

Aquella Nochebuena era fresca y lluviosa.

Con motivo de las fiestas navideñas, como cada año, había más barcos de lo normal en el muelle de Bouzas. Pancho tenía a su cargo nada más y nada menos que ocho palangreros; seis de A Guardia y dos de un armador vigués.

Nada más llegar y despedirse de Xurxo deseándole una feliz noche, con su bolsa en una mano y con el paraguas abierto en la otra, Pancho fue a por su caldero para instalarse esta vez en la última chabola que lo protegía algo más de la lluvia y del frío aunque tendría que hacer una ronda a toda la dársena cada poco tiempo. Pero lo esencial es que estaría más cerca de la cabina telefónica y del barco de su amigo Paco que seguía en reparación.

Tal como habían quedado, a las diez de la noche se juntaron para cenar en el barco. Pancho hubiese preferido cenar donde estaba instalado pero Paco lo convenció.

—Tú sabes por propia experiencia que estas noches hasta los cacos celebran la Navidad, y no digamos los armadores. Así que estate tranquilo. El peligro puede ser que, a partir de las tres o cuatro de la madrugada, aparezca por el muelle algún coche con algunos gamberros de fiesta o alguna pareja que venga a echar un polvo. Del resto...

—Bueno, pero una hora nada más, ¿eh?

Como disponían de toma de corriente de tierra, el barco tenía luz, por lo que los dos amigos compartieron la cena en el mismo comedor del barco. Fue una cena de triste nostalgia por no estar con sus respectivas familias pero, aun así y todo, agradable al ser compartida con un amigo y entre cafés y unos chupitos de aguardiente blanca y de hierbas. Rememoraron las viejas *lembranzas* del pasado en alta mar... ¿Cuántas habían sido las navidades pasadas lejos de casa...? Ni siquiera podrían enumerarlas y por eso ya estaban más que mentalizados para vencer la nostalgia. Para Pancho mucho peores habían sido las últimas diez navidades que había tenido que pasar él solito en el muelle, unas veces con frío, otras con lluvia, pero siempre, siempre, en total soledad.

A la una treinta de la madrugada, Pancho abandonó el ramplero y, con el rostro alegre bajo el paraguas, hizo una ronda a toda la dársena, comprobando que todo estaba bien y, con las mismas, se fue a su refugio dispuesto a escuchar la radio que siempre llevaba en la bolsa.

7:45 h de la mañana del día de Navidad

Xorxe se extrañó de que Pancho no le estuviese esperando en el sitio de costumbre, a la entrada de la dársena, para darle las novedades. Con su mochila a cuestas echó a andar por la dársena adelante pensando que Pancho posiblemente se había quedado dormido de nuevo cosa que, salvo aquel día, nunca le había pasado. Nada más llegar a la esquina, se encontró con la bolsa y el caldero aunque a Pancho no lo veía por ninguna parte. Revisó barco por barco, llamándolo incluso, pero nadie más que el eco respondía.

Comenzó a preocuparse muy seriamente, consciente de que algo muy grave había sucedido. Sin más preámbulos se fue al ramplero de Paco con la esperanza de que su amigo estuviese allí, pero no.

8:30 h de la mañana.

Entre Xorxe y Paco lo buscaron barco por barco pero al no hallar rastro de Pancho, decidieron llamar a la policía y a los agentes de Obras del Puerto, que también se unieron a la búsqueda.

A las nueve y media llegó un equipo de buceo para rastrear el fondo del mar pero, antes de que acabasen de ponerse los trajes de neopreno, alguien dio la voz de alarma. Lo localizaron abrazado a una cubierta de camión que hacía de defensa, colgada de una cuerda del costado de uno de «sus» barcos.

Lo izaron con la misma cuerda. Pancho, con el rigor de la muerte reciente, subió agarrado a la rueda a la que sin duda se había abrazado como última esperanza para la salvación, que esta vez le había sido negada. Se supuso que aquella misma noche, y según el forense, entre las cuatro y las cinco de la madrugada –¡qué casualidad!– se había levantado un poco de viento y, al ir a reforzar una estacha, al intentar saltar al barco, el marinero cayó al mar entre el barco y el muelle, que por la delgadez del hombre no lo aplastó pero que tampoco le permitió salir nadando.

Seguramente Pancho pasó un largo suplicio hasta morir de hipotermia, ya que no presentaba golpe alguno. ¡Quién pudiera saber lo que pasó por su cabeza durante aquel largo tiempo tratando de luchar por sobrevivir y pedir esa ayuda que nunca llegó! Lo que no hay duda es de que Pancho aquella noche negra «vivió», o mejor dicho, «revivió» el tránsito de la vida a la muerte, tal como lo había «soñado» cuarenta días antes... Quién sabe cuánto no lamentó en aquellos momentos cruciales no haber hecho caso a su instinto y haber dejado el muelle de una vez por todas para hacer lo que hacen los demás marineros jubilados: vivir y disfrutar de la vida, que es el don más preciado y para el cual poco se necesita. (Solo se necesita que los hijos dejen de una vez por todas vivir a sus mayores y aprendan a enfrentarse a la vida, a luchar por ellos mismos para salir adelante, tal como lo hicieron sus padres sin ayuda de nadie).

Viendo su cadáver allí tendido en el muelle, entre lágrimas, Paco recordó la conversación que había tenido con su amigo respecto a sus temores por la dichosa «pesadilla» y desde entonces decidió que una vez el ramplero se hiciese a la mar, él no volvería a trabajar ni como guardián, ni como chabolero, ni nada... Que a sus setenta y tres años ya era hora de disfrutar de la vida. Y así lo hizo quince días después, dándole un gran disgusto al armador para el que había trabajado durante tantos años, que textualmente le dijo:

—¿Y ahora qué hago yo de mi vida..? ¿Dónde encuentro a alguien que ocupe tu lugar...? ¿Es por dinero Paco...? ¿Quieres un aumento...?

A lo que Paco, simplemente respondió:

—No señor. Yo tan solo quiero vivir.

(Dedico este relato a todos los guardianes de barcos con los que durante muchas noches he compartido penurias, soledad y tristeza, y al recuerdo de los compañeros que dejaron sus vidas en los muelles).

Volvamos con otra de niños...; me encantan los niños. Pero este caso es muy diferente al de Sebas, el niño de «*La casa de al lado*». El caso de Pablo es un caso bastante común... Trata sobre la revelación de la memoria del pasado, que desde el primer embrión tenéis guardada en el cerebro. Es vuestro carné de identidad, aunque vosotros no lo sepáis, pues no recordáis ni siquiera la última existencia, por una simple razón: no sabéis o aún no tenéis la capacidad de activarla. Pero cuidado, mucho cuidado, que se han dado casos en los que a causa de un accidente o de una depresión profunda, se abre el cofre de la memoria oculta. El caso más común es una transición prematura. Ya lo comprenderéis cuando leáis «*La memoria del pasado*», que es la historia de un niño de apenas siete años.

Como antes dije, este caso es bastante común pero, desgraciadamente, por ignorancia, este tipo de sucesos se achacan habitualmente a posesiones diabólicas, y se somete a estas criaturas a auténticas torturas a manos de personas de dudosa capacidad, o de «expertos» eclesiásticos que ven demonios hasta en la sopa. Todo es más sencillo de lo que parece y lo único que hay que hacer es colaborar con el niño sin someterlo a tortura, y si él no revela el problema, acudir siempre a un especialista parapsicólogo que domine la hipnosis. El «problema» se puede solucionar en una simple sesión, podéis creerme.

Elb-Amah

La memoria del pasado

La habitación estaba completamente a oscuras. Sobre la cama se adivinaban los cuerpos tendidos de una pareja. A ella se le notaba que estaba en avanzado estado de gestación, por lo menos de ocho meses. Se trataba de un matrimonio relativamente joven que esperaba ilusionado su primer hijo fruto del amor.

A una hora indeterminada, en la habitación comenzó a aparecer una especie de neblina transparente que se movía en torno a la cama y que, poco a poco, iba modelando unas siluetas etéreas o espectrales que formaban claramente la figura de dos personas adultas, posiblemente un hombre y una mujer, y la de un niño de corta edad que, por su estatura, bien podría tener siete u ocho años.

Llegado un momento, aquellas espectrales siluetas se juntaron en torno a la mujer. Al separarse, faltaba la silueta del niño.

Pasados unos minutos, la habitación quedó limpia de presencias, pero la mujer embarazada comenzó a moverse inquieta volviéndose hacia su marido que le daba la espalda. Parecía dudar pero, al final, acarició el hombro de su compañero con la intención de despertarle lo más suavemente posible. Al ver que comenzaba a moverse, le susurró al oído:

–Cari... Cariño...

El hombre resopló al volverse.

–¿Qué pasa chuli...?

–Me apetece chocolate... –dijo ella con gesto mimoso.

–¿Chocolate? –preguntó sorprendido el hombre despertando del todo–. Pero cariño, si a ti no te gusta el chocolate...

–Será un antojo y al bebé parece que le gusta –dijo ella haciéndole carantoñas.

—Pe... pero cariño —dijo el marido encendiendo la luz de la lámpara de la mesilla de noche y mirando el reloj despertador—, son las tres y media de la madrugada... ¿Dónde voy a encontrar chocolate a estas horas...?

Siete años después

Isabel salió de su habitación en camisón blanco, bata fina de flores y zapatillas. Caminaba soñolienta, con los cabellos largos y desordenados de color rubio «de bote» cayéndole por los hombros y la cara, cosa que para nada le restaba encanto.

Arrastrando los pies, se dirigió a la cocina como si fuese un zombi y, sin más, sacó un cartón de leche de la nevera, llenó una taza de cerámica y la metió a calentar en el microondas. Con la desgana del soñoliento, observó el reloj de pared que marcaba las ocho y tres minutos.

Sin darse prisa salió a una amplia sala dirigiéndose a la escalera de madera que daba a las habitaciones superiores de la casa rústica recientemente restaurada. Al llegar a lo alto, con cautela abrió la puerta de la habitación de su único hijo para despertarlo y que se preparase para ir al colegio.

Nada más abrir la puerta, se quedó sorprendida viendo a su hijo que, con la luz de la lámpara de la mesilla encendida, completamente desnudo, se contemplaba en la luna del espejo del armario empotrado que tenía en el lado izquierdo de su cama. Parecía hipnotizado, y ni parpadeaba.

—¡Pablo! ¿Qué haces? —le preguntó la madre sin moverse del sitio.

Pero el niño no le respondió; siguió mirándose en el espejo con gesto serio como un poseso atrapado en su propio reflejo.

Sin perderlo de vista y con gesto de extrañeza, Isabel se acercó a la ventana y abrió las hojas de madera, permitiendo de aquella manera que la estancia se llenase de luz natural, la de los primeros rayos de sol de aquella preciosa mañana de primavera. Pensó que su hijo estaba dormido y actuaba sonámbulo, a pesar de que nunca le había pasado algo semejante. Con cautela se le acercó para con suavidad para tocarle el hombro al tiempo que lo llamaba:

–Pablo... ¿Estás bien...? Despierta.

Lentamente el niño giró la cabeza y se quedó muy serio mirando a su madre.

–¿Por qué ahora soy así? –le preguntó mostrando ingenuidad en su infantil rostro.

–¿Así, cómo? Siempre fuiste como eres –le dijo ella con el ceño fruncido mirándolo a través del espejo.

–No –dijo Pablo volviéndose al espejo–, antes era un poco más bajo, más delgado y rubio.

Isabel, que lo tomó a broma, volvió a mirarlo a través del espejo apoyando las manos en sus delicados hombros, para decirle con la mejor de sus sonrisas:

–Hijo mío, estás creciendo..., ya casi eres un hombrecito que para el mes que viene cumplirá siete años y por ello es lógico que te veas mayor. Gordo nunca fuiste; siempre he procurado que tuvieses el peso que corresponde a tu edad. ¡Pero rubio...! Anda cariño, vístete que se te hace tarde para ir al colegio.

El niño obedeció pero estaba serio..., o más bien se diría que confuso.

Días después, un viernes por la noche

El joven matrimonio, bien posicionado económicamente por ser él un prestigioso ingeniero naval, después de cenar y haber acostado al niño, estaba acaramelado en un sofá del salón y ante la televisión encendida sin apenas sonido y con una copa de brandy en la mano. Andrés le preguntó a su esposa:

—¿Qué te dijo el psicólogo?

—Que no debemos preocuparnos. Que Pablo, igual que otros muchos niños de su edad, está pasando por una pequeña crisis de identidad... Los niños son vulnerables a los sueños o, simplemente, tienen un amigo: un líder al que quieren imitar. Nos recomendó que no estemos encima de él y que se distraiga mucho.

—Es lo que yo había pensado —comentó Andrés—. Mañana por la mañana me lo llevaré conmigo al monte para que se espabile un poco.

—Sí, porque a mí ya me tiene preocupada.

—Tranquila. Ya verás como no es nada.

Al día siguiente a las once de la mañana, padre e hijo circulaban en un todoterreno por una estrecha carretera comarcal. Andrés de cuando en cuando observaba a su hijo que iba como ausente, con la cabeza apoyada en el cristal de la puerta mirando hacia fuera.

—¿En qué piensas, Pablo? —le preguntó en un momento dado.

Sin cambiar de postura, el niño respondió con naturalidad:

—En Juan.

—¿Es un amigo?

—Sí —contestó secamente el niño.

—¿Juegas mucho con él?

El niño se quedó pensativo; los ojos le bailaban como si buscase la respuesta o estuviese haciendo memoria hasta que...

—Antes, sí. Íbamos todos los días a jugar al balón, pero ahora no sé dónde está...

Andrés frunció el ceño a sabiendas de que, donde vivían, en una casa aislada, no había niños con los que jugar. «Seguramente será en el colegio» pensó.

—¿Vais a la misma clase? —le preguntó.

Ahora quien frunció el ceño fue Pablo, que se quedó pensativo, dubitativo..., como si buscase una respuesta lógica.

—Sí..., pero íbamos a la otra escuela —dijo finalmente.

Andrés sabía que su hijo siempre había ido al mismo colegio a tres kilómetros de su casa, y que su esposa era la encargada de llevarlo y traerlo, y nunca había mencionado que Pablo tuviese un amigo íntimo que se llamara Juan. «Posiblemente se refiere a otra clase» se dijo. Aun así, siguió indagando:

—¿A qué escuela te refieres? —le preguntó.

—No lo sé..., no me acuerdo... Era otra escuela distinta a la que voy ahora... —respondió Pablo sin más.

Andrés ya no sabía qué decir ni pensar. Todo le parecía muy extraño. Así que trató de seguir el consejo del psicólogo y dejarlo tranquilo.

—¿Qué quieres hacer...? —le propuso a continuación—. ¿Pasear por el monte, bajar al pueblo y ver barcos o compramos un balón y nos vamos a jugar al fútbol...?

—¡Comprar el balón! —dijo entusiasmado el niño saliendo de aquel estado catódico en el que se hallaba.

—No sabía que te gustase tanto el fútbol. Tendrás que enseñarme.

—Bueno...

Andrés se rió para sus adentros, satisfecho del resultado obtenido. Durante el resto del viaje, hablaron y rieron, después jugaron en la playa con el balón recién comprado y, al mediodía, llegaron sudorosos y cansados pero felices. Y más lo estaba Isabel, que los recibió con los brazos abiertos.

Después de comer se relajaron viendo la televisión y, a media tarde, recibieron a un matrimonio de amigos íntimos con su hija de seis años, con los que pasaron el resto del sábado hasta después de cenar. Pablo y Laura estuvieron jugando tanto en la casa con los juegos de mesa, como al escondite o a la pelota por el jardín y así hasta las diez de la noche, hora en la que cenaron todos juntos. A las doce y media de la noche, Pablo se entregó al sueño, cansado pero con el gesto de un niño completamente feliz.

Andrés e Isabel también lo celebraron quedándose hasta la una y media de la madrugada en el salón y, a continuación, se fueron a la cama. Todo había ido bien, un día casi perfecto. Pero a las tres de la madrugada, un grito estremecedor que salió de la habitación de Pablo, les hizo saltar de la cama corriendo. Nada más entrar en la estancia, vieron que su hijo, empapado en sudor, lloraba y gritaba pataleando. Aquel grito desgarrador era una llamada a la desesperada reclamando a su madre.

—¡Mamá...! ¡Mamá...!

Isabel se abalanzó sobre su hijo tratando inútilmente de cogerlo entre sus brazos, pero el niño se resistía braceando y gritando:

—¡¡No le pegues...!! ¡¡No le pegues...!! ¡Mamá...! ¡Mamá...! ¡Me quemo...!

—¡Estoy aquí, hijo...! ¡Soy mamá y no me pasa nada! —trataba de tranquilizarlo Isabel muy nerviosa y llorando mientras Andrés, compungido, trataba de echarle una mano al tiempo que preguntaba:

—¿Qué te pasa hijo...? ¿Qué es lo qué te pasa...?

Poco a poco Pablo se fue tranquilizando. Miraba fijamente a sus descorazonados padres. Seguía temblando y con los ojos muy abiertos de terror. Abrazándose a su madre, comenzó a llorar amargamente.

De pie, Andrés los observaba en silencio y, sin decir nada, bajó al salón, cogió el teléfono y marcó un número.

—Antonio... Perdona que te llame a estas horas pero..., no sé qué es lo que le pasa a mi hijo..., no..., no es ninguna dolencia..., parece que está teniendo una profunda crisis con el tema de su doble personalidad y los sueños, ya sabes. No, no, con que me recetes algo para tranquilizarlo me vale. Mañana lo llevaremos a..., como quieras. No sabes cómo te lo agradezco. Hasta ahora.

De vuelta a la habitación del niño...

—¿A dónde fuiste? —le preguntó Isabel bañada en lágrimas.

—Fui a llamar a Antonio. Ya viene para acá.

Tres cuartos de hora después, Andrés, en pijama, bata y zapatillas, le abría la puerta al doctor Antonio Ponte, médico de la empresa y amigo íntimo del matrimonio.

—¿Dónde está el niño? —preguntó nada más entrar.

—Arriba, en su habitación con la madre.

Pablo había dejado de llorar pero aún estaba hipando abrazado a su madre. Sin más, el doctor abrió el maletín de cuero y le tomó la temperatura con un termómetro digital pasándoselo por la frente. Después de quitarle la parte de arriba del pijama, procedió a auscultarlo mientras el niño permanecía tendido en la cama.

—Fiebre no tiene —dictaminó al final—, pero sí está muy alterado. Le daremos un tranquilizante infantil para que duerma tranquilo.

Dirigiéndose al niño, que le conocía, le preguntó acariciándole los cabellos:

—Tuviste una pesadilla, ¿verdad Pablo?

Con los ojos muy abiertos y cara de susto, el niño asintió con la cabeza.

—Y debió de ser horrible —comentó Isabel abrazada a su esposo.

—¿Recuerdas lo que soñaste? —insistió en preguntarle el doctor bajo la atenta mirada de los angustiados padres, mientras el niño miraba fijamente al techo tratando de recordar.

Segundos después, asintió de nuevo con la cabeza.

Antonio miró a la pareja buscando su complicidad para seguir indagando y estos aprobaron con gestos.

–¿Me quieres contar ese sueño? –le preguntó el doctor al niño sentándose en el borde de la cama y en voz baja como si se tratase de un secreto entre los dos.

Torciendo la cara hacia la luna del espejo del armario a su izquierda, Pablo se quedó muy serio con la angustia reflejada en su suave cara. Comenzó a contar:

–Papá nos pegaba mucho a mí y a mamá y nos quemábamos...

El doctor levantó la cabeza para ver a los sorprendidos padres negar al unísono con la cabeza mientras Pablo se mantenía con la vista clavada en el espejo.

Antonio se quedó pensativo por un instante y luego se arriesgó a preguntar:

–¿Te refieres Pablo... a estos padres?

En la misma posición que estaba, el niño respondió totalmente convencido:

–No, a los otros –y comenzó a llorar de nuevo–. Quiero ver a mi madre.

Isabel se tapó la boca para contener un grito aterrador mientras se le saltaban de nuevo las lágrimas. Andrés se había quedado petrificado.

–Tu madre está aquí... ¿no la ves? –le preguntó el doctor con la emoción contenida.

–Ella no... Yo quiero ver a mi otra mamá... –respondió Pablo sin apartar la vista del espejo.

Los mayores se quedaron fríos. Andrés tuvo que sujetar a su esposa que, con los puños en la boca, se derrumbaba mientras el doctor, después de darle un respiro al niño, continuó preguntándole de manera cauta:

–Háblame de tu otro padre. ¿Cómo es?

–Es muy malo... le da patadas a mi mamá –contó Pablo sin cambiar de postura.

—Y, ¿recuerdas cómo se llamaba tu otro padre?

El chiquillo se quedó pensativo y al poco, dijo:

—No me acuerdo.

—¿Y tu otra madre...? ¿Recuerdas cómo se llamaba?

—Tampoco —dijo el niño rompiendo a llorar de nuevo.

—Tranquilo Pablito... Ya verás como todo se arreglará. Lo que ahora quiero es que me digas quién eres tú y cómo te llamas.

—Luis —respondió de inmediato, sin dudar.

De nuevo Isabel se tuvo que tapar la boca para contener un grito de angustia mientras Andrés parecía como perdido ante aquella situación tan extraña para un hombre de su tiempo; un agnóstico que solamente cree en lo que ve o en lo que pueda palpar. Pero aquello...

Sobre las cinco de la madrugada

En un ambiente de preocupación, el doctor y la pareja hablaban en la sala ante unos cafés recién hechos.

—La verdad —comentó Antonio— es que este caso es muy extraño. No creo en absoluto que se trate de un tema de doble personalidad, no... Es algo más profundo y el niño lo está pasando realmente mal.

—¿Qué nos aconsejas que hagamos? —le suplicó Andrés.

—Este caso se nos escapa de las manos desde el punto de vista científico, de la ciencia médica... Lo que os voy a decir va contra nuestros principios pero creo en la imperiosa necesidad de poneros en manos de un experto, un especialista.

—Especialista, ¿en qué? —preguntó Andrés.

—En parapsicología.

—¿Crees que mi hijo está poseído? —intervino Isabel muy nerviosa.

—No lo sé Isabel, ya que yo no soy un experto en estos casos, pero lo cierto es que Pablito es como si estuviese viviendo en dos mundos muy diferentes y en uno de ellos debió haber sufrido mucho.

–¿En verdad crees en esas historias tan absurdas? –le increpó Andrés haciendo un gesto de extrañeza.

–Amigo mío, no se trata de creer o no creer. La evidencia es palpable. Personalmente, por la salud de mi hijo y en un caso tan excepcional como este, yo no dudaría en buscar todas las alternativas posibles antes de meterlo en un psiquiátrico a que lo atiborren a pastillas. La experiencia en muchos casos, podéis creerme, resulta nefasta para el paciente. Sé que no debería decirlo yo pero vosotros sois mis amigos y no os puedo engañar.

–Yo estoy de acuerdo –intervino decidida Isabel que seguía muy nerviosa.

–¿Qué podemos hacer entonces...? ¿A quién acudir...? –preguntó Andrés no muy convencido de la propuesta de su amigo.

–Déjalo de mi mano. Al mediodía, pon dos platos más en la mesa. Pueda que venga con un invitado. Respecto a Pablo, dejadlo dormir todo cuanto quiera; debe estar agotado –ordenó el doctor mientras se levantaba–. Ahora os dejo que nos queda por delante un domingo tenso de emociones y a ver si de esperanza a la vez... Es muy importante que vosotros mantengáis la calma... No os ha de resultar fácil pero tenéis que intentarlo por el bien de todos y, en especial, por el niño.

El matrimonio despidió al doctor y amigo y en la puerta, Andrés le dijo:

–Gracias por todo y perdona las molestias.

–La molestia no tiene cabida en la amistad –le contestó Antonio, al tiempo que Isabel le daba un abrazo y dos besos en las mejillas.

–Sé que harás todo lo posible por nuestro hijo –le dijo ella.

–Confía en ello.

Desde la puerta, el matrimonio vio alejarse al doctor Antonio Ponte que, con paso firme, se dirigía al coche que le esperaba en el camino de tierra firme y rojiza que dividía la amplia finca cerrada rodeada de frutales, la mayoría en flor, sobre un césped bien cuidado.

12:30 h del domingo

El doctor Antonio Ponte salió del coche mientras que por la otra puerta, la del acompañante, bajó un señor relativamente bajo, mayor, de unos sesenta y cinco años, muy delgado con el pelo largo de un gris tirando a blanco, igual que la perilla puntiaguda que lucía dándole cierto aire intelectual, y unos ojos pequeños y vivarachos que expresaban fuerza y poder.

El matrimonio había salido a recibirlos mientras Pablo jugaba con el balón dándole patadas contra la pared de la casa, igual que haría un niño corriente a su edad, sin prestar la mínima atención a los recién llegados, aunque era consciente, eso sí, de que aquella visita estaba relacionada con «su problema». Mientras tanto...

–Os presento al doctor Sebastián Guzmán, parapsicólogo –le presentó Antonio a la joven pareja.

El recién llegado les dio la mano sin decir nada. Parecía un hombre lleno de misterio que, sin apenas prestarles atención, volvió su cara para observar muy serio al niño que seguía entretenido con el balón. A continuación, ordenó:

–Vamos a la casa. Antes que nada me tienen que dar unos datos.

Estando los cuatro adultos en la sala acomodados en unos sofás, Sebastián sacó una libreta del bolsillo de la chaqueta y un bolígrafo.

–Dénme el nombre del niño y sus apellidos –pidió.

Andrés le dio los datos mientras el parapsicólogo los escribía con la mano izquierda. Luego pidió la hora y la fecha de nacimiento del niño y, con aquellos datos, hizo unos cálculos. A continuación preguntó en qué lugar había sido engendrado y si durante todo el embarazo habían vivido en la misma casa.

Después de obtener las respuestas exigidas, preguntó, mirando fijamente a los ojos del matrimonio:

—Antes de que naciese el niño, ¿hubo algún niño fallecido en la familia? Hablemos de los últimos diez o doce años.

Andrés e Isabel se miraron incrédulos haciendo gestos de negación, mientras Antonio los observaba en silencio.

—No..., no tenemos constancia de ello —dijo finalmente Andrés.

—A mí se me ha muerto un tío, pero ya era mayor —expuso Isabel.

—Al margen de la familia, ¿recuerdan algún accidente en el que muriese un niño más o menos de la edad de Pablo?

—No lo podemos asegurar, ya que nosotros apenas tenemos relación con el pueblo —comentó Andrés sin dejar de mirar a su esposa que también negaba con la cabeza—; es muy poca gente la que conocemos.

—Yo tan solo conozco a las madres de algunos de los niños del colegio, pero no tengo confianza con ellas. Es que nosotros no somos de aquí, ¿comprende?

—Sí, perfectamente. De todas maneras tendremos que averiguarlo. Vayamos ahora con Pablo. ¿Dio muestras de inseguridad sobre su personalidad con anterioridad?

—No —contestó Isabel—. Tan solo que desde muy pequeñito tiene obsesión por el espejo de su armario... Yo lo atribuía a que iba a ser muy presumido.

—¡El espejo! —exclamó Sebastián—. ¿Y ese espejo está por dentro o por fuera del armario?

–Por fuera, frente a su cama –dijo algo compungida Isabel.

–No debe haber espejos en las habitaciones de los niños pequeños... Son como puertas abiertas al más allá o al pasado. Dada su sensibilidad y con su mente aún en desarrollo, absorben todas las energías de su entorno como una esponja. Tan pronto como puedan, quítenselo. Ahora vamos a lo realmente importante: según Antonio, el niño no recuerda el nombre de sus anteriores padres pero sí el de «Luis» que supuestamente era «su» nombre y, al parecer, el supuesto padre pegaba mucho a su madre. ¿Es eso cierto?

–Sí, así es –confirmaron los tres.

–Sin duda alguna, esa debió ser la causa de la muerte del tal Luis. De momento tengo que ganarme la confianza del niño. ¿Extraña a la gente que no conoce?

–No. Todo lo contrario –aseguraron los padres dibujando una sonrisa de satisfacción.

–Mejor. Eso facilitará las cosas.

–¿Puede tratarse de una posesión? –preguntó Antonio.

–¡No! El niño no está poseído... Este es posiblemente un claro caso de liberación de la memoria traumática de un pasado muy reciente que se revela. Normalmente estos casos se suelen dar más a menudo de lo que se cree e incluso en adultos después de haber tenido un accidente o una enfermedad muy grave que les aproxima a las puertas de la muerte.

–No comprendo nada –dijo Andrés.

–A pesar de su escepticismo, supongo que habrá oído hablar de la reencarnación –le dijo Sebastián mirándolo fijamente a los ojos.

–Sí, pero...

–Pero usted no cree y por ello yo no le culpo, pero le puedo asegurar que detrás de cada caso de estos, hay una muerte traumática de una vida anterior. Todos tenemos una vida anterior..., y luego otra y otra y por eso nuestro cerebro guarda la memoria del pasado, incluso desde los comienzos de la Humanidad.

—Doctor, a mí lo que realmente me interesa es saber si podremos recuperar a nuestro hijo —suplicó Isabel.

—Llámeme Sebastián. La respuesta a su pregunta es sí. Pero para ello tenemos que averiguar todo lo que hay detrás. Posiblemente nos encontremos con una historia muy trágica que hay que encontrar como sea.

—¿Qué le puede pasar al niño si no se libera de esa memoria traumática del pasado? —preguntó Antonio.

—Que cada vez irá a más. Llegará incluso a renunciar a sus verdaderos padres y se dedicará a buscar a su «otra» madre..., su otra identidad. En la mayoría de los casos con el tiempo terminan internados en psiquiátricos.

—¡Dios mío! —exclamó Isabel rompiendo a llorar, mientras Andrés la estrechaba entre sus brazos dirigiéndole una dura mirada al parapsicólogo.

Este, cogiéndole con delicadeza las manos a Isabel, le prometió con un tono lleno de bondad:

—Eso con Pablo no pasará. Se lo prometo. Si he dicho eso ha sido para que se dieran cuenta de que la cosa es mucho más seria de lo que parece y por ello en ningún momento debemos bajar la guardia.

Después de comer, ya por la tarde, Sebastián se entregó por completo al niño participando en sus juegos hasta conseguir su total confianza. Al atardecer jugaban los dos al parchís en la mesa del salón. En un momento dado, mientras Pablo avanzaba a las casillas con su ficha roja, Sebastián aprovechó para preguntarle:

—Háblame de Luis. Lo conoces, ¿verdad?

Sin levantar la cabeza, el niño le respondió:

—Te toca tirar.

Sebastián comprendió que no quería hablar del tema.

Martes, seis de la tarde

El doctor Antonio Ponte llegó a la casa de la familia Alonso en compañía de Sebastián el parapsicólogo con un portafolios bajo el brazo. Ambos parecían contrariados, por lo que se podría deducir que eran portadores de noticias tristes.

Isabel y Pablo, recién llegado del colegio, salieron a recibirlos. Ella tenía muy mala cara, de haber pasado la noche en vela mientras el niño mostraba una preocupante palidez en cara y ojos, que se habían tornado tristes como los de un niño enfermo de anemia que, poco a poco, va perdiendo vida. Diez minutos después llegó Andrés; se diría que apresurado con su «4x4» derrapando en la frenada detrás del coche del doctor. La noche había sido dura al haber vuelto el niño a «las andadas» y ahora...

—¿Qué pasó en el colegio? —preguntó a su esposa nada más llegar.

Isabel esquivó la pregunta mirando a su hijo quien, muy serio, no apartaba la vista de sus padres; se diría que mostrando cierto temor como el niño que se siente humillado por algo malo que ha hecho.

Sebastián, que se dio cuenta, propuso:

—Debemos hablar libremente delante de él. Pablo es consciente de lo que le pasa, ¿verdad Pablo?

Pablo asintió con la cabeza mientras Isabel titubeó un instante. Se le hacía duro exponer los hechos, pero al final decidió hablar.

—La tutora me llamó por la tarde muy preocupada. Me dijo que Pablo pasó un día muy malo, que no hacía nada y que se limitaba a mirar entre sus compañeros de clase como buscando a alguien. Su profesora le preguntó a quién buscaba y él respondió que buscaba a su hermana y a su amigo Juan. Al saber que no tiene hermana, la tutora me llamó asustada. Tuve que mentirle y decirle que posiblemente fuese una reacción por un tratamiento que está tomando y que no volverá al colegio mientras no se recupere del todo.

–Ya te dije que no debería ir al colegio estos días –dijo Andrés, mientras Sebastián sonreía. Era una sonrisa de satisfacción, resultado de su trabajo de investigación llevado a cabo esos dos días. Posando su mano derecha en el hombro izquierdo del niño, ante el asombro de los demás, aseguró:

–Buscabas a Marinita, ¿verdad Pablo?

El niño, con un gesto de tristeza reflejada en su cara, asintió con la cabeza.

Andrés, Isabel y Antonio se quedaron perplejos.

Mientras Pablo veía los dibujos animados en la televisión del salón, en la cocina, en torno a una pequeña mesa con una humeante cafetera en el centro y una bandeja de pastas, ninguno de los cuatro parecía tener prisa por servirse. La pareja y Antonio estaban más pendientes de lo que tenía que contar Sebastián, que les tenía muy intrigados. Incluso Andrés, el escéptico, comenzaba a cambiar el chip respecto al trabajo del recomendado de su amigo Antonio.

–Lo que os voy a mostrar –comenzó diciendo Sebastián mientras abría el portafolios–, sin duda os dejará perplejos, pero tengo la plena seguridad de que estamos en el buen camino. Estas fotocopias son de un recorte de un periódico de tirada nacional publicado el 26 de de diciembre de 1998. Tomad y leed.

Los tres, en silencio, reflejaban en sus rostros la angustia al leer el titular que decía:

«TRÁGICAS NAVIDADES EN UN PUEBLO DE OURENSE».

Al leer el texto de más de media página, a Isabel comenzaron a rodarle unos gruesos lagrimones por sus preciosas mejillas. Andrés estaba estupefacto mientras Antonio no salía de su asombro.

Un tenso silencio se hizo en la cocina. Hasta ellos llegaba el sonido de los dibujos animados de la televisión del salón, donde se hallaba Pablo entretenido ajeno a la dramática situación.

–¿Qué porcentaje de posibilidades hay de que este caso esté relacionado con Pablito? –preguntó Antonio a Sebastián.

–Apostaría el cien por cien –aseguró el parapsicólogo–. ¿Supieron ustedes de este caso? –dijo dirigiendo la pregunta a la pareja.

–Sí –respondió Andrés mientras Isabel seguía leyendo sin dejar de llorar.

–¿Tenía esta familia alguna relación con ustedes? –preguntó de nuevo Sebastián.

Andrés guardó silencio mirando a su esposa, como si pretendiese que fuese ella misma la que respondiese a la pregunta del parapsicólogo. Pasados unos segundos, Isabel levantó la cabeza mostrando un rostro contraído de sufrimiento con lágrimas que no cesaban.

–Cuando usted nos preguntó el domingo si sabíamos de la muerte de algún niño, no había caído en ello ya que pensaba en nuestro entorno actual. Pero lo cierto es que Rosa y yo habíamos sido muy buenas amigas de niñas allá en la aldea hasta que, a los trece años, por el trabajo de mi padre tuvimos que marcharnos... ¡Dios mío...! –contó con la voz entrecortada–. Nunca más volví a verla ni me preocupé por ella... Cuando me enteré de lo sucedido, ya habían pasado dos semanas y...

–No se martirice –le dijo Sebastián cogiéndole la mano derecha entre las suyas–, usted no es la responsable de su destino. No obstante debe alegrarle saber que ella seguía queriéndola tanto que le «confió» a su hijo para que engendrase en el suyo; en vuestro propio hijo. Sin duda alguna ella estaba completamente segura de que con ustedes su hijo encontraría la felicidad que le había sido negada en la vida anterior.

—¿Para qué? ¿Para seguir sufriendo y hacernos sufrir a nosotros?

—¡No diga eso Isabel! Ya verá como muy pronto todo volverá a la normalidad. Tiene mi palabra.

—¿Qué tenemos qué hacer? —se interesó Andrés que parecía estar dispuesto a todo con tal de recuperar a su hijo.

Sebastián reflexionó un momento. Fueron segundos de tenso silencio hasta que, con seriedad extrema, dijo:

—Como pueden comprobar, en el recorte de prensa todo se achaca a un simple accidente hogareño... Me temo que detrás de este drama se esconde una tragedia distinta que el niño, en su subconsciente, lucha por aclarar.

—¿Hablas de un posible asesinato? —le preguntó Antonio.

—Premeditado o no, es posible. La mayoría de estos casos ocurre porque la conciencia oculta se revela..., denuncia algo grave que no fue aclarado o ajusticiado. Pablo, o Luis, tiene la necesidad imperiosa de contarlo todo.

—¿Y cómo, si no recuerda casi nada? —preguntó Andrés.

—Lo recordará, no se preocupen. Aunque no es muy recomendable practicar la hipnosis a niños, este es un caso de urgencia mayor para que el niño no siga sufriendo. Así que depende de ustedes si le practicamos una retrocesión al pasado o no.

—¿Lo olvidará todo pasada la sesión? —se interesó Isabel.

—Sí, haremos que lo olvide todo después de que reviva su trágica muerte, la de su madre y la de su hermana.

—Pero, ¿no será peligroso para el niño? Como dijo que no era aconsejable practicar la hipnosis a menores... —preguntó Andrés.

—Pueden estar tranquilos. Ese es un código nuestro para que no se practique la hipnosis a un niño sin causa ni razón porque, si algún neófito entra en el cofre íntimo de los recuerdos, se corre el riesgo de que cometa un error y no sepa luego cerrarlo. Pero en este caso es a la inversa: el cofre ya está abierto y lo que tenemos que hacer es cerrarlo como Dios manda después de que se libere la tensión acumulada. Para vuestra tranquilidad os diré que si el niño tiene la sensibilidad que creo que tiene y no se opone a entrar en trance, esta misma noche podréis dormir tranquilamente. Y Pablo también.

—Dios lo quiera —suspiró Isabel.

Nueve de la tarde-noche

Los cuatro adultos jugaban con el niño en el salón. La televisión estaba apagada y las ventanas cerradas para que no entrasen los últimos rayos de sol en su caída a los abismos tiñendo el cielo de rojo, preludio de que al día siguiente sería un día soleado. Todos deseaban que el día siguiente fuese un buen día.

En un momento dado, Sebastián le dijo al niño:

—Pablo, ¿quieres que te haga un juego de magia?

—¡Sí...! —dijo él entusiasmado.

—Pues venga... Ven y siéntate en este sofá y ponte muy cómodo con la espalda apoyada contra el respaldo y los brazos en los reposabrazos. Así, ya está. ¿Estás cómodo?

—Sí.

Bajo la atenta mirada de los padres de Pablo, Sebastián sacó del bolsillo de la chaqueta un pequeño péndulo y se lo mostró al niño diciéndole:

—Con esto vamos a hacer magia pero tengo que contar con tu colaboración para que salga bien. ¿Me ayudarás?

—¡Sí... sí...! —se animó Pablito.

—Muy bien, gracias. Tú lo que tienes que hacer es seguir a este trompito sin perderlo de vista, sin parpadear y sin mover la cabeza. Si eres capaz de seguir al trompito con la vista sin mover la cabeza y sin parpadear, se producirá la magia. ¿Estás preparado?

—Sí.

El péndulo comenzó a balancearse delante de los ojos del niño, que cumplía a rajatabla lo acordado con el parapsicólogo, que en voz baja decía unas palabras en un susurro casi inaudible. A Pablo se le había borrado la sonrisa de sus labios, mientras sus ojos se iban cerrando paulatinamente hasta quedarse completamente dormido.

Después de levantarle un brazo al niño y dejarlo caer completamente inerte, Sebastián anunció:

—Ya está. Vosotros acomodaos y usted, Isabel, casi es mejor que se vaya... Le puede resultar demasiado fuerte lo que va a oír.

—No..., no pienso separarme de mi hijo.

—Está bien, pero siéntese en el sofá entre su esposo y Antonio y vosotros no permitáis que se mueva de ahí, si no queremos estropear la sesión —ordenó Sebastián que estaba muy serio y concentrado. Sentado en un taburete justo delante del niño que dormía plácidamente con la cabeza ligeramente inclinada, comenzó a preguntarle:

—¿Dónde estás Pablito?

Pasados unos segundos, el niño respondió como si hablase entre sueños:

—En mi casa.

—¿Con tus padres?

Esta vez no hubo una respuesta, por lo que Sebastián siguió preguntando:

—Volvamos atrás en el tiempo... a la tarde de aquella Nochebuena cuando tú eras Luis. ¿Lo recuerdas?

—Sí...

—¿Qué estás haciendo?

—Jugando.

—¿Con quién?

—Con mi amigo Juan.

—¿A qué jugáis y dónde?

—A la pelota en el campo «das mazeiras»

Sebastián miró a Isabel con un gesto de interrogación.

—Es en la aldea de Ourense donde nos criamos Rosa y yo —dijo ella muy nerviosa sentada entre los dos hombres.

Volviéndose al niño, el parapsicólogo le preguntó:

—¿Eres tú Luis Ferreira Carrera?

La respuesta fue tajante:

—Sí.

—¿Cómo se llama tu padre?

—José Ferreira Novas.

—¿Y tu madre...? ¿Cómo se llama?

—Rosa Carrera Fernández.

—Bien, Luis. ¿Qué día es hoy?

—Nochebuena —aseguró el niño dibujando una sonrisa, se diría que de felicidad e ilusión por la fecha tan señalada.

Mientras Sebastián le seguía haciendo preguntas, Pablito estaba totalmente inmerso viviendo intensamente en su cabeza la película de aquel triste episodio de su vida anterior.

Sí, efectivamente, era un niño de unos siete años, flacucho, rubio y muy vivaracho, todo lo contrario a su amigo Juan que, a pesar de tener la misma edad, le doblaba en volumen. Los dos iban muy contentos a sus casas entre los pinos cuando la tarde ya comenzaba a morir.

–¿Qué le pediste a Papá Noel? –le preguntó Luis a Juan que llevaba una pelota de plástico entre las manos.

–Lo de todos los años –respondió Juan–. A ver si esta vez Papá Noel se acuerda de mí y me trae la dichosa bicicleta. Y tú, ¿qué le pediste?

–Un balón de verdad y un chándal del Barcelona aunque, al estar mi padre sin trabajo, dudo que me lo puedan comprar.

–Pues yo, para Reyes, voy a pedir la equipación de Cañizares porque quiero ser portero como él.

–¡Toma! Y yo quiero ser delantero centro como Ronaldo...

–¡Ja, ja, ja...! ¡Pero si tú eres rubio y él es casi negro...!

–¿Y qué? ¿No puede haber un Ronaldo rubio?

Los dos se partieron de risa mientras seguían caminando.

En sus caras se reflejaba la alegría que los niños suelen tener durante esos días, de sueños y esperanza, quizás, de recibir los regalos deseados o, por lo menos, de tener una noche de paz y alegría y, por qué no, de amor..., sin temor a que algo o alguien la eche a perder.

La casa era pequeña, sencilla, con un pozo con pilón y un pajar justo delante de puerta. Parecía una postal rústica rodeada por un huerto con frutales y unas gallinas sueltas por el lugar, mientras la humareda gris que desprendía la chimenea se elevaba recta sin que una brisa la desviase.

A simple vista se veía que era una casa antigua que había sido reformada y permanecía aislada en medio del monte enmarcada por pinos y eucaliptos a tan solo cuarenta metros de una pista asfaltada.

Rosa era realmente guapa, rubia, de ojos claros, bastante alta y delgada con ese toque rústico que se refleja en la cara que da el esfuerzo de una vida nada fácil. Mientras atendía las tarteras en la cocina de hierro preparando la cena para esa Nochebuena, una niña de unos tres años, preciosa, rubia como su madre, aferrada a sus sayas, apenas le dejaba moverse. Rosa parecía estar nerviosa sin dejar de mirar a cada momento la hora en el reloj de pared.

Nada más entrar Luis en la cocina, le ordenó:

–Anda *Luisiño*. Entretén a tu hermana que no me deja hacer nada.

A las nueve cuarenta y cinco de la noche, los tres estaban sentados a la mesa preparada para servir la cena en la pequeña sala, con un brasero debajo para calentar la estancia. Esperaban impacientes al padre y esposo que no llegaba. Rosa estaba entre furiosa y nerviosa; sabía por experiencia lo que sucedía cuando José llegaba bebido a casa.

Cansada de esperar, le dijo a su hijo:

–*Luisiño*, vete a la taberna del tío Ambrosio, que ha de estar allí tu padre por no perder la costumbre. Dile que la cena ya está lista; que se venga. Si te manda para casa, tú esperas por él. Si no no vamos a tener la fiesta en paz.

–Sí, mamá –dijo el niño mientras salía corriendo.

La taberna estaba a tan solo unos seiscientos metros por la pista escasamente iluminada y, aunque pasaba por el monte, Luisito no tenía miedo; la conocía como la palma de su mano. Corría sin parar, ansioso por llegar y llevar a su padre ya que él, más que nadie, quería que aquella noche fuese de alegría y no de riñas y peleas a las que nunca se acostumbraría. Simplemente quería ser feliz como los demás niños; vivir intensamente aquellas fiestas que, junto con las de la parroquia, eran las más importantes del año.

Se alegró conforme estaba llegando de ver luz en la taberna y oír cantar. Hasta llegó a reconocer la voz de su padre que como siempre estaba ahí, en la fiesta, llevando la voz cantante.

Nada más entrar en la pequeña y rústica taberna, Ambrosio, hombre cincuentón, bajo, gordo y calvo, servía vino de mala gana a aquellos cinco vecinos que no se iban. Posiblemente él también deseaba irse temprano a su casa para estar con la familia y mantenía la esperanza de que aquella fuese la última ronda.

Cohibido, Luis se acercó al grupo y tiró de la chaqueta de su padre. Este, al volverse, sorprendido le preguntó:

—Y tú, ¿qué haces aquí?

—Dijo mamá que la cena ya está lista... que te vengas —le dijo el niño un tanto excitado por la carrera.

José, a pesar de su juventud, parecía mucho mayor, ya no solamente por las arrugas pronunciadas del que estraga la vida por el tabaco y el alcohol, sino también por el abandono corporal que le daba aquel aspecto de hombre fracasado a pesar de ser un buen albañil. Pero raramente duraba más de un mes en un trabajo y ahora las empresas lo rechazaban por haberse hecho demasiado conocido, por lo que vivía de las ayudas sociales y de pequeñas changas que hacía por su cuenta. Aun así, José era un hombre fuerte, malencarado y, sin afeitar, su cara incrementaba su fiereza.

Se volvió hacia su hijo para ordenarle:

—Vete para casa que ya voy —y, sin más, se volvió para seguir cantando «Paloma Mensajera», canción muy popular en las tabernas, que junto con «O Miudiño», se habían convertido en una especie de himno para los borrachos.

Luisito no le hizo caso y se quedó allí, en medio, esperando en silencio. Sabía por propia experiencia que su padre no estaba bien y ello le producía respeto y miedo. Decidió quedarse con la esperanza de salvar la noche.

En lo alto, en una esquina de la taberna, estaba la televisión en la que, en aquel momento, una coral cantaba villancicos apenas audibles por las voces descompensadas del «coro» de la taberna. Luis se quedó mirándola. En su cara se reflejaban la angustia y el miedo; parecía el fiel retrato de un niño atemorizado o la estampa del desencanto de la Navidad.

En una de estas, José se percató de que su hijo seguía allí y, hecho una fiera, lo increpó:

—¿No te mandé que te fueras para casa?

—Espero por ti —respondió el niño muerto de miedo.

Sin más, el padre lo cogió por el jersey de lana de color rojo y, casi llevándolo por el aire, lo sacó fuera ordenándole mientras lo sacudía:

—¡Vete ahora mismo! ¡Ya hablaré con tu madre y contigo cuando llegue a casa!

Muy asustado, Luisito se quedó en la calle sin saber muy bien qué hacer. Le tenía mucho miedo a su padre pero prefería que se desahogase con él allí, en la taberna o en la calle, y no en casa con su madre quien, como de costumbre, se llevaría la peor parte. ¡Lo sabía muy bien! Era consciente de que jamás se acostumbraría a aquellos malos tratos cuando se producían; a él le correspondía proteger a su hermanita en el lugar más seguro de la casa entre lágrimas de terror e impotencia. Fue quizás por ello, que en un acto de rebeldía y desafiando la orden de su progenitor, entró con decisión de nuevo en la taberna de Ambrosio. Con genio volvió a tirar de la chaqueta de su padre, exigiéndole delante de los demás:

—¡Si no te vienes ahora para casa, nosotros tres cenaremos sin ti!

El impacto de un bofetón resonó en la taberna. No se cayó pero Luisito se fue contra el mostrador recuperando el equilibrio sin llorar; miraba muy serio a su padre con la mano derecha en la mejilla del mismo lado, mientras en la taberna se había hecho un gran silencio. Solamente se escuchaba la coral de la televisión que en aquel preciso momento cantaba Noche de Paz, como una alegoría al amor y a la concordia entre los hombres de buena voluntad.

Uno de la pandilla de José, más débil y mayor, se enfrentó al albañil para recriminarle:

–Siempre fuiste y serás un desgraciado. ¡No te mereces la familia que tienes! Ambrosio, cóbrame lo que te debo que se me acaba de atragantar la noche.

En silencio, uno a uno fueron pagando y marchándose, mientras el niño salió corriendo hacia su casa. Al quedarse solo, José pidió que le sirvieran otra taza de vino.

–Para ti se acabó el vino y el fiado en esta casa. Así que márchate que quiero cerrar –le recriminó Ambrosio al tiempo que se quitaba el mandil.

–¡Yo siempre te pagué religiosamente cada primero de mes! Así que nada me tienes que reprochar –protestó el hombre a quien ya se le revolvía la lengua en la boca.

–Sí que tengo que reprocharte, pues me pagas con el pan de tu mujer y de tus hijos y eso se ha acabado. Cuando quieras beber, con el dinero por delante, y si no quieres volver, mejor, aunque pierda el dinero que me debes.

De camino a casa sin dejar de correr, Luisito iba dejando una estela de partículas de lágrimas derramadas. No eran lágrimas producidas por el dolor de la bofetada, sino más bien de impotencia... de rabia y, quién sabe, si de odio hacia su padre.

Nada más entrar en casa se abrazó a su madre llorando amargamente. ¡No hacía falta que le dijese nada! Ella, más nerviosa que nunca, le ordenó:

–Vamos cariño. Vamos a cenar y a meternos en la cama antes de que tu padre llegue y la arme de nuevo.

Minutos después, Rosa, con la niña sentada a su lado y Luisito frente a ellas, en un silencio amargo lleno de tensión y miedo, apuraban sus platos: pollo de la casa estofado con patatas y guarnición de legumbres. De pronto la puerta de fuera se abrió violentamente y apareció José que parecía un loco escapado del manicomio. Rosa apenas tuvo tiempo de coger a la niña de la silla. Al volverse, un puñetazo la lanzó encima de la mesa de madera derribándola y con ella a los niños. Marinita lloraba a grito pelado tirada en el suelo entre los restos de la cena aún humeante mientras Luisito, que había conseguido levantarse, se lanzó contra su padre que no cesaba de darle patadas a la mujer tirada encima de la mesa rota. Estaba inconsciente, mientras una humerada producida por el brasero que había debajo de la mesa, comenzó a llenar la estancia.

Completamente enloquecido, José se deshizo de su hijo con otra tremenda bofetada, y el niño fue a caer encima de su madre. Luisito se aferró a ella llorando y gritando:

—¡¡Mamá...!! ¡¡Mamá...!! ¡Despierta...! ¡Despierta que nos quemamos...! ¡Me quemo mamá...! ¡¡Mamá...!!

—¡Paradlo por favor...! —gritaba también Isabel tapándose los oídos agarrada por Andrés y por el doctor Antonio Ponte. Todos lloraban, incluso Sebastián que seguía inclinado sobre el niño, sujetándolo con dificultad ya que Pablo, empapado en sudor, no dejaba de luchar con brazos y piernas sin cesar de gritar:

—¡Mamá...! ¡Me quemo mamá...! ¡Mamá...!

—¡Ya pasó Pablo! —le gritó Sebastián—. Ya pasó... Ya no eres Luisito.... Ahora eres Pablo, Pablo Alonso... Luisito ya no existe, ¿me entiendes? Luisito ya es parte del pasado y su denuncia ha sido escuchada. ¡Nunca más te acordarás de él, ¿me entiendes?! ¡Ni de su familia, que ya no te pertenece!

Completamente extenuado, Pablo se quedó dormido. Su rostro reflejaba el sufrimiento y la amargura producidos por la tremenda experiencia que acababa de pasar.

Dirigiéndose a los demás, Sebastián ordenó un tanto excitado:

—Venga. Tenemos que relajarnos todos; que el niño no note nada cuando se despierte. Encendamos la televisión y usted, Isabel, séquese por favor esas lágrimas, y cuando se despierte, no se vuelque en su hijo; tenemos que dejarlo tranquilo como si no hubiese pasado nada ya que para él este periodo de tiempo no ha existido.

Tras comprobar que todo estaba en orden, el parapsicólogo se agachó frente al niño y, después de secarle el sudor y las lágrimas con su propio pañuelo, le dijo en un susurro:

–Pablo… Cuando cuente hasta tres, abrirás los ojos y no te acordarás de nada… Absolutamente de nada de lo que ha pasado. Todo quedará en el olvido. Todo, y no volverás a mentar a Luis, ya que él ya no existe. ¿Me comprendes?

Pablo asintió con la cabeza.

–Muy bien. Voy a contar hasta tres y despertarás tranquilamente… Uno…, dos… y tres. ¡Despierta!

Poco a poco, Pablo fue abriendo los ojos y al poco se quedó muy serio mirando a Sebastián. Después, dibujando una amplia sonrisa, le preguntó:

–¿Y el truco de magia?

–Me salió mal –le dijo el parapsicólogo extendiendo los brazos haciéndose el gracioso.

–Qué tonto eres –musitó el niño con gesto cansado.

Inclinándose hacia adelante, Pablo se levantó echándose en brazos de su madre a la que le dijo:

–Tengo hambre, mamá.

Llena de ternura, Isabel lo atrajo contra su pecho mientras le preguntaba:

–¿Y qué quiere cenar mi niño?

–Patatas fritas con un huevo.

–No toca esa cena, pero por esta vez te la haré.

–Gracias mamá… Te quiero mucho.

–Y yo, hijo mío. Y yo –respondió ella no pudiendo evitar de nuevo las lágrimas.

Los hombres contemplaron aquel emocionante encuentro entre una madre y su hijo, con una melancólica sonrisa en sus caras.

Nadie, nadie de los allí presentes, ni siquiera Sebastián, se percató de una presencia extraña a modo de ectoplasma, que desde el rincón más oscuro de la casa los observaba. Era Rosa y parecía también sonreír al alejarse.

Pablo no volvió a padecer aquellos sueños del pasado y fue desde entonces un niño completamente normal y feliz.

Por su parte, Sebastián se dedicó a investigar por su cuenta aquel caso y qué había sido de José Ferreira, que se había salvado del incendio y que después había declarado que, cuando él llegó a su casa, esta ya ardía por los cuatro costados a causa posiblemente del brasero que había debajo de la mesa. Ningún vecino le creyó, pero callaron. Después de todo, el mal ya estaba hecho y, a fin de cuentas, casi todos los vecinos estaban emparentados... formaban un gran familia.

Sebastián no pudo contactar con él, ya que José Ferreira se estaba muriendo de cirrosis hepática en un hospital de Orense... Solo, sin que nadie le acompañase ni le diese ánimo o cariño. Y es que, la soledad –y más en estos casos–, es la peor de las torturas pues en ella, en la soledad más profunda, se incrustan los remordimientos que atormentan constantemente. Y es que, en esta vida, absolutamente nada es por casualidad. ¡Nada!

«¡Cuidado! Mucho cuidado con las promesas que soléis hacer cuando estáis en una situación límite o desesperada. Y no es que los santos vayan a tomar represalias contra vosotros por no haber cumplido aquellas promesa que hicisteis y nunca pudisteis cumplir... No... no, por la sencilla razón de que los milagros, digamos santorales, no existen. El auténtico milagro está en vuestro cerebro y no en hacer un recorrido descalzos hasta destrozaros los pies o meteros dentro de un ataúd para seguir una procesión... ¡Qué barbaridad! ¡Cuánta ignorancia! Lo realmente peligroso de todo esto es cuando personas de fuerte convicción religiosa, después de haber hecho una promesa que no han podido cumplir, viven angustiadas por ello y se llevan consigo esa angustia cuando se mueren y por ello muchos renuncian a emprender el camino de la Luz... Prefieren quedarse en sus casas o vagar por los caminos solitarios como almas en pena a la espera de que algún familiar o conocido pueda cumplir por ellas aquella promesa que hicieron. Lo pasan fatal porque, lo creáis o no, en el mundo de los muertos también prevalece la ignorancia, y, sobretodo, la de los que se aferran a ella y se niegan a evolucionar. Desde allí siguen suplicando misas, velas y lágrimas mientras que lo único que consiguen es cerrar cualquier opción a la regeneración para evolucionar. Mientras tanto permanecen ocultos buscando la oscuridad donde esconderse.

Pues bien, el relato que a continuación vamos a contar versa precisamente sobre el tema de las promesas. «La promesa» es una historia real que ocurrió hace ya muchos años en un pueblo al norte de Pontevedra. Desgraciadamente, casos como este se dieron a montones y en la actualidad aún se siguen dando, aunque ya normalmente entre personas mayores pues la juventud actual, afortunadamente, está mucho más preparada cultural e intelectualmente. Os dejo con la triste historia del pobre Manoliño.

ELB-AMAH

La promesa

Aquella casita vieja en medio del valle rodeado de montañas, con su parra delante que proporcionaba una agradable sombra, el pajar y el pozo del agua y la tierra cultivada, los frutales en flor y la vaca con las ovejas pastando en el prado y las gallinas picoteando por el lugar, desde la distancia parecía un cuadro; una estampa bucólica que enternecería nuestros corazones. No obstante, conforme uno se acercaba y, nada más entrar en la casa, se percataba enseguida de la triste realidad de aquel tiempo melancólico y gris de la postguerra. En el interior todo era gris y negro, como la cocina que era completamente negra del humo de *a lareira* u horno de barro en el que se cocía el pan de maíz o en el que en días muy especiales se hacía un asado o una empanada... Negras eran las perolas, los candiles y las lámparas de aceite, de grasa animal o de carburo para alumbrarse en las noches de los eternos silencios... Ennegrecidas estaban las dos banquetas alargadas y la artesa de madera en la que se guardaban la harina y el pan, que hacía las veces de mesa. Negros eran el techo y las paredes, y el suelo de tierra pisada era tan negro como la noche más negra.

Subiendo dos escalones de piedra se entraba en la sala-dormitorio y hasta allí llegaba el resto del humo, sobretodo los días de fuerte viento, haciendo que aquellas paredes que un día fueran blanqueadas se tornasen como el gris de la tristeza. Al lado de la puerta principal recibía al visitante una mesa alargada de madera rústica, como las banquetas alargadas para acomodar a los familiares invitados los días de fiesta de antaño. Rodeando la mesa, sobre las paredes colgaban los retratos de un tiempo pasado mostrando todo su patetismo. El más grande, de cuarenta por cincuenta centímetros más o menos, era una foto-montaje en blanco y negro que representaba a Jacinto y a Saladina el día de su boda, con gesto serio, asustado se diría, y los dos de luto cerrado, eso sí, con una estampa bucólica por detrás: un cielo precioso de nubes blancas y dos palomas al vuelo que parecían quererse besar. El otro foto-montaje representaba a *Manoliño* el día de su Primera Comunión, vestido de almirante con su traje blanco y sus galones dorados y la verdad es que resultaba un tanto paradójico ver un marinerito del agro, allí, afincado en la tierra más profunda como la raíz de la cepa de la vid. Después había un sinfín de fotografías de abuelos, hermanos, primos, sobrinos, etc. Pero, entre todas ellas, había tres fotografías separadas de las demás que rozaban lo esperpéntico. Eran tres fotografías de unos quince por veinte centímetros y en las que se exponían tres cadáveres en sus respectivos ataúdes. La de la derecha era de una chica joven vestida toda de blanco como si fuese una novia... Se trataba de Merceditas, la hermana de Saladina que había muerto a los veinte años de tisis. En el centro estaba la de Jacinto que, con cuarenta y ocho años, había muerto antes de la República de unas extrañas fiebres y cuando *Manoliño* tenía veinte años. Y la de la derecha era la del abuelo y padre de Jacinto que había muerto después que su hijo y en la misma casa. Las tres fotografías en fila estaban justo en la cabecera de la mesa recibiendo los honores que los vivos creían que se merecían.

Al fondo de la sala estaba la cama conyugal, una cama grande de hierro cromado y amplio y grueso colchón de lana, y, sobre el cabezal, un crucifijo que parecía pedir clemencia de lo viejo que estaba. A la derecha había dos cuartos. El primero era un cuarto oscuro y pequeño sin ventana y, precisamente allí, se ponían las habas a secar, se almacenaban las patatas, las manzanas y otras frutas extendidas por el suelo sobre paja y, colgado del techo, había un jamón, tocino ahumado, ajos, cebollas etc. Aquel cuarto era la despensa. A continuación había otra estancia un poco más grande y con una ventana que daba a la parte trasera de la casa donde se encontraban las cuadras, el gallinero, la bodega y el alpendre en el que se almacenaba la leña, los aperos de labranza y el *cortello* del cerdo. Aquel era el cuarto desde el que *Manoliño*, nada más abrir la ventana por la mañana, recibía los aromas de la vida entre mugidos, balidos, gruñidos y cacareos de gallinas. Pero para él aquello era el despertar de la vida y, después de todo, ya llevaba treinta y dos años con la misma letanía cada día.

Sí, *Manoliño* era un hombre cativo, poco agraciado físicamente que, por la vida tan dura que llevaba, parecía tener más de cuarenta años. Para colmo de males padecía una cojera ostensible por una piedra que le había caído encima en la pierna izquierda cuando siendo un niño ayudaba a su padre a hacer un muro ovalado. Lo habían llevado a la curandera del pueblo pero, o bien porque le dejaron el hueso mal montado, o porque forzó más de la cuenta sin darle el descanso preciso, aparte de quedarle la pierna un poco más corta, conforme iba creciendo, el pie izquierdo se le había girado ligeramente hacia dentro, proporcionándole aquella cojera ya característica en él por la que se había ganado el apodo de «El Pata». Por ello quizás, o por no dejar sola a su madre, *Manoliño*, a diferencia de muchos otros jóvenes que se habían marchado del pueblo en busca de fortuna, se quedó allí, como clavado a la tierra y el pobre, por no tener, ni siquiera había tenido la oportunidad de ir a una escuela. Su universidad fue el duro trabajo desde la más tierna edad.

Por su parte Saladina, a sus cincuenta y cinco años, parecía una anciana de setenta con el cabello ya completamente blanco bajo la pañoleta tan negra como sus holgadas prendas en las que hasta el mandil era completamente negro, lo mismo que las medias de lana. ¡Todo en ella era negro! Hasta la ropa de faena que tan solo permitía verle la cara y las manos, incluso en verano.

Una noche de invierno, el viento soplaba con fuerza. Como de costumbre, sentado a la artesa que hacía también de mesa, ante un vaso y una botella de vino tinto, *Manoliño,* con su navaja perfectamente afilada, cortaba y comía un trozo de tocino salado con pan de maíz mientras Saladina atendía el pote que tenía al fuego de *a lareira*, la gran piedra rectangular a ras de suelo. De la misma chimenea, también de piedra, entre otros utensilios colgaba el pote.

Poco después, la madre le sirvió una *cunca* o taza grande de humeante caldo, mientras le decía en un gallego muy cerrado:

–Échale pan que el caldo va de resto y está muy líquido. Mañana habrá que hacer uno nuevo. –Al poco, cenaban los dos iluminados por un candil y las brasas de *a lareira*, y como siempre, en total silencio sin apartar la vista de sus respectivas tazas.

Pasados unos minutos, alguien llamó a la puerta con tres toques no muy seguidos que parecían dados con los nudillos de la mano. *Manoliño* hizo ademán de levantarse pero su madre lo detuvo.

–No vayas... Es tu padre.

–¿Y si no lo es, madre?

–Si no lo es, ya llamarán de nuevo, pero conozco de sobra la manera de llamar de tu padre. Lo hace para recordarme que debo cumplir la promesa que le hice cuando estaba enfermo.

–¿Y cuándo piensa cumplir la promesa, madre?

–¡Ay *fillo*! Los Milagros de Amil quedan muy lejos de Lalín[7].

---

7   Actualmente, por carretera hay unos sesenta kilómetros. Desde allí, caminando por caminos y montes, harían falta tres días fácilmente.

—Pero puede ir a Lalín, que allí seguramente habrá algún autobús que la lleve, madre.

—Ya, pero hace falta dinero para el viaje, comer y poner los cinco duros en el manto de la Virgen. En primavera llevaremos la «marula» al toro y, cuando tengamos la ternera, la venderemos y podremos ir a cumplir la promesa para que tu padre descanse en paz. Mientras tanto nos arreglaremos con la leche de las ovejas.

Manoliño se quedó en silencio revolviendo el caldo con la cuchara.

—Madre... —dijo pasados unos segundos—, si la Virgen de los Milagros no salvó a padre, ¿por qué hay que cumplir la promesa entonces...?

—La promesa la había hecho tu padre un año antes de ponerse muy malito y, gracias a la Virgen de los Milagros, se salvó. Pero, llegado el mes de septiembre, no pudimos ir a cumplir la promesa porque no teníamos un pataco y, por ello, pasados unos meses, tu padre recayó. Antes de morir me suplicó que cumpliese yo con la promesa y de esa manera adquirí el compromiso. Y de esto hace ya doce años.

—¿Cree usted entonces..., que la Virgen de los Milagros permitió que padre muriese por no haber cumplido la promesa?

—Sin duda, *fillo*. La Virgen lo abandonó por no haber cumplido la promesa.

—Pero usted... lleva trece años sin cumplirla, y no le ha pasado nada.

—Pero me pasará *Manoliño*, si no la cumplo.

No volvieron a llamar a la puerta. Poco después, madre e hijo de rodillas ante el crucifijo y, apoyados en el borde de la cama conyugal, como cada noche, rezaron sus oraciones.

☙

Pasado un año, un precioso día de principios de la primavera, *Manoliño* volvía al mediodía del campo de plantar patatas con el azadón al hombro y su cojera habitual. Le extrañó ver que no salía humo de la chimenea pero no le dio importancia. Nada más entrar en la casa, se encontró con su madre quejosa tendida sobre la cama.

–¿Qué le pasa madre? –preguntó nervioso acercándose a ella–, ¿está enferma...?

–¡Ay *Manoliño,* qué mal me encuentro!

–Pero... ¿qué tiene? ¿Qué le duele?

–Todo por aquí –señaló el vientre–; lo tengo duro como una piedra.

–Ahora mismo le preparo una hierbaluisa. Seguro que algo le ha sentado mal y le ha producido gases. Ya verá qué pronto se le pasa.

Manoliño se fue raudo a la cocina, hizo un fuego y puso un pequeño trébede, un triángulo con tres patas y, sobre él, un pequeño perol con agua. Cuando esta comenzó a hervir echó dentro un pequeño manojo de hierbaluisa seca, tapó el perol dejándolo reposar unos minutos y, a continuación, vació el agua en una taza, echó un poco de azúcar y se fue raudo a darle la infusión a su madre.

Ya no se apartó de su lado, ni siquiera para comer, esperando que la infusión le hiciese efecto. Pero habían pasado un par de horas y Saladina seguía igual; quejándose con un «¡ay!» constante que desesperaba a su hijo que ya no sabía qué hacer.

A las cinco de la tarde y al ver que su madre no mejoraba, decidió:

—Madre, me voy a buscar a la señora Chelo para que venga a verla. Seguramente tardaré un poco pero usted no desespere, ¿eh? Aguante todo cuanto pueda.

—¿Pero a dónde vas hombre sin comer ni nada? Anda, prepárame otra infusión de hierbaluisa y haz algo de comer para ti.

—Pero madre, usted no puede estar así toda la noche.

—Seguro que cuando suelte los gases me encontraré mucho mejor y si no, mañana temprano vas a buscar a la señora Chelo.

Manoliño le hizo caso, pero aquella noche le fue imposible pegar ojo por los quejidos constantes de su madre con aquel «¡ay!» angustioso. Sobre las cinco de la madrugada, Saladina comenzó a sudar y a temblar de frío, posiblemente por una fiebre muy alta, lo cual asustó a su hijo que no sabía qué hacer, más que pensar en lo que le había pasado a su padre y en que si ahora perdiese a su madre se encontraría completamente solo en este mundo.

Con lágrimas en los ojos se vistió a toda prisa y a medio vestir salió de su casa corriendo sin parar con su pata jalana campo a través por el estrecho camino de carro que le llevaba al pequeño pueblo de no más de sesenta y cinco vecinos y que se hallaba a una media hora de su vivienda.

Llegó a la casa de la curandera al comenzar a despuntar el nuevo día.

Después de llamar tres veces seguidas a la puerta, se presentó una joven flacucha en camisón largo tapada con una toquilla.

—¿Está tu tía en casa? —preguntó angustiado *Manoliño* con la respiración aún agitada.

—Está en la cama —contestó la chica con cierto rubor.

—Por favor, despiértala y dile que mi madre se encuentra muy mal y con mucha fiebre.

Cinco minutos después bajó la señora Chelo en camisón y cubierta con una amplia toquilla negra. Se trataba de una señora de unos sesenta y cinco años o más, cuyo pelo blanco y largo sobre una cara soñolienta le daba el aspecto de una bruja. Era de esa clase de personas que, a falta de médicos en los pueblos pequeños y alejados de la capital, atendían a los enfermos en base a sus conocimientos de plantas medicinales, «milagrosas» algunas, con las que también curaba a los animales. Sin duda alguna estas personas hacían una gran labor humanitaria aunque la mayoría de las veces fracasaban por falta de medios y conocimiento. De hecho, la señora Chelo fue la que le «curó» la pierna a *Manoliño*, aunque no pudo hacer nada por salvar a su padre.

–¿Qué le pasa a tu madre? –preguntó también en un gallego muy cerrado.

–Está muy mal, señora Chelo... Está hinchada y tiene mucha fiebre... como mi padre.

–¿Viniste caminando?

–Corriendo todo lo que pude.

–*Maruxa*, mientras me visto, vete a la casa de Juan y dile si nos presta el carro, que es un caso urgente.

Unos veinte minutos después, Juan, un campesino de unos cincuenta años, se presentó delante de la casa con el carro tirado por un caballo percherón precioso. Delante subió la curandera con una bolsa de piel repleta de plantas secas y potingues en tarros y botellas, mientras *Manoliño* se sentó en la parte trasera del carro.

Serían aproximadamente las siete y media de la mañana cuando llegaron a la casa. Saladina deliraba de fiebre. Nada más verla la curandera, ordenó:

–Trae bastante vinagre y paños limpios y después pon agua a hervir..., unos dos litros.

Manoliño salió raudo a buscar lo que le pedían, mientras la señora Chelo desnudaba a la enferma que poco después fue literalmente bañada con un paño empapado en vinagre, que luego quedó doblado sobre la frente.

–El agua ya hierve –anunció *Manoliño*–. ¿La saco del fuego?

–Sí, y trae la perola tapada.

Allí mismo, en la mesa, la curandera echó varios tipos de hierbas en el agua caliente y la tapó de nuevo. A continuación, con un tarro en la mano se fue hacia la enferma y comenzó a frotarle un mejunje por las sienes y la barriga. Luego volvió a la mesa.

–¿Se curará, señora Chelo? –preguntó asustado *Manoliño*.

–Esperemos que sí. Mira, si vuelve a subirle la fiebre dale friegas de vinagre y mantenle el paño húmedo sobre la frente y cada tres horas le das a beber un vaso lleno de esta infusión. Si le duele la cabeza, le frotas esta pomada de menta sobre las sienes. Mañana por la mañana vendré para ver cómo se encuentra.

Ya en la puerta, *Manoliño* le preguntó:

–¿Qué es lo que tiene mi madre?

–Sin duda alguna, se trata de un mal aire que cogió.

–Pero..., lo de la hinchazón del vientre, ¿son gases?

–Hasta mañana no lo sabremos, *Manoliño*. Si son gases, después de tomar varios vasos de ese líquido que te dejé preparado debería soltarlos durante el día. Ahora está en manos de Dios. Yo poco más puedo hacer.

Manoliño no dijo nada pero en su cabeza lo del «mal aire» le recordaba a viejo, a lo que le habían diagnosticado a su padre, que terminó muriéndose.

Durante el día no se separó de su madre que parecía dormir tranquilamente. Tan solo salió para dar de comer a los animales, soltar las ocho ovejas y sacar leche a la vaca. Incluso comió al lado de su madre, un chorizo crudo con pan de maíz.

Llegada la noche, Saladina comenzó a quejarse de nuevo con su «¡ay!» constante.

—¿Le duele la cabeza, madre?

—Ay, sí..., y la barriga.

Cinco días después, la salud de la mujer había empeorado. Los remedios de la curandera habían resultado inútiles y la única solución que le quedaba a *Manoliño* para tratar de salvar a su madre era llevarla a Lalín, aunque para ello iba a necesitar un dinero que no tenían. La única solución era vender la vaca o una finca. Saladina se negó en rotundo, intuyendo quizá que «su mal» ya no tenía remedio.

Dos días después, sobre las dos de la madrugada, Saladina, que dejara de quejarse, llamó a su hijo que acudió raudo junto de ella poniéndose de rodillas al borde de la cama iluminados los dos por la frágil llama del pequeño candil que proporcionaba sombras que parecían tener vida propia.

—¿Qué desea madre...?

—¡Ay! *Manoliño*... ¡Ay...! Me voy *fillo*... *O moucho*[8] lleva tres días anunciando mi muerte desde el tejado de la casa...

—No diga eso madre... Ya verá como muy pronto se pondrá bien.

—¡Ay *meu Deus*! Qué será de ti, *fillo*...

—Por mí no se preocupe, madre. Lo importante es usted. Verá: hablé con el padre José para ver cómo podría hacer para conseguir dinero para ir a Lalín y traer un médico a casa y me dijo que para el domingo pedirá una colecta en misa y que, mientras tanto, todos los días rezará por usted. Ya verá como la sacamos adelante.

—Ya no hay tiempo, *fillo*... Ya no hay tiempo... Tu padre ya está aquí esperándome, ¿no le ves?

---

8   El búho.

Asustado, *Manoliño* miró a todos los rincones de la sala, escrutando las zonas más oscuras, sin ver más que su propia sombra.

—Yo no veo nada, madre... Será que la fiebre...

—No, hijo, no... Tu padre ya está aquí a los pies de la cama y viene a buscarme. Por ello te suplico que cumplas tú la promesa que yo no he podido cumplir, para que tu padre y yo podamos descansar en paz... ¿La cumplirás *fillo*...? ¿La cumplirás...?

—Sí, madre. Te prometo que yo mismo cumpliré esa promesa.

—Gracias *fillo*... Ahora podré morir en paz.

A las cuatro de la madrugada Saladina falleció sin saberse exactamente de qué. «Un mal aire» lo justificaba todo, por lo que no era de extrañar que la estadística de mortalidad, tanto de adultos como de niños, en aquellas aldeas alejadas de la ciudad fuese tan alta.

La pequeña y vieja iglesia estaba llena de personas enlutadas que mostraban en sus rostros profundas arrugas como surcos de la tierra labrada tostada al sol siguiendo el ritual del padre José entre el penetrante olor a incienso que el monaguillo expandía por encima del féretro de Saladina expuesto delante del altar. El aire, aparte del incienso, olía a melancolía, a viejo, a rancio... Y allí estaba *Manoliño*, lloroso y cabizbajo, con su traje negro de los domingos que ya le quedaba estrecho, y que tenía dobleces de haber estado guardado en el baúl, lo mismo que la corbata también negra y arrugada que lucía sobre una camisa que un día debió haber sido blanca y que ahora era amarillenta por el tiempo inmisericorde.

Una ligera llovizna caía sobre el pequeño cementerio mientras el cortejo fúnebre se dirigía hacia la fosa; ese temido agujero que es como una boca que lleva al mundo del misterio y de lo desconocido, a la putrefacción más absoluta.

Mientras la tierra húmeda caía sobre el féretro bajo el triste repiqueo de las campanas tocando a difunto, *Manoliño* lloraba en silencio. Lloraba por su madre y también porque desde aquel momento era un huérfano sin nadie a quien acudir. Posiblemente también se sintiese acongojado por la promesa que le había hecho a su madre antes de morir, a pesar de que su devoción por esa Virgen era pobre, pues pensaba que de milagrosa tenía poco o que era una vengativa por haber permitido la muerte de su padre por no haber cumplido la promesa. Y ahora se había llevado también a su madre. Pero también era sabedor de que su padre seguía entre ellos suplicando que cumpliese la promesa y ahora le tocaba a él resolver el problema. Por ellos debería cumplir esa promesa. Pero la cuestión era cómo podría hacer para ausentarse unos días. ¿Quién atendería los animales?

Nada más llegar a casa se quitó la ropa de los domingos y se fue a ver a los animales. Llegada la noche estaba desganado; comió un poco de pan de maíz con tocino crudo, iluminado por la luz del quinqué sobre la mesa. Ni siquiera había encendido el fuego de la cocina y, de vez en cuando, como un animal humillado, recorría con la vista cada rincón de aquella cocina negra como la noche más negra, buscando indicios de alguna presencia, pues tenía la extraña sensación de no encontrarse solo; de que con él estaban sus padres haciéndole compañía, sentados los dos en la banqueta alargada.

Antes de acostarse puso unos *feixóns*[9] a remojo pensando en hacer al día siguiente una perola de caldo y, con el mismo quinqué que alumbraba más que el candil, se fue a su cuarto. Por un momento pensó en dormir en la cama de su madre pero no se atrevió. Era todo tan reciente...

No fue capaz de pegar ojo en toda la noche pensando cómo podría hacer para cumplir la promesa lo antes posible.

---

9   Habas.

¡Y es que Los Milagros de Amil le quedaba tan a desmano, tan lejos...! Pensó que disponiendo de dinero podría contratar un taxi en Lalín y entonces tendría capacidad para ir y volver en un día, pero para llegar caminando hasta Lalín, con su cojera necesitaría casi una jornada entera y otra para volver y entonces serían tres días sin atender a los animales ya que con los vecinos no podía contar. Bastante tenían ellos con lo suyo, aparte de que su casa era la más alejada del pueblo. Otra posibilidad que se le pasó por la cabeza fue la de venderlo todo: animales, campos y hasta la casa y, con ese dinero, después de cumplir la promesa se podría marchar a la ciudad. Pero enseguida cayó en la cuenta de que, aparte de ser analfabeto, con su deficiencia física, ¿quién le iba a dar trabajo? Y cuando se le acabase el dinero, ¿qué iba a hacer...? ¿Vivir de la caridad? Si por lo menos tuviese familiares en alguna de las ciudades importantes de Galicia, ellos le podrían ayudar, pero sus tíos y primos, como la gran mayoría, se habían ido a hacer las Américas a Argentina y Uruguay.

La situación no era fácil para el pobre *Manoliño*. Así que decidió que como hasta septiembre no era el día de Los Milagros de Amil, disponía de casi cinco meses para pensar lo que habría de hacer. Mientras tanto, decidió que debería poner en orden su trabajo. ¡Era tanto lo que le quedaba por hacer...! Era tanto lo que tenía que cultivar y recolectar para él y los animales para pasar el crudo invierno...

A partir del tercer día, después de acostarse y nada más entrar en el duermevela, sentía quejarse a su madre con aquel característico «¡ay! ¡ay...!» ¡*Manoliño* creía enloquecer! De nada le valía enterrar la cabeza bajo la almohada ni taparse los oídos. Aquel «ay, ay» resonaba dentro de su cabeza con una persistencia que podía durar horas. Aquello continuó durante días hasta que no pudo más; en medio de la noche, en calzoncillos y de pie en su cuarto, tapándose los oídos, comenzó a gritar:

—¡Basta...! ¡Basta, madre...! ¡Te prometo que este mismo año cumpliré con la promesa si no me vuelves loco con tus quejidos! ¡Trata de descansar y ten paciencia que tu hijo cumplirá con su palabra!

Aquello fue mano de santo. Pero aún así y todo, de noche en la cocina presentía su presencia. No es que le tuviese miedo pero la presencia de sus padres le intimidaba un poco y, según le contó a Don José, en más de una ocasión llegó a verlos a los dos sentados en la misma banqueta con las manos juntas sobre sus piernas mirándole seriamente, esperando quizá que su hijo cumpliese con la promesa que le había sido impuesta.

—Debes tener paciencia, hijo. Ellos permanecerán siempre ahí hasta que tú cumplas la promesa —le dijo Don José.

—¿Y bendiciendo la casa, no se irían...?

—¿Qué pretendes *Manoliño*? ¿Echarlos de su propia casa y que mientras tú no cumplas la promesa ellos vaguen por los bosques y caminos solitarios...?

—No... Bien sabe Dios que no deseo eso.

—Pues entonces ten paciencia tú también y piensa que ellos jamás te harán daño.

El mes de agosto había llegado y *Manoliño* cada vez estaba más nervioso. Había vendido las ovejas y malvendió la mitad de las gallinas y un par de gallos; pensó incluso en vender el cerdo pero ello significaría quedarse sin carne durante el año y lo mismo le pasaba con la vaca que le proporcionaba buena leche que le compraban en el pueblo y, además, le era indispensable para las labores de labranza. Por todo ello había conseguido un dinerito que guardaba celosamente dentro del baúl pero, aun así y todo, aquel dinero le daría solo para ir en autobús; la comida se la llevaría de casa. Pero la cuestión era quién iba a cuidar de los animales durante su ausencia.

A mediados de agosto, como todos los domingos, *Manoliño* acudía a misa vistiendo sus únicas galas: el traje negro que le quedaba estrecho y lucía algún que otro lamparón.

Finalizada la misa se quedó allí haciendo que rezaba aunque, en realidad, esperaba a que se marchasen todos para poder hablar tranquilamente con el padre José, en quien tanto confiaba. Una vez solos, el sacerdote, que era un señor mayor que andaba medio encorvado, se llevó al feligrés a la sacristía y allí *Manoliño* le pidió consejo para ver cómo podría hacer para ir a Los Milagros para cumplir la promesa heredada y cómo podría solucionar el problema de los animales.

—¡Ay *Manoliño*, *Manoliño*! —le dijo el cura sermoneándole—. Tú lo que deberías hacer es buscarte a una mujer decente para casarte y formar una familia y entonces tendrías el problema resuelto. Mientras ella cuidara de la casa y los animales, tú podrías ir tranquilamente a cumplir la promesa.

—Qué más quisiera yo, padre. Pero... ¿quién me va a querer a mí, si soy un pobre desgraciado?

—Dios proveerá, hijo. Después de todo, nunca falta un roto para un descosido. Déjalo de mi mano. Mañana o pasado pasaré por tu casa para ver qué se puede hacer.

—Gracias padre. No sabe cómo se lo agradezco.

—Anda y vete en paz.

Manoliño se marchó muy contento a casa, convencido de que el padre José buscaría una solución a su problema. Nada más llegar se cambió de ropa, se fue a ver a los animales y a continuación visitó las viñas comprobando que estas ya estaban maduras, por lo que debería comenzar a vendimiar antes de septiembre, lo suficiente como para hacer vino para el año y un poco más por si fuese alguna visita.

Y esa visita le llegó el miércoles a las cinco y cuarto de la tarde.

El hombre se hallaba en las viñas cortando los racimos más maduros cuando vio llegar el carro de Juan. En él, aparte de Juan, venían el padre José, Chelo la curandera y su sobrina *Maruxa* de veinte años.

Nervioso y apresurado, *Manoliño* se llevó la cesta con las uvas al lagar y, limpiándose las manos, salió a recibir a los recién llegados. Afortunadamente para él, aquella misma mañana se había aseado y afeitado y ello le daba cierta tranquilidad para recibir aquella visita inesperada. Veinte minutos después, los cinco se hallaban sentados en la mesa grande de la sala ante dos platos, uno de jamón y otro de chorizos picados, todo acompañado por pan de maíz y una jarra de vino tinto.

–Bueno *Manoliño* –dijo media hora después el padre José limpiándose la boca con su propio pañuelo–, Chelo y yo hemos hablado de tu situación y te traemos una solución que consideramos que puede ser buena y necesaria para ti. Ella te la expondrá.

–Sí. Mira, *Manoliño*: no es bueno que un hombre viva solo y más teniendo tanto trabajo por atender, por lo que necesitas una esposa que te ayude y te dé hijos para el día de mañana poder formar una gran familia, ¿no crees?

–Sí... –respondió *Manoliño* sin comprender absolutamente nada. Él pensaba que había ido a verle para solucionarle el problema y poder cumplir la promesa, pero le pareció que la cosa no iba por ahí.

–Ya sabemos que hoy en día no es fácil encontrar mozas casaderas por los alrededores –se le anticipó la señora Chelo–, y por ello el padre José y yo hemos hablado para ofrecerte una buena solución: que te cases con mi sobrina... Tú sabes que ella es huérfana y yo ya soy muy mayor y me gustaría verla casada antes de que Dios me lleve. ¿A ti te gusta *Maruxa*? ¿Te gustaría casarte con ella?

A *Manoliño* le salieron los colores de repente y, con cierta timidez, miró a la chica que tenía enfrente y que permanecía con la cabeza enterrada sobre su pecho sin atreverse a levantar la vista. Recién lavada y bien peinada, con su larga cabellera negra como la noche y aquel vestido amarillo, a él le pareció la chica más hermosa del mundo.

—Bueno... ¿Qué dices *Manoliño*? —le apuró el cura, bajando al joven de una nube.

—¿Eh...? Bueno..., si ella quiere —dijo modosito como una ovejita de algodón y colorado como un tomate.

—¿Y tú qué dices, *Maruxa*?

Completamente cohibida, la muchacha se mantenía cabizbaja sin atreverse a mirar al prometido que le ofrecían. Posiblemente no le hacía falta verlo ya que lo conocía de sobra, por lo que había preferido ocultar su vergüenza al responder con un simple encogimiento de hombros.

—¡Bueno! —exclamó el padre José lleno de satisfacción—. Todo arreglado —concluyó. Mas al ver que *Manoliño* se le quedaba mirando como queriendo hablar, le preguntó—: ¿Querías decir algo?

—Sí..., verán ustedes. Les agradezco mucho lo que están haciendo por mí y la verdad es que sería muy feliz casándome con *Maruxa,* pero antes tengo que ahorrar dinero para la boda ya que el poco que tengo está destinado a que pueda ir a Los Milagros de Amil para cumplir con la promesa que hice a mis padres, aunque la verdad, aún no sé cómo podré hacerlo.

—¡Por eso no te preocupes! —intervino muy dispuesta la curandera—. Por el dinero para la boda, no te preocupes, ya que corre de mi cuenta y lo celebraremos en mi casa, que es la casa de la novia. Y lo de cumplir con la promesa, tampoco debes preocuparte; ya lo hemos hablado. Los Milagros es el domingo día trece del mes que viene por lo que, si tienes que ir a Lalín tendrás que marchar el viernes y hacer noche allí, y el sábado ver qué autobús te puede llevar. Si el domingo después de la misa pudieses volver a Lalín, el lunes ya estarías de nuevo en casa...

–Ya..., eso lo tengo calculado, pero no puedo dejar sin atender a los animales cuatro días –intervino *Manoliño* un tanto nervioso.

–Ya lo sabemos, hombre. Lo que iba a decirte es que durante esos cuatro días *Maruxa* y yo nos encargaremos de todo, y de esa manera, la nena irá conociendo los tejemanejes de la casa y las labores que en el futuro tendrá que afrontar. Tú irás tranquilo y cumplirás como un buen hijo debe cumplir la promesa hecha a su madre moribunda. Cuando vuelvas tiempo habrá de hacer los preparativos de la boda.

¡A *Manoliño* se le iluminó el rostro! Ahora sí era completamente feliz.

–¡Bueno! –sentenció el padre José–, el compromiso de boda está hecho, por lo que ya os podéis considerar prometidos a los ojos de Dios.

En aquel preciso momento, las miradas de *Manoliño* y *Maruxa* se cruzaron por primera vez. Fue un vistazo como de estrella fugaz impregnada de timidez y vergüenza.

Aquella misma noche sentado junto *a lareira* mientras calentaba el caldo, *Manoliño* sonreía feliz. Al desviar la vista, pudo ver a sus padres sentados en la otra banqueta, que también le sonreían felices.

–Ya podréis descansar en paz, padres, ya que yo cumpliré con la promesa; romperé la cadena que os tiene prisioneros en este mundo y podréis emprender el camino al encuentro de Nuestro Señor Jesucristo.

Aquel último domingo de agosto, *Manoliño* se levantó a las seis de la mañana para atender a los animales y después se dispuso a ponerse todo guapo para ir a misa. Se bañó en la tina de zinc, se afeitó, limpió los lamparones del traje, planchó la camisa y la corbata y hasta sacó lustre a los zapatos de los domingos. Realmente se le veía feliz.

Un cuarto de hora antes de que comenzase la misa de doce, el joven mancebo se lucía por delante de la iglesia haciendo tiempo para que llegase la señora Chelo con su sobrina y prometida. Llegaron a las doce en punto y la propia curandera se encargó de que *Manoliño* se posicionase al lado de Maruxa y de aquella manera entraron en la iglesia entre las miradas y los murmullos de los asistentes.

Manoliño y *Maruxa* sentados en el banco permanecían tímidos y silenciosos y no se atrevían a mirarse el uno al otro. Para el joven mancebo, que a pesar de sus treinta y tres años parecía un niño inocente, fue el día más feliz de su vida, y ansiaba que aquel fuese el primero de los otros muchos días felices que tenía por delante. Sin embargo, el rostro de la muchacha reflejaba angustia. Quién sabe lo qué pasaría por su cabeza. Seguramente en sus interior seguía siendo una adolescente que soñaba con un príncipe azul que un día aparecería montado en su corcel blanco y la rescataría de su encierro, de aquel lugar apartado del mundo, y ahora se veía obligada a romper con todos sus sueños e ilusiones, pues iba a ser literalmente enterrada viva en aquel lugar para el resto de su vida, llena de responsabilidad, penurias y trabajo.

El viernes once de septiembre, a las ocho de la mañana, *Manoliño* se hallaba presto y dispuesto para emprender el camino con una pequeña maleta de madera con una muda y un par de calcetines limpios en su interior. Envuelto en un paño llevaba un trozo de jamón, unos chorizos, un pedazo de tocino ahumado y pan de maíz. Esperaba impaciente la llegada de la señora Chelo y su sobrina, que llegaron una vez más en el carro de Juan un cuarto de hora después.

–Espera Juan, que ya lo llevas para el pueblo –ordenó la curandera mientras su sobrina descargaba del carro una bolsa grande con sus enseres.

Juan no tenía ningún parentesco con la señora Chelo pero, según él, la curandera había salvado a su mujer de las garras de la muerte y, en señal de agradecimiento, había prometido servirla en todo cuanto precisase.

A toda prisa *Manoliño* les mostró la casa, dónde guardaba las cosas, las cuadras, el cobertizo y la bodega.

–Hoy ya comieron los animales. Hasta mañana no les vuelvan a dar. Con tal de que coman una vez al día durante estos cuatro días, es suficiente.

Antes de que se marcharse, la señora Chelo, muy ceremoniosa, le puso en el cuello una medalla de la Virgen de los Milagros, diciéndole:

–Ya verás como te dará suerte.

Manoliño miró a *Maruxa*. Su primera intención fue darle un beso en la frente, pero se contuvo y simplemente dijo:

–Hasta la vuelta, *Maruxa*.

Ella, que permanecía cabizbaja con las manos juntas, asintió con la cabeza.

A las nueve de la mañana, Juan dejó a *Manoliño* en el pueblo.

–¡Que tengas suerte, rapaz! Yo te llevaría hasta Lalín pero tengo tantas cosas que hacer...

–Ya la he tenido, Juan. Ya he tenido toda la suerte del mundo y, no se preocupe, que ya ha hecho usted mucho por mí –respondió yéndose como un peregrino con su cojera pero feliz con la maleta en la mano derecha y la bota de dos litros de vino en bandolera, por un accidentado y polvoriento camino de carro con los característicos surcos que guiaban su destino en paralelo.

Llegó a Lalín sobre las seis de la tarde muerto de cansancio y cubierto de polvo con un papel en la mano, preguntando a la gente por una dirección en concreto que le había dado el padre José para pasar la noche. Se trataba de una pensión de mala muerte, pero a *Manoliño*, con tal de que tuviese una cama le era suficiente. Después de asearse un poco en una palangana, limpiar el traje y los zapatos, sentado en el borde de la cama comió un poco de jamón con pan, bebió un buen chorro de vino tinto de la bota y, a pesar de ser aún de día, se acostó, ya que estaba literalmente muerto de cansancio y la pierna le dolía horrores; el pie derecho se le había hinchado como una pelota.

Durante la mañana del sábado anduvo por Lalín preguntando qué autobuses había para ir a Moraña, pero nadie le dio razón hasta que una señora le mandó que fuese a la Parroquia de Nuestra Señora de los Dolores, que allí tenían organizada una excursión a Los Milagros de Amil y aún había plazas. ¡Él no se lo pensó dos veces y allí se fue!

El párroco, que conocía al padre José, lo atendió con cariño. *Manoliño* consideró que había tenido mucha suerte ya que, si hubiese tomado un autobús el mismo sábado, se hubiera visto en un serio problema pues la localidad de Moraña, que estaba en fiestas, estaba atestada de gente que había llegado de todas partes y lo más probable es que él hubiera tenido que dormir a la intemperie con el riesgo que ello acarreaba, ya que durante esas fiestas acudían gentes de toda condición y en especial, amigos de lo ajeno. Pero es que, además, por veinticinco pesetas el viaje era de ida y vuelta y, aunque había que madrugar –pues salían a las siete de la mañana–, el mismo domingo regresarían a Lalín; haría noche allí, y el lunes por la tarde ya estaría de nuevo en casa para poder comprobar por sí mismo cómo se había desenvuelto *Maruxa*, su futura esposa. ¡Qué bien le sonaba eso! Qué feliz se sentía.

El viaje le resultó tortuoso en aquel autobús destartalado que crujía en cada bache, y que le daba la sensación de que se rompería de un momento a otro; además, temía por su integridad física y la de los demás pasajeros si aquel viejo trasto se salía de aquella estrecha y vieja carretera llena de curvas pronunciadas y baches como socavones. Mientras todos cantaban alegremente con aires de fiesta, *Manoliño* se mantenía serio, muerto de miedo aferrado al asiento. Para ser la primera vez que viajaba en autobús, la experiencia le resultó traumática.

Llegaron casi a las once de la mañana. Dejó en el autobús la maleta y la bota pues los excursionistas habían acordado comer todos juntos después de la misa y la procesión. Ello le proporcionó cierto alivio y media hora después se dejaba llevar con su clásica cojera por una riada de gente que se dirigía al Santuario de Nuestra Señora *Dos Milagres*. Se sentía feliz, satisfecho de sí mismo por haber llegado hasta allí para poder cumplir por fin la promesa que le había hecho a su madre. Pero nada más comenzar a subir aquellas escaleras de piedra que llevaban al santuario, al hombre se le encogió el corazón al ver toda la miseria por allí expuesta. Había de todo: minusválidos, discapacitados de todo tipo, miseria, dolor en aquellos rostros pidiendo limosna con las manos extendidas... Pero de todos, lo que más horror le causó fue ver a una señora con un pecho comido por el cáncer, mientras por el otro amamantaba a un bebé. Después de darle una peseta a la señora, muchas otras manos se extendieron hacia él suplicando limosna. Sintió repugnancia al ver a tanta gente en apariencia acomodada pasar con total indiferencia ante aquel drama y más al ver pasar a curas jóvenes —y no tan jóvenes– mostrando un desprecio total por toda aquella gente, como si les molestase su presencia.

A las trece horas era la misa solemne pero aquello estaba atestado de gente y *Manoliño* luchaba inútilmente por llegar hasta la Santa para colgarle los cinco duros en el manto. No podía, hasta que apareció un joven avispado que le dijo:

–¿Quiere que le ayude?

–Sí…, quería llegar hasta la Virgen para colgarle cinco duros…

–Yo me cuelo fácilmente entre la gente. ¿Quiere que se los cuelgue yo?

–Te lo agradecería mucho.

El chaval cogió el billete y se coló entre la gente, pero *Manoliño* no pudo ver si llegó a ponerle los cinco duros. Pensó que sí, creyendo que nadie se atrevería robarle el dinero a la Virgen.

La procesión se desplazaba lentamente bajo un sol de justicia. La Virgen, completamente cubierta de billetes, se balanceaba lentamente al son de la música entre un desfile de ataúdes con personas dentro, especialmente jóvenes, que se dejaban llevar como si estuviesen muertos. Entre los penitentes se encontraba *Manoliño* que caminaba descalzo con los zapatos unidos por los cordones colgados del cuello mientras sujetaba una vela prendida.

El sufrimiento se reflejaba en su cara. Sin dejar de mirar a la Santa cubierta completamente de billetes, con la imagen de los pobres de las escaleras y en especial la de aquella mujer que amamantaba a su hijo con el pecho sano, pensó: «¿Para quién será todo ese dinero? ¿Será para los pobres?» El muy ingenuo pensó que sí, y que por eso al pasar los curas no les daban nada, porque después repartirían el dinero con ellos.

A la media hora, entre lo caliente que se encontraban la tierra y los guijarros, el dolor se le hacía insoportable y ya le habían salido llagas, pero aun así aguantó todo el recorrido. Después de entregar la vela, descalzo como estaba buscó dónde sentarse, mordiéndose los labios de dolor y con lágrimas bailándole en los ojos.

La hierba fresca era un alivio para sus pies y a la sombra de un roble se dejó caer como un saco. Pero debía volver al autobús para comer con los demás y luego marcharse. Así que se puso los calcetines, pero al querer ponerse los zapatos le resultaba imposible y el dolor irresistible. Por todo ello decidió caminar por la hierba en calcetines. Afortunadamente para él, unas señoras de Lalín lo vieron y se lo llevaron prácticamente en volandas hasta una botica en la que le hicieron una cura de urgencia. Tenía tan hinchados los pies que tan solo le pudieron poner los calcetines por encima de los vendajes ya que los zapatos no le entraban y de tal manera lo llevaron al autobús y allí se quedó solo mientras los demás se iban a comer a una *carballeira*[10] cercana. Él no probó bocado; simplemente bebió un buen chorro de vino y se echó a dormir en el asiento trasero, que era alargado, con la expresión amarga del sufrimiento reflejado en su rostro.

A las once de la noche llegaron a Lalín y el autobús le paró delante mismo de la pensión para que no tuviese que caminar mucho con aquellos pies completamente destrozados. Dos hombres se ofrecieron a llevarlo en volandas guiados por Carmen, una señora de mediana edad de aspecto agradable, dueña de la pensión.

Se acostó preocupado pensando cómo podría hacer para volver a casa ya que de Lalín al pueblo, por no haber ni siquiera había carretera; tan solo había un camino polvoriento entre campos y un bosque bastante frondoso. La única esperanza que le quedaba era que sus pies mejorasen durante la noche, aunque lo dudaba mucho. Si no iba a precisar un

---

10 Robleda.

caballo, un asno o alguien que le llevase en un carro. Para colmo de males, apenas le quedaba dinero.

Se levantó a las nueve de la mañana. Después de comprobar los vendajes, pudo ver con satisfacción que la hinchazón había bajado considerablemente por lo que, después de ponerse unos calcetines limpios por encima, probó a meterse los zapatos. Entrar le entraron, aunque apretaban lo suyo.

Como si tratase de levitar, de tal guisa se presentó ante la señora Carmen que, nada más verlo, le dijo:

—Pero... ¿a dónde vas rapaz de esa manera?

—Me tengo que ir.

—¿Y vas a ir caminando hasta Porteliña...?

—¿Y qué otra cosa puedo hacer? Tengo que volver cuanto antes a casa.

—Espera un par de días a que se te curen los pies. ¿Pero no ves que te vas a quedar tirado por el camino o en medio del monte con lo peligroso que es eso...?

—Ya lo sé pero es que, además, apenas me queda dinero.

—Por el dinero no te preocupes. Vuelve a la habitación. Voy a ver qué podemos hacer.

Una hora después, una pareja de la Guardia Civil guiada por la señora Carmen se presentó en la habitación dándole un susto de muerte al pobre de *Manoliño* que los miraba boquiabierto sentado en el borde de la cama.

—¡Venga! Arriba chaval, que vamos a dar un paseo —le dijo el mayor de los guardias que lucía un poblado mostacho negro.

Manoliño se dejó llevar en volandas como un dócil cordero sin atreverse a decir palabra, y sin capacidad siquiera para agradecer la generosidad de la señora Carmen que los acompañó hasta un viejo y destartalado Land Rover que estaba aparcado allí mismo delante de la puerta de la pensión.

Antes de las doce del mediodía, con *Manoliño* sentado entre los dos guardias, el Land Rover pasó petardeando por el pueblo llamando la atención y la curiosidad de los vecinos, seguido por un grupo de niños que corrían detrás.

Manoliño había recuperado la tranquilidad y hasta se sentía dichoso, importante y feliz. ¡Ya estaba prácticamente en casa! Y allí se encontraría con la señora Chelo y con *Maruxa*, y entonces podrían hacer planes de boda y tener una familia con hijos... ¡Su corazón latía desbocado dentro de su pecho imaginando la noche de bodas, el primer contacto sexual con una mujer...! Se imaginó un mundo de rosas multicolores... Mas, nada más ver su casa cerrada y que por la chimenea no salía humo ni nada que se le pareciese, su mundo de fantasía se vino abajo al tiempo que una angustia de mal presagio le roía las entrañas.

Pidió a los guardias que esperasen un poco. De la maceta que tenía delante de la casa cogió la llave y abrió. Con el rostro contrariado, entregó a los guardias dos botellas de aguardiente blanca.

—Tengan este aguardiente que tiene quince años —dijo con voz afligida—, y gracias por todo.

—¡Hombre! Se agradece —dijo el mayor de los guardias.

Al encontrarse solo en su casa, *Manoliño* sintió más frío que nunca. Sin más, se quitó la chaqueta tirándola con rabia encima de la cama conyugal y, con angustia y temor, se puso los zuecos de madera para ir raudo a ver a los animales. Afortunadamente estaban bien; sin comida por lo menos desde hacía veinticuatro horas o más, pero bien. Con genio echó verdura y manzanas al cerdo, hierba fresca a la vaca y maíz a las gallinas y se puso a ordeñar a la vaca que tenía las ubres como dos balones a punto de estallar. Después se fue para adentro y lloró amargamente tendido sobre la cama, preguntándose qué habría podido pasar para que la señora Chelo y *Maruxa* abandonasen la casa y los animales.

Allí se dejó sin preocuparse siquiera de comer algo, y al poco se quedó dormido. Sobre las cuatro de la tarde sintió que un carro había parado delante de su puerta que estaba entreabierta. Se incorporó un poco y vio a la señora Chelo entrar en su casa, sola, con su característica bolsa de piel en la mano en la que llevaba sus hierbas y mejunjes. Su rostro estaba serio cuando se acercó a *Manoliño* que la miraba en silencio.

—¿Qué te ha pasado que me dijeron que te trajo la Guardia Civil en coche?

Manoliño, respondió de mala gana:

—Nada. Que por cumplir la puta promesa de mis padres, me desgracié los pies.

—A ver, que le echemos un vistazo.

Con cierta parasimonia, sentada en una banqueta al lado de cama, con el mismo gesto de amargura le quitó los calcetines y los vendajes mientras *Manoliño*, inclinado como estaba apoyando los codos en el colchón, no dejaba de mirarla muy serio a la espera de que le contase algo ya que prefería que fuese ella la que hablase primero.

—¡Dios mío, cómo tienes estos pies! Pero..., ¿cómo has podido ponerte así?

—Esa era la promesa, señora Chelo. Hacer todo el recorrido descalzo y con una vela en la mano detrás de una Virgen repleta de billetes. Esa era la promesa que debía cumplir, hecha a mi madre en su lecho de muerte y yo, señora Chelo, sin importar el calor que hiciese y lo calientes que estuvieran la tierra y los guijarros, siempre cumplo lo que prometo. Yo siempre cumplo mi palabra.

La señora Chelo se percató de la indirecta pero ella simplemente se limitó a mirarlo por un instante y volvió a su quehacer.

—Te pondré unas cataplasmas frías de ortigas y malvas que te curarán muy pronto pero tienes que darles mucho reposo y, sobre todo, tener especial cuidado al ir a dar de comer a los animales... Como te entre porquería en las heridas, te puede matar.

–Tengo mucho que hacer pero tendré cuidado, no se preocupe.

La señora Chelo se levantó, se fue a la mesa y, mientras metía las cosas en su bolsa, dándole la espalda, contó:

–Ayer por la mañana temprano, después de darle de comer a los animales, nos fuimos a casa para prepararnos para ir a misa. Yo salí antes mientras *Maruxa* se quedó terminándose de arreglar. Quedamos en vernos en la iglesia y yo hasta le reservé su asiento pero ella nunca llegó... Nada más acabar la misa, asustada me fui corriendo a casa pero allí no estaba... Encontré todo revuelto. Había cogido sus pertenencias y mi dinero y se marchó sabe Dios a dónde. Al estar todo el pueblo en misa, nadie la vio marcharse.

Manoliño, tal como estaba, se quedó de una pieza, completamente compungido.

–¿Cree que huyó de mí? –preguntó finalmente con la voz entrecortada.

La señora Chelo se dio la vuelta para decirle cara a cara:

–*Maruxa* huyó de ti, de esta vida de sacrificio, de la miseria, del pueblo, y hasta creo que huyó de mí... Desde que cumplió los dieciocho años, ya no era la misma... Muchas veces estaba como ausente y eso me preocupaba. Posiblemente empezó a rondarle la cabeza la idea de marcharse del pueblo y, ante ese temor, apuré la idea de que se casase en la aldea ya que ella se estaba preparando para ser mi sucesora pues, el día que yo falte, ¿quién cuidará de vosotros y de los animales?

–A lo mejor vuelve dentro de unos meses o un año...

–No... No volverá porque sabe que hizo mal al escaparse de casa de esa manera sin ni siquiera dejar una nota que justificase su huida. Con todo lo que yo he hecho por ella... A ver qué mujer del pueblo puede presumir como ella de saber leer y escribir... Y es que yo se lo he dado todo y al final mira cómo me lo ha pagado.

Entre lágrimas la señora Chelo cogió su bolsa y se marchó sin decir nada más.

Por su parte *Manoliño* se dejó caer sobre la cama y, mirando al techo, comenzó a darle vueltas a la cabeza tratando de intuir a dónde podría haber ido ella. Llegó a la conclusión de que seguramente se había ido a una ciudad próspera como Vigo o La Coruña, inclinándose más a favor de la primera, por cercanía y, además, porque era de donde partían los barcos para América, en especial a Argentina donde había algunos del pueblo, entre ellos familiares suyos. «¿Se atrevería ella a dar ese gran paso?» se preguntó. Sin duda alguna él también lo habría hecho, pero por su deficiencia física nunca se atrevería. Se planteó venderlo todo y marcharse ya que la posibilidad de formar una familia en «A Porteliña» se había esfumado por completo. Pero albergaba la esperanza de que un día *Maruxa*, como una *anduriña*[11], volviese una primavera y entonces él lucharía a muerte por ganarse su amor. Mirando al techo con lágrimas en los ojos, *Manoliño* prometió:

—*Virxen dos Milagres*: si haces que vuelva *Maruxa* y se case conmigo, te prometo que haré durante cinco años seguidos la procesión descalzo como esta vez y te donaré la vela y cinco duros que colgaré en tu manto.

Para desgracia de *Manoliño*, la *anduriña* era joven y voló para nunca más volver; ni siquiera cuatro años después para acudir al entierro de su tía; ni siquiera volvió para hacerse cargo de la herencia que por propio derecho le pertenecía.

Por su parte *Manoliño* mantuvo durante años la esperanza de que algún día la *Maruxa* volvería al pueblo aunque fuese preñada o con un hijo; no le importaba. Pensaba re-

---

11   Golondrina.

cibirla igualmente con las brazos abiertos. Pero la *Maruxa* nunca volvió y ya, siendo él un viejo amargado y solitario campesino de cincuenta y dos años, murió solo como un perro en la cama conyugal, después de que el *moucho* cantase durante tres noches seguidas sobre el tejado de su casa.

216 | AMABLE PILLADO

Bueno... El tema que vamos a tocar ahora es apasionante para los amantes del misterio: hablaremos de la mítica y mística «Santa Compaña» que al parecer está muy arraigada en la mitología popular gallega aunque, y con nombres distintos, esta manifestación o comitiva de premonición de muerte también se daba en Asturias y en casi toda Castilla-León, con los nombres de «Uéspeda», «Güéstia», «Horte...», aunque, en realidad, por todos era conocida simplemente como «La Compaña» o «La procesión de las almas» o «La procesión de los muertos». Pero, ¿qué hay del todo cierto sobre este controvertido tema...? Los estudiosos, muchos con su más que razonable incredulidad, ponen sobre la mesa tres razones básicas para desmitificar a La Santa Compaña: la primera, que es una leyenda muy antigua que surge de la más profunda ignorancia, sobre todo en la Galicia rural. La segunda, que eran los propios párrocos de las aldeas de Iglesia Católica quienes introducían estas creencias para fomentar el miedo para que los feligreses acudiesen más a la iglesia a dejar ofrendas y misas pagadas para protegerse del horror de la muerte que acechaba por todos los rincones. La tercera de las razones expuestas dice que La Santa Compaña no era otra cosa que una banda de contrabandistas que utilizaban el miedo para pasar mercancía de Portugal a Galicia, a Salamanca, o a Zamora y a otras zonas fronterizas con el país vecino y que, claro, infundía tanto temor que ni la Guardia Civil tenía el valor suficiente como para encararse con ella. Y como muestra final de esta teoría, los expertos dicen que desde que apareció la luz eléctrica nunca más se supo de La Santa Compaña.

Pues bien: algo de razón tienen los expertos. Pero no todo es orégano en el campo, no... Los últimos casos de los que se tiene constancia ocurrieron a finales los años sesenta y principios de los setenta, décadas en las que ya había luz eléctrica en casi todos los rincones gallegos, salvo en aldeas muy pequeñas y aisladas, y si no se ha vuelto a saber de más casos es por la sencilla razón de que la gente de los pueblos ha evolucionado mucho y ya no necesita atravesar montes ni «corredoiras» durante la noche. Ahora tienen buenas pistas para desplazarse en auto o en moto y los pueblos y aldeas son más compactos y disponen de todas las comodidades posibles y prácticamente ya no hay casas aisladas por el monte sin luz ni nada. Por otra parte, la sanidad también ha evolucionado mucho y ya no se muere tan fácilmente; hay hospitales por doquier y la gran mayoría de las personas fallece en ellos. Pero aún así y todo, no hay que fiarse que, tal y como vosotros mismos soléis decir, la liebre puede saltar donde uno menos espera, ya que La Santa Compaña no deja de ser una manifestación más de una premonición de muerte, como otras muchas más que hay.

Para los expertos en la materia como los parapsicólogos, es muy fácil diferenciar La Santa Compaña falsa de una verdadera, a pesar de que todas parecen seguir el mismo patrón: las ánimas van en hilera de a dos, con velas prendidas, descalzas, con túnicas con capucha, unas veces blancas y otras veces negras; no se les ve la cara, suelen llevar un ataúd, huele a cera, y una encabeza la comitiva... Pues bien: todas estas «apariciones» en teoría son falsas. Entonces, ¿en qué se diferencian de las auténticas? Pues es fácil averiguarlo por detalles muy concretos. En las auténticas las «personas» también van siempre en hilera de a dos y podrían llegar a ser entre doce a cuarenta o sesenta almas, pero no llevan velas encendidas ni luces, ni candiles, ni nada parecido. Lo que llevan son antorchas hechas con tibias humanas y a su paso huele a una especie de mistura entre cera e incienso o, posiblemente, sea a hueso quemado. Además siempre van acompañados de un extraño aire frío que hace mecer con fuerza las copas de los árboles. Pero la prueba más palpable de que esa comitiva es una visión espectral, es que a esas almas en pena no se les ven los pies... Nadie que haya tenido la visión espectral de un espíritu, le ha podido ver los pies por una razón muy sencilla: los espíritus no caminamos, simplemente nos desplazamos sin más. También es cierto que estas manifestaciones suelen ir encabezadas por un mortal que porta una cruz o estandarte y que esta persona, según dicen los expertos, no es consciente de lo que hace; cuentan que actúa como un sonámbulo y que al día siguiente no se acuerda absolutamente de nada y, si cada noche es reclamado para cumplir con esta misión, comienza a adelgazar, a quedarse blanco por una fuerte anemia y termina por morirse. Pero la verdad es que tampoco es así, no. Lo que encabeza la comitiva es el desdoblamiento de la persona que se va a morir aunque su cuerpo físico permanezca en la casa a la que supuestamente se dirigen.

Los expertos dicen que La Santa Compaña acude siempre a una de esas casas aisladas en la que va a fallecer alguien pero que no se acercan a los núcleos urbanos por muy pequeños que estos sean. La Santa Compaña siempre anda por el bosque, por caminos muy solitarios, encrucijadas y también se la ha visto rondar las capillas que hay por los montes. También dice la leyenda que aquel que se encuentre con La Santa Compaña es una persona muerta, a no ser que haga un círculo en el suelo con una cruz en su interior y se acueste dentro de él boca abajo... Entonces la procesión de los muertos pasa de largo. También cuentan que uno se puede salvar si se encuentra en una encrucijada y en ella hay un «cruzeiro»; para salvarse habría que subirse a su pedestal. Lo que no se debe hacer en ningún caso es quedarse quieto mirándola y menos tratar de mirar a las ánimas a la cara o tomar una de sus antorchas porque desde ese preciso momento tu alma quedaría unida a ellos para siempre. Pues bien; todas estas cosas pueden ser fruto de leyendas y de la propia superstición, ya que por pura lógica, al ser esta una visión espectral, pocas han debido ser las personas que han podido verla, salvo que alguno de esas personas fuesen la «señalada»; la que estaba predestinada a morir. ¡Pero cuidado! De todas maneras, no os fiéis, ni tentéis a la suerte.

En fin, lo que está claro es que La Santa Compaña (la auténtica) es premonición de muerte y para muestra el siguiente relato que titularemos «*La Santa Compaña (Premonición de muerte)*», que trata de un caso real, completamente constatado.

ELB-AMAH

La Santa Compaña
(Premonición de muerte)

He dudado mucho si escribir esta historia pero, dada la transcendencia del caso y del tema a tratar, la sacaré a relucir ciñéndome exclusivamente a lo que a mí me han contado desde muy niño. Más tarde, mi amigo Amador y yo mismo indagamos los hechos con un testigo vivo y, la verdad sea dicha, a pesar de mi escepticismo, la historia caló muy hondo en mi ser.

En fin, para entrar en materia, os cuento que la vida en el mar siempre ha sido muy dura, aunque en la actualidad, comparada con la de los años veinte, por ejemplo, no tiene ni punto de comparación. Hoy en día, los barcos disponen de todo tipo de tecnología y comodidades dentro de lo razonable para la vida a bordo de un marinero; pero aquellos barquitos de madera, que eran poco más que cáscaras de nuez, navegaban sin más tecnología a bordo que el sextante que les servía para guiarse con las estrellas, una brújula y la experiencia del patrón del barco, que era fundamental.

Las que faenaban en el Gran Sol o por toda la costa portuguesa eran pequeñas embarcaciones de veintipocos metros; muy pocos barcos llegarían a los treinta, pero ya todos navegaban a vapor. Es por ello que el agua dulce que llevaban a bordo estaba muy restringida y estaba destinada exclusivamente a la caldera y a la comida. Quedarse en alta mar sin carbón o sin agua dulce era quedarse a la deriva y convertirse en un simple juguete de las olas que finalmente engullirían al barco si no era auxiliado por otro que lo remolcara. Por eso aún estaba completamente prohibido lavarse y menos ducharse ya que, por no haber, en aquellas embarcaciones no había ni un triste váter, por lo que la tripulación tenía que hacer sus necesidades biológicas por la borda; por la popa (y puede que de ahí naciese el dicho de «mojarse el culo»). Pero peor aún era el hecho de que todos los marineros dormían en un pequeño tambucho en la proa del barco, que es donde más se nota el embiste del mar, después de trabajar horas y horas lanzando, recogiendo, seleccionando y limpiando el pescado durante muchos días. De tal manera se acostaban las poquitas horas que tenían de descanso, cayendo completamente rendidos sin importarles los efluvios pestilentes que ellos mismos soltaban, ni el aire viciado de la cámara, ni el crujir de la madera a cada golpe de mar... Muchos de los marineros, si el tiempo lo permitía, preferían echarse a dormir en cubierta sobre las húmedas redes.

Era tan mísera aquella vida, que los marineros tenían que llevarse su propia colchoneta y su manta, que terminaba llena de piojos, el pan en barras pequeñas, que a los pocos días se ponía duro como una piedra y hasta terminaba cogiendo moho, la bebida, el aceite, y la cascarilla negra o el café para quien se lo pudiese permitir. El resto se lo proporcionaba el mar... Cada día le tocaba a un marinero hacer el rancho: caldereta de pescado, que se servía en una palangana y todos comían de ella, salvo el patrón, a quien se la servían en una palangana más pequeña que le subían al puente. En la misma salsa de la *caldeirada* se ablandaba el pan haciendo «barquitos» como ellos mismos los llamaban. Las ganancias tenían relación con la pesca y, si volvían de vacío, por una avería o lo que fuese, eso significaba hambre para las familias...

La historia que os voy a contar en este corto relato es la historia real de un marinero. Concretamente, la del abuelo de un gran amigo mío, contada por su padre infinidad de veces y verificada por el señor Veiga, «O Villeiro», al que llegué a conocer personalmente, ya que todos vivíamos en el Castro-Castriño, el mismo barrio en el que se desarrolló aquel hecho histórico.

Por el respeto que le debo a esta familia que también es mi familia, me limitaré a contar simple y llanamente lo que a mí y a mi amigo nos han contado desde muy niños, sin poner absolutamente nada de mi parte.

Pues esta es la historia de Amador González, que era un simple marinero de Cangas do Morrazo, que muy joven se vino para Vigo, por haber encontrado plaza en uno de los barcos de pesca de un famoso armador de Bouzas de gran tradición marinera como eran y –aún hoy en día lo son– los «Montenegro».

A los veinticinco años Amador se casó con una mucha-cha también de Cangas y se quedaron a vivir en Coia, una parroquia de las más grandes de Vigo que linda con la villa marinera de Bouzas, que era donde había la mayor flota pes-quera de toda la Ría de Vigo. Al año siguiente –era 1920– na-cería su primer y único hijo: el padre de mi amigo Amador, que se llamaba igual que su padre y su abuelo.

Pues esta es la corta y sencilla historia de un hombre que entregó su vida a la mar, en el sentido más estricto de la palabra. Pero es que el destino no tiene preferencias a la hora de jugar una mala pasada y aquella vez le tocó a Ama-dor González cuando contaba con tan solo veintiocho años de edad.

Todo comenzó un noviembre (un mes de leyendas y ma-los presagios, conocido en Galicia como *o mes dos Mortos*) de 1922.

Todo los marineros, el día anterior a hacerse a la mar, acudían a una tienda de ultramarinos para comprar los ví-veres y Amador no era una excepción pero, no se sabe muy bien por qué, aquel día se le había hecho tarde y, a pesar de que tan solo serían las siete y media u ocho de la tarde, era ya prácticamente noche cerrada. Aunque no llovía, el cielo al parecer estaba completamente encapotado, por lo que la oscuridad era absoluta y más por el *Camiño da raposa* que era un camino estrecho y profundo lleno de arbustos y en especial de moreras o zarzas cuyos pinchos se enganchaban con facilidad a las personas que pasaban por allí. Pero es que, además, *o Camiño da raposa*, a pesar de ser un camino estrecho, profundo y siniestro sin ningún tipo de alumbrado, comenzaba justo en el viejo cementerio de la iglesia de San Martín de Coia, patrón de la parroquia. Y desde el cementerio tiraba casi todo recto para abajo y de ahí llegaba hasta la misma playa. En total aquel camino serían unos trescientos o trescientos cincuenta metros de largo aproximadamente cargados de sus propias leyendas y por ello todos los vecinos procuraban evitar pasar de noche por él.

Amador lo sabía y estaba preocupado pero tenía que subir al *torreiro*[1], lugar en el que estaba la tienda de ultramarinos en la que siempre compraba los víveres, a veces, como casi todos, al fiado.

Con su bolsa de lona al hombro caminaba despacio procurando esquivar los molestos pinchos de las *silveiras*[2]. Seguramente Amador iría muerto de miedo por aquel camino estrecho y oscuro pero suponemos que no le quedaba otra que seguir adelante.

Casi llegando arriba (según contó él mismo), como salido del cementerio y a tan solo unos veinte metros de él, se le apareció una comitiva... En un principio quiso creer que se trataba de una procesión, pero no... Aquellas catorce o dieciséis almas vestían túnicas blancas con capuchas por lo que no se les veían las caras ni las manos que supuestamente portaban respectivas antorchas que no eran otra cosa que

---

1   Un terreno en el que estaba el palco de la música y que era el centro de la parroquia.

2   Zarzas.

tibias, posiblemente humanas, con una llama en el extremo. Encabezando dicha comitiva, vestido sencillamente de calle con su pantalón descolorido de mahón, su camisa blanca con mil zurcidos y su vieja chaqueta de lana, Amador se vio a sí mismo llevando una cruz. ¡Se quedó paralizado, aterrorizado! Al ver que iban hacia él deslizándose sobre un manto de neblina, comenzó a retroceder temblando de frío y miedo, mientras los matorrales y las zarzas eran sacudidos por un fuerte y pestilente aire.

Cuentan que Amador procuró en todo momento mantener aquella distancia; que incluso pensó en echar a correr hacia su casa, pero que no fue capaz y así, de aquella manera, reculando y reculando, llegó hasta la mitad del camino en el que enlazaba a su izquierda otro camino a campo abierto que debería haber tomado para ir al Castro-Castriño, la calle en la que vivía, pero que finalmente decidió no llevarse «aquello» a su propia casa donde le esperaban su esposa y su hijo de dos años. Por lo tanto decidió seguir bajando, seguido siempre por aquella comitiva hasta que llegó a la playa y allí, sin desvestirse y ni siquiera descalzarse, se introdujo en el mar y, cuando este ya le llegaba por la cintura, resignado, se persignó y se puso a rezar una oración. Entonces La Santa Compaña desapareció de la playa, de golpe, como si se hubiese volatizado.

Poco después, mojado y muerto de frío, Amador se fue a su casa dando un rodeo grande para evitar volver a pasar por el *Camiño da raposa*. Nada más entrar en su casa, su esposa se asustó cuando lo vio, al tiempo que él rompía a llorar abrazado a ella.

Durante la cena, aún muy nervioso, le contó a su mujer con pelos y señales la terrible experiencia que había vivido. No cesaba de repetir que «aquello» era una premonición de muerte, de su propia muerte ya que, según él, su espíritu encabezaba la procesión de los muertos. Su esposa, que también creía en «esas cosas», por supuesto que lo creyó y se lo tomó muy en serio. Recomendó a su marido que no fuese aquella marea a la mar aunque ello les supusiera por lo menos un mes o dos de miseria. Si ya pasaban necesidades cuando él trabajaba, cuanto más si se quedaba en casa.

A la mañana siguiente Amador se marchó muy temprano a Bouzas para poder comprar allí lo más necesario, aunque tuviese que despertar al dueño del ultramarinos que solía vivir allí mismo, sobre la tienda, ya que disponía de habitaciones a modo de hospedaje para los marineros que venían de lejos.

A las seis y media de la mañana, el barco de Benigno Montenegro se hizo a la mar. Como ya no quedan testigos vivos ignoro a dónde fueron a faenar, cómo se llamaba el barco, o cuántos días fueron de travesía. Lo único que sé es que, nada más llegar al banco de pesca, el mar estaba tranquilo como un plato pero que, en el primer lance, la bota de Amador se enganchó a la red que lo arrastró a las profundidades. Cuentan que recogieron rápidamente la red, e incluso, Veiga «O Villeiro», que por aquel entonces contaba con dieciocho años, y otro marinero más se lanzaron al mar, pero todo resultó inútil. Ni su cadáver apareció, dejando una viuda y un hijo de dos años totalmente desamparados.

Yo desde muy joven había sido escéptico respecto a todas estas historias. Consideraba que eran simples leyendas que se creaban sobre todo en las aldeas en las noches de invierno con la familia reunida en torno a la lumbre *da lareira* mientras se cocía el pan... A falta de televisión, de una radio e incluso de luz eléctrica, eran el único entretenimiento que tenían aquellas familias en las noches, casi siempre contadas por los abuelos o patriarcas, encargados de transmitir a los más jóvenes las historias de un tiempo pasado, muchas veces envueltas en un misterio en el que siempre estaban presentes la muerte y el *meigallo*, que era una especie de pequeño diablo de la mitología gallega que solía andar por los bosques y las encrucijadas para robarles el alma a las personas que encontrase en su camino... Ni tampoco podían faltar las historias terroríficas o del *lobishome* u hombre lobo que atemorizaba a los niños. Y, por supuesto, en aquellas *xuntanzas* familiares no podían faltar los relatos de misterio relacionadas con apariciones, del *moucho* o búho con su anuncio de malos presagios y de La Santa Compaña como estrella estelar, que todos aseguraban haber visto en alguna ocasión. Así, de aquella manera, esas narraciones iban pasando de generación en generación hasta convertirse en auténticas leyendas.

Pero aquella historia del abuelo de mi amigo había calado profundamente en mí y yo no era capaz de sacármela de la cabeza. Así que, siendo ya los dos unos muchachotes, al encontrarnos con el señor Veiga «O Villeiro», que ya era un señor mayor, y allí mismo, en el campo del «tiropichón» cerca de nuestras casas, lo abordamos para preguntarle qué nos podría él contar sobre la extraña muerte del abuelo de mi amigo. El señor Veiga miró fijamente a Amador, y le preguntó un tanto extrañado:

—¿Es que tu padre o tu abuela no te han contado nada sobre la muerte de tu abuelo? —A lo cual mi amigo respondió:

—Claro que nos lo han contado infinidad de veces, pero lo de La Santa Compaña..., la verdad, nos cuesta creerlo.

—Pues créetelo chaval; creéroslo —nos dijo muy serio—. Creéroslo porque el asunto fue muy serio. Veréis: cuando Amador llegó a bordo, parecía un cadáver y todos nosotros nos preocupamos por él; se negaba a hablar y esto incrementaba nuestro interés. Así que, en plena ruta y a la hora de comer todos juntos allí en cubierta, le obligamos a que hablase y entonces rompió a llorar. ¡Todos nos quedamos en silencio respetando su dolor, pero ansiosos por saber! Cuando se calmó un poco, nos dijo muy serio: «Compañeros, creo que mi hora ha llegado». Pensamos que le habían descubierto alguna enfermedad incurable..., pero el negó con la cabeza y, a continuación, nos contó su encuentro con La Santa Compaña en el *Camiño da raposa* y el miedo que había pasado, concluyendo: «Aquello era una premonición de muerte..., de mi propia muerte, ya que yo mismo encabezaba la comitiva». El asunto era serio y nos quedamos muy preocupados pero, aun así y todo, procuramos restarle importancia para que se animase. Pero no había manera. El hecho de verse a sí mismo encabezando la procesión de los muertos, para él (y para todos nosotros) era una señal inequívoca de que se trataba de una premonición de muerte y de que su alma o espíritu ya vagaba cual alma en pena en la procesión de los muertos...

»No, no era fácil levantarle el ánimo al pobre y desdichado Amador... Incluso le dijimos que a lo mejor «aquello» había sido fruto de la imaginación...; que aquel camino era muy traicionero y, para darle un toque de humor, le recordamos lo que le había pasado a *O Pardellas*. Todos, al rememorar la historia, reímos e incluso Amador dibujó una leve sonrisa. Pero enseguida volvió a sumergirse en la más triste melancolía. ¡Y así fue toda la travesía! Cuando llegamos al caladero y nos dispusimos a hacer el primer lance, amanecía un día precioso y el mar, sorprendentemente, estaba como un plato. Nada más echar el cope al agua, la bota de Amador se enganchó en la red, arrastrándolo al fondo... Recogimos lo rápido que pudimos e incluso Ramón y yo nos tiramos al mar y nos sumergimos cuanto fuimos capaces pero todo resultó inútil. Entre la ropa y las botas que al llenarse de agua hacen de lastre, Amador se hundió con rapidez... Fue muy triste aquel episodio y más doloroso nos resultaba a nosotros tener que comunicárselo a tu abuela. Por aquel entonces los barcos no tenían radio y las familias, que esperaban ansiosas en el mismo muelle o en la playa la llegada de los seres queridos, no sabían absolutamente nada. Nosotros mismos éramos los portadores de las malas noticias y, cuando no, era la tripulación de otro barco el que traía las trágicas noticias de un naufragio... ¡Cuántas lágrimas se han derramado en los muelles o en las playas..., cuánto dolor! Lo que no llegamos a comprender fue por qué precisamente aquel día Amador se puso las botas de goma, cuando normalmente, sobre todo con buen tiempo, faenábamos descalzos o con zapatillas de esparto, más que nada por la salud de nuestros pies... Quién sabe; quizás estaba predestinado a que así fuera.

Debo confesar que me quedé patidifuso. El señor Veiga había sido un testigo directo de aquel trágico acontecimiento y, por lo tanto, debía creerle. No obstante, en mi cabeza me había quedado con lo del tal *Pardellas* cuya historia desconocía por completo. Dada la disponibilidad del señor Veiga, se lo pregunté:

—¿Qué le pasó al tal *Pardellas* en el *Camiño da raposa...*?

—¡Ah! el *Pardellas* era un chaval de Bouzas de unos veinte años que había estado embarcado con nosotros. Era el clásico chaval que se comía al mundo y se creía el más valiente de todos y, allí donde hubiese una pelea, él estaba siempre metido en ella por lo que rara era la vez que no llegase con un ojo negro, un labio roto, o una brecha en la cabeza. Para justificar sus «heridas de guerra», solía decir: «Teníais que ver cómo quedaron los otros». Pero un buen día estuvo hasta las tantas de la madrugada en la fiesta de la Consolación de Coia. A falta de peleas se entregó a la bebida y sobre las tres y media de la madrugada, medio chispa, decidió marcharse, metiéndose por *o Camiño da raposa* con decisión. Pasó por el cementerio como si nada y al llegar casi a la mitad, para demostrarse a sí mismo lo osado que era, así lo hizo, y, al ver que no pasaba absolutamente nada, se echó a reír de las supersticiones de los demás pensando que todos eran unos cobardes. ¡Pero en aquel preciso momento sintió como una fuerte mano lo sujetaba por el hombro! Se quedó paralizado, muerto de miedo sin atreverse a mirar para atrás.

Al comprobar que aquella mano no le soltaba y que por su fijación parecía la mano de una calavera cuyos huesos se clavaban en su carne, entre lágrimas, rezos y promesas, *O Pardellas* se pasó de aquella manera el resto de la noche. Al despuntar el día, por fin decidió mirar para atrás, comprobando que desde el primer momento había estado sujeto por una gruesa rama de una zarza que se le había enganchado a la chaqueta.

Los tres nos reímos con ganas y más al concluir el señor Veiga:

—El mismo *Pardellas* tuvo el valor suficiente de contarlo y, desde entonces, tal como había prometido aquella noche, no se metió en más peleas ni se creyó el más valiente de entre los valientes. El miedo que debió haber pasado le hizo cambiar de mentalidad y eso fue precisamente lo que salió ganando.

Después de darle las gracias al señor Veiga, los dos nos alejamos con una sonrisa por aquella curiosa anécdota del *Pardellas* y con tristeza por el recuerdo del abuelo de mi mejor amigo.

¡Bueno! Ahora que cada cual saque sus propias conclusiones respecto a La Santa Compaña. La cuestión es saber qué es lo que debería haber hecho Amador. ¿Hubiera cambiado su destino si aquella marea se hubiese quedado en casa...? Posiblemente, sí. Pero eso nunca lo sabremos.

Todas las deducciones, absolutamente todas, serán respetadas. Por mi parte, lo único que puedo es repetir lo que nos dice Elb-Amah: «que una premonición de muerte os puede llegar incluso a través de los sueños. Tan solo es cuestión de saberlos interpretar y, con ello, poder cambiar el curso de vuestra vida, de vuestro destino».

A mi abuelo

¿Qué os puedo yo contar a estas alturas que vosotros no sepáis? El relato que a continuación podréis leer, os puede resultar muy cruel y es posible que hiera la sensibilidad de muchas personas e incluso puede que traten de oportunista o de morboso al autor, por no decir otra disparatada maledicencia. Pero yo personalmente creo que es necesario para comprender lo obstinados que llegáis a ser los humanos, que por defender vuestra razón, sois capaces de obviar la evidencia más palpable. Y con esto no puedo decir más para no desvelar el misterio.

Yo me hago cargo de que no os debe resultar nada fácil aceptar lo inevitable... Y en parte vosotros no tenéis culpa de ello ya que vuestro sistema cerebral de autodefensa (que también existe) os lleva a la obstinación de aferraros a una idea fija como náufragos que se adhieren a una tabla de salvación.

Es cierto que esta historia resultará dura y cruel y hasta oportunista después de lo acontecido en los últimos tiempos pero yo, de todas maneras, aconsejaría a todos que la leyesen. De cualquiera manera, lo dejo a vuestra entera voluntad, incluso el derecho a desahogarse con el autor, aunque el pobre tan solo hace lo que yo le digo y es por esto que yo asumo toda la responsabilidad.

ELB-AMAH

¡Perdidos!

Asemejaba una *fraga* o un bosque sombrío envuelto en una bruma que lo hacía más misterioso entre grandes y gruesos árboles, la mayoría cubiertos de musgo que pretendían ganar las altas copas para robarles el sol, la vida. Era tan siniestro aquel paraje que parecía sacado de la inconsciencia de una pesadilla en la que habita *o Diaño*, un pequeño diablo en forma de hombrecillo de la mitología gallega, que busca a personas perdidas por las encrucijadas de caminos solitarios para robarles el alma.

Pero esa no parecía ser la preocupación de aquel hombre que apareció de pronto como salido de la nada corriendo como un desesperado con la angustia reflejada en su rostro, al tiempo que entre gritos clamaba gritando los nombres de dos personas:

—¡¡Sara...!! ¡¡Óscar...!!

Era un hombre relativamente joven, de poco más de treinta y cinco años. La corbata roja al viento sobre el cuello desabrochado de la camisa blanca de manga corta que llevaba por dentro del pantalón vaquero le daba el aspecto de ser un hombre moderno, socialmente acomodado, al que no había obstáculo que se le resistiese. No dejaba de llamar:

—¡¡Sara...!! ¡¡Óscar...!!

Era una llamada desesperada en una carrera frenética sobre un terreno hostil, en el que ni siquiera se veía el suelo por culpa de aquella espesa bruma posada como un manto que le llegaba poco más arriba de las rodillas al hombre que bien podría medir un metro ochenta y cinco o algo más. De pronto se detuvo en seco al encontrarse con una anciana de más de setenta años, con la niebla por la cintura. Estaba quieta, asustada, perdida... Las joyas que llevaba y la camisa de seda color rosa con volantes y su voluminoso peinado de un pelo teñido de un color lila, le daban el aspecto de ser también una señora de posibles. Pero ni siquiera se percató de la presencia del joven. Estaba como ida mirando las copas de los árboles, buscando quizás un esperanzador rayo de sol.

Fernando —que así se llamaba el hombre— tuvo que tocarla en un hombro para llamar su atención, o más bien para suplicarle:

—Señora... Señora... ¿Ha visto usted a mi esposa y a mi hijo...? Es un niño de diez años —dijo y señaló con la mano una altura indeterminada.

Lentamente, la mujer se fue girando hasta quedar con la vista clavada en el joven que tenía delante. Ante la insistencia de Fernando, ella negó con la cabeza.

—¿Y mi marido...? ¿Dónde está mi marido...? ¿Lo ha visto usted? —preguntó también mirando a su alrededor, interesándose después—: ¿Dónde estamos...? ¿Qué lugar es este?

—No lo sé, señora. Pero debo seguir buscando a mi familia. Hágame un favor: si ve a una mujer con un niño de diez años, dígale que los estoy buscando y que esperen aquí junto a usted y, mientras tanto, si encuentro a su marido lo mando para acá, pero no se mueva del sitio, por favor.

Dicho esto, Fernando echó a correr llamando a su mujer y a su hijo pero ni el eco respondía y por no haber, ni siquiera había pájaros que se espantasen, nada. Era como si aquel bosque o *fraga* o lo que fuese, estuviese sumergido en la más absoluta de las soledades.

Al poco se encontró con una pareja de edad avanzada que venía abrazada, los dos completamente desorientados.

Los tres se sobresaltaron al encontrarse de sopetón, pero enseguida se repusieron.

—¿Venía usted en el avión? —le preguntó el hombre de la pareja.

–Sí... Y ando buscando a mi familia. ¿No habrán visto ustedes a una mujer con un niño de diez años?

–Hemos visto a varias personas por ahí desperdigadas, pero no recuerdo haber visto a un niño –dijo el hombre.

–¡Sí...! –intervino la mujer–, yo he visto a una mujer joven con un niño. Ella vestía un traje de color azul. ¿Es ella?

–¡Sí..., es ella! ¿Por dónde andaban...? –preguntó angustiado Fernando.

–De esto ya hace un ratito pero ella estaba sentada en una piedra alta con el niño y para mí que están por esa dirección.

–¡Muchas gracias señora! –le dijo Fernando dispuesto a salir corriendo. Pero el hombre lo detuvo para preguntarle:

–Oiga... ¿No tendrá un teléfono móvil...? Tengo que hacer una llamada urgente a mis hijos que nos esperan en el aeropuerto.

–Lo tengo pero se ha quedado sin batería.

–Lo mismo que el mío. Es que ni siquiera funcionan los relojes. ¿Qué cree usted que ha podido pasar...?

–No lo sé, caballero –dijo Fernando mostrando prisa por marcharse–. Pero hagan el favor: en esa dirección hay una anciana perdida y sería conveniente que nos fuésemos juntando en un sitio determinado para saber a qué atenernos. E incluso sería bueno encontrar al capitán y a la tripulación.

–Tiene razón. Se lo diremos a todos cuantos encontremos.

–Yo volveré al encontrar a mi familia.

Enseguida emprendió una carrera loca en la que a cada poco se encontraba con gente que actuaba de la misma manera, como zombis desperdigados; incluso jóvenes que parecían haber perdido el sentido de la realidad y se dejaban llevar, completamente desorientados. Al igual que hiciera con los demás, Fernando los mandaba en la misma dirección mientras él seguía buscando a su mujer y a su hijo. De pronto, el llanto de un bebé llamó su atención. ¡Entonces se puso a buscar como un loco, a pesar de saber que aquel llanto no podía ser el de su hijo!; seguramente se trataba de un bebé que ni siquiera sabía andar.

La bruma dificultaba la búsqueda por lo que decidió dejarse llevar por el oído. Cada vez oía el llanto más cerca hasta que llegó a un punto en que lo sintió justo a su lado y entonces comenzó a tantear con los pies hasta que tocó algo blando. Acto seguido, con determinación, se agachó para tocar también con las manos y, de pronto, emergió de las tinieblas una preciosa niña, posiblemente de un año, bañada en lágrimas.

—Ya pasó bonita —le dijo él abrazándola contra su pecho—. Ya pasó.

—¡Mamá...! —clamaba la pequeña sin dejar de llorar—. ¡Mamá...!

—Calla pequeña, que enseguida encontraremos a tu mamá —le dijo Fernando mientras seguía buscando con la niña en brazos que poco a poco se fue calmando mientras hipaba contra su pescuezo.

En su búsqueda desesperada se encontró con otras tres personas de mediana edad que también andaban tras familiares o amigos, a quienes preguntó si habían visto a su familia y, de paso, a una mujer que había perdido a su hija. La respuesta fue satisfactoria, especialmente para él.

—¡Sí, sí...! —dijo uno de los tres—. Ahí detrás justo, en un pequeño claro, hay una mujer con un niño de más o menos diez años.

Después de darles las gracias y aconsejarles que se juntasen con los demás, Fernando, con el corazón desbocado, emprendió la carrera. Al poco, su esfuerzo se vio recompensado.

Allí estaban los dos abrazados, muertos de miedo, sentados sobre una roca en un pequeño claro recibiendo unos débiles rayos de sol. A Fernando, en un principio, aquella visión se le antojó una estampa bíblica, por lo que se quedó parado con la niña en brazos sin que ellos le vieran. Enseguida reaccionó echando a correr hacia ellos, gritando sus nombres:

—¡¡Sara...!! ¡¡Óscar...!!

Madre e hijo reaccionaron como si hubiesen despertado de un profundo letargo nada más verle.

—¡Fernando...! —exclamó ella con un rictus amargo reflejado en su hermoso rostro.

—¡Papá...! —gritó de alegría el niño con los brazos extendidos.

Los tres se fundieron en un emotivo abrazo con la niña en medio y lloraron de emoción.

Luego Fernando los apartó para mirarlos bien de arriba a abajo, mientras les preguntaba:

—¿Estáis bien? ¿No os ha pasado nada...?

—Sí, estamos muy bien, ¿y tú? —preguntó Sara.

—Yo también.

—¿Y esa niña, quién es? —preguntó ella tendiendo los brazos para cogerla.

—La encontré solita en el bosque llorando desconsolada llamando a su madre.

—Pobrecita —dijo ella mientras acariciaba a la pequeña contra su seno.

Fernando se adentró en el bosque con su hijo a hombros agarrándolo por las piernas, seguido por Sara y la niña. Se dirigían al punto de encuentro en el que dejara a la señora.

—¿Qué crees que habrá pasado? —le preguntó Sara a su marido durante el trayecto.

—La verdad que no lo sé, cariño. No tengo ni idea. Es todo tan extraño...

—Más extraño resulta que si el avión ha caído o se ha estrellado en este bosque, no nos haya pasado absolutamente nada, y que el aparato o sus restos se hayan volatilizado ya que, por lógica, tendría que haber restos por ahí desperdigados. Pero es que ni las maletas ni nuestros enseres se ven.

—Es cierto. Lo único que recuerdo es que hacía más de media hora que habíamos despegado y, a partir de ahí, ya no sé absolutamente nada.

—Papá...

—Dime hijo.

—¿No pasaríamos por el Triángulo de las Bermudas...?

—¿Por el Triángulo de las Bermudas...? No, hijo no. Nosotros íbamos para... ¡Aguarda un momento!

Fernando descabalgó a su hijo manteniéndolo cogido por la cintura mientras lo miraba fijamente a los ojos, para decirle:

—Sin querer, ¡diste con la solución Óscar! ¡Diste con la solución! —repitió abrazándose a él.

—¿La solución a qué..? —preguntó Sara.

—A lo que realmente ha pasado, cariño. Ahora lo que tenemos que hacer es juntar a todos los pasajeros posibles y a la tripulación del avión. ¡Vamos, no hay tiempo que perder! —exigió Fernando poniendo de nuevo a su hijo a hombros.

A paso ligero llegaron al lugar de reunión. Allí, reunidos como una piña, había cuarenta y cinco personas entre mayores, adultos, jóvenes y unos cuantos niños. Nada más llegar, Fernando preguntó si alguna mujer buscaba a una niña, pero nadie la reclamó.

Los que lo conocían se dirigieron a él; incluso la anciana que ya había encontrado a su marido. ¡Nadie sabía qué había pasado realmente y todos querían saberlo! Fernando, sin separarse de su esposa, con la pequeña y su hijo, se hizo dueño de la situación:

—¡Debemos tener mucha tranquilidad y no dejarnos llevar por el pánico! ¡Lo que ha pasado tiene una lógica y yo les puedo asegurar que si nos mantenemos unidos y colaboramos todos juntos, muy pronto saldremos de esta!

Hubo un murmullo generalizado. Uno de los recién llegados, con aspecto de ejecutivo, bien vestido con un traje oscuro casi negro, camisa blanca y corbata negra, se dirigió a Fernando para preguntarle:

—¿Sabe usted lo que ha pasado?

—¡No puedo asegurarlo al cien por cien pero —dijo él en voz alta para que escuchasen todos— tengo una teoría basada en unos hechos muy similares que ya se dieran en otros casos! ¡Pero antes de nada debemos encontrar al resto de pasajeros que andan por ahí perdidos, y a la tripulación y al comandante si queremos salir bien de esta!

—¿Podría antes anticiparnos su teoría? —insistió el mismo de antes mostrando intriga en su faz blanquecina.

—¡Perderíamos un tiempo precioso! ¡Es fundamental que encontremos al resto de pasajeros y a la tripulación antes de que se haga de noche! ¡Lo que les puedo anticipar es que el avión debe estar por aquí cerca y seguramente no podrá despegar. Pero en él encontraremos refugio, abrigo, alimento y, además, será mucho más fácil pedir ayuda desde ahí para que nos rescaten a todos...! ¡A todos! —repitió, sentenciando—: ¡Todo aquel que quede perdido en este bosque, aquí se quedará para siempre!

—Caballero —insistió el mismo—, ¿no cree usted que el avión se pudo haber estrellado y posiblemente quemado?

—¡Señor!

—Me llamo Paulo.

—Encantado Paulo. Yo me llamo Fernando. Pues bien, ahora le pregunto yo: ¿realmente cree usted que si el avión se hubiese estrellado y quemado como usted dice, quedaría tanta gente viva? La experiencia nos dice que, en estos casos, las consecuencias siempre resultan fatales y muy poquitos son los que se salvan. ¡Es por eso que les digo a todos que el avión no se ha estrellado! ¡El avión se posó en un lugar del que ahora no puede despegar, pero posiblemente será visible desde el aire y seguramente ya lo andarán buscando! ¡Por eso es conveniente que estemos todos unidos y, pudiendo ser, rescatar al resto de los pasajeros. Hasta puede que muchos de ellos ya se encuentren en el aparato junto a la tripulación! Y a usted —se dirigió a Paulo en voz baja—, le rogaría que no causara más alarma entre la gente, pues además está haciéndonos perder el tiempo.

—Está bien —dijo Paulo extendiendo los brazos como si se rindiese—. ¿Qué propone que hagamos?

Fernando se subió al tronco de un árbol caído y, desde allí, como un líder expuso su plan.

—¡Propongo que nos desplacemos todos a un claro que hay en esa dirección, en el que apenas hay bruma e incluso pasa por él algún rayo de sol! ¡Ese será nuestro punto de encuentro! ¡Ahí se quedarán los ancianos, las mujeres y los niños mientras los hombres nos dividiremos en grupos e iremos al rescate de los demás desperdigados que andan por el bosque perdidos. De paso, si encontrásemos el avión, volveríamos para comunicarlo!

—¡Señor! —lo llamó un anciano para preguntarle—: ¿Cómo es posible que saliésemos del avión sin que nos diésemos cuenta?

—¡Mi nombre es Fernando y, a su pregunta, la respuesta es que nos hemos encontrado con un fenómeno de la Naturaleza que nos desvió de nuestra ruta y, por su fuerza magnética, todos nosotros entramos en un estado de shock! ¡Por eso los móviles y los relojes se quedaron sin batería mientras nosotros andábamos por ahí perdidos hasta que recuperamos la razón!

Su razonamiento pareció convincente a todos, a excepción de Paulo que se quedó callado y pensativo mirándolo, mientras comenzaba la marcha encabezada por el propio Fernando con su hijo a caballito y su esposa que no se desprendía de la niña.

Una vez llegados al lugar, enseguida organizaron seis grupos de hombres y alguna mujer que se ofreció. La orden era que cada grupo que encontrase cierta cantidad de desperdigados volviese al punto de encuentro. Allí, en torno a las rocas en las que había estado Sara con su hijo, se quedaron los demás. La propia Sara tuvo la habilidad de organizar juegos con los pocos niños que había con intención de entretenerlos y sacarlos de aquel estado catatónico en el que se hallaban.

Las risas inocentes de los niños se expandieron por el bosque, dando vida y alegría a una *fraga* triste y solitaria.

Con Fernando iba una pareja de jóvenes en viaje de luna de miel y dos hombres más. Paulo, el supuesto ejecutivo, insistió en querer ir con Fernando pero este lo rechazó, ya que aquel hombre alto y delgado le estaba poniendo de los nervios y no era el momento de entrar en batallas dialécticas que no llevarían a ninguna parte. Tenía la sensación de que aquel hombre, tan joven como él, pretendía tener el liderazgo de la expedición y él no se lo iba a permitir, ya que estaba seguro de tener las ideas muy claras; estaba completamente convencido de que sacaría a toda esa gente de aquella situación límite, desesperada. Por ello ordenó a Paulo que encabezase otro grupo y él lo aceptó de mala gana.

Poco a poco fueron encontrando personas aisladas o pequeños grupos; entre ellos algunos miembros de la tripulación que, al igual que los demás, estaban completamente confundidos después de haber salido del shock, con los rostros descompuestos con síntomas claros de ausencia total de la realidad.

Fernando se dirigió a una azafata de uniforme para preguntarle:

—¿Habéis visto al comandante?

La muchacha negó con la cabeza, preguntando a continuación:

—¿Dónde estamos?

—De momento, perdidos —le respondió él—, pero no os preocupéis, que saldremos de este lugar. Uníos a nuestro grupo. Por cierto, ¿habéis visto el avión o restos de él?

Todos negaron con la cabeza.

Poco a poco iban encontrando más gente. Cuando ya tenían unos veinte, decidieron volver al punto de partida. Todos iban en fila india como fantasmas por el bosque en la procesión de los muertos: La Santa Compaña.

Nada más llegar, allí había más de ciento treinta personas agrupadas con la escasa bruma por los tobillos, por lo que no se les veían los pies. Tan solo faltaba uno de los grupos por volver y era el del tal Paulo.

Tras interesarse por su mujer y por su hijo, Fernando preguntó si alguien había reclamado a la niña que seguía con Sara. Ante la negativa, como cabecilla y organizador, comenzó a preguntar si entre ellos estaba el comandante cuando se presentó Paulo con más de treinta personas y, entre ellas, el comandante, el segundo de a bordo o copiloto y el resto de auxiliares de vuelo o tripulación. Con cierto sarcasmo y prepotencia, Paulo dijo cara a cara al que parecía ser su rival:

—Ya tiene lo que precisa. ¿Y ahora...? ¿Qué piensa hacer ahora?

Fernando lo miró de arriba abajo con desprecio conteniendo las ganas quizás de partirle la boca a aquel siniestro personaje de piel muy blanca, peinado hacia atrás con gomina, con un cabello negro como la noche más oscura, y un delgado cuerpo embutido en un traje gris oscuro casi negro de corte anticuado. Pero se contuvo de entrar en su provocación.

—¿Dónde está el comandante? —preguntó sin más.

—Detrás de mí —dijo Paulo apartándose a un lado con una sonrisa cínica en su cara.

Por el uniforme, Fernando enseguida los reconoció. Estaban todos juntos y las azafatas que habían aparecido antes se unieron a ellos. Se sintió decepcionado al comprobar que todos estaban como idos.

Por un momento pensó que antes que nada había que ayudarles a salir de aquel estado catatónico y a que recuperasen la cordura como habían hecho él, Paulo, su esposa, su hijo y muchos más. Los necesitaba para estudiar la situación y buscar el avión como fuese o donde fuese antes de que cayese la noche aunque, en realidad, ya que a nadie le funcionaban los relojes, no tenían noción del tiempo y, por no saber, no sabían si era por la mañana, al mediodía o por la tarde, ya que tampoco podían ver la posición del sol para poder guiarse por él.

Al dirigirse al comandante, emergió de entre las tinieblas un matrimonio relativamente joven que se mostraba desesperado buscando a su hija de casi un año, que Sara les entregó como el regalo más preciado. ¡Fue un momento emotivo, envuelto en risas, lágrimas y agradecimientos! Todos quedaron prendados con aquella escena. Entonces Fernando decidió cambiar de estrategia: pensó que no era el momento apropiado para disputar el liderazgo como políticos en plena campaña electoral o en unas primarias... Mejor sería unir las fuerzas y poner en orden las ideas para salir de aquella situación, de aquel bosque que se le antojaba maldito. Así que, en vez de dirigirse al comandante, apartó a un lado a Paulo para decirle por lo bajo:

—El comandante está tan ido como los demás..., aún no ha salido del estado de shock y creo que hay que apartarlo junto al resto de la tripulación para que recupere la cordura y pueda dar algo de luz al asunto.

—¿En verdad cree que el comandante va a recordar algo?

—Puede que no, pero puede recordar qué rumbo seguíamos o si se percató de que el avión fue desviado por alguna extraña fuerza magnética... No lo sé exactamente, pero seguramente algo podrá aportarnos.

—El rumbo estaba claro. Íbamos de Este a Noroeste pero —miró las copas de los árboles—, dentro de esta *fraga* será muy difícil situarnos. Por otra parte, usted parece estar completamente convencido de que el avión entró dentro de un campo magnético o que fue atrapado por un agujero negro. ¿Ha barajado la posibilidad de que quizás nos hallemos en otra dimensión o en otro estado diferente...?

Fernando se lo quedó mirando fijamente pensando que aquel hombre tenía muchos pájaros en la cabeza. Entendió que, lo mismo que él, Paulo también era un aficionado a la ufología, pero una cosa era que te gustase un tema y otra muy distinta tener los pies en la tierra. Pensó que Paulo creía que habían sido abducidos por los extraterrestres que los habían dejado abandonados a su suerte en otra dimensión, otro tiempo y otro estado. Cabría esa posibilidad, sí, aunque consideraba más lógica su teoría. Propuso:

—Lo que sea. Pero considero primordial recuperar al comandante. ¿Cuento entonces con su ayuda?

—Desde luego que sí. Pero antes de nada habría que hacer un recuento de la gente para saber cuántos faltan, por si hay que ir a buscarlos.

—Mandaremos a que se hagan cargo de esa labor a las azafatas, ya que ellas sabrán exactamente cuántos viajábamos en el avión, mientras nosotros hablamos con el comandante y con el copiloto.

Al dirigirse los dos a la tripulación, los demás pasajeros comenzaron a inquietarse y acudían a ellos con preguntas y el miedo reflejado en sus rostros.

—¿Encontraremos el avión? —preguntó un hombre de mediana edad—. Tengo dentro documentos muy importantes que recuperar y el medicamente de mi señora... Si no lo toma a su hora, se puede morir.

—¡Dios mío...! ¿Qué va a ser de nosotros...? —suplicó llorando una anciana.

—¡Tengo que avisar a mis hijos que me esperan en el aeropuerto...! Deben estar muy nerviosos al ver que el avión no ha llegado. ¿A alguien le funciona el teléfono móvil...?

—¡Tranquilidad señores! —gritó Fernando imponiendo calma con las manos—. ¡Es muy importante que mantengamos la calma y estemos todos unidos! ¡Ahora haremos un recuento por si falta alguien y enseguida saldremos a buscar el avión. Pero mientras tanto, es muy importante, repito, su colaboración..., la de todos sin excepción!

Mientras las azafatas se hacían cargo del recuento, Fernando y Paulo se llevaron aparte al comandante y al segundo de a bordo. El primero hacía las preguntas pertinentes mientras el supuesto ejecutivo seguía atento lo que pasaba sin perder detalle.

El comandante era un hombre fuerte, de unos cuarenta y pocos años, que curiosamente permanecía con la gorra puesta, a pesar de estar en mangas de camisa y con la corbata floja, mientras que su compañero o subordinado, más joven y menos fuerte, mantenía puesto su uniforme impecable con la chaqueta. No quitaba ojo a sus interlocutores.

—Comandante, ¿recuerda cómo se llama? —le preguntó Fernando.

El comandante se quedó mirándolo fijamente con las pupilas muy dilatadas y cierta desconfianza. Después de reflexionar un poco, respondió:

—Camilo... Soy el comandante Camilo Quintana Márquez.

—Dígame comandante, ¿recuerda si pilotaba usted el avión o iban con el piloto automático?

—Llevábamos el piloto automático —respondió el segundo ya completamente recuperado.

Al mismo tiempo, el comandante Quintana parecía que, poco a poco, se iba recuperando también. Después de observar las copas de los árboles, preguntó:

—¿Tienen idea de dónde estamos?

—Estamos perdidos, comandante. El avión tiene que estar en algún lugar y si no lo encontramos antes del anochecer, correremos serio peligro. ¿Tienen ustedes alguna idea de dónde puede estar el avión? ¿Recuerdan algo antes de que..., aterrizásemos o cayésemos?

El segundo negaba con la cabeza, al tiempo que el comandante exclamó:

—¡El avión! ¿Dónde está el avión? ¿Y quiénes son ustedes?

—Todos nosotros, aparte de la tripulación, somos los pasajeros y le necesitamos, comandante Quintana. ¿Recuerda algo de lo sucedido...? ¿Algo anormal antes de que..., pasase todo?

Los dos negaron con la cabeza. Tan solo el comandante reconoció:

—Recuerdo que sobrevolábamos la península...

—Sí, eso lo sabemos todos. De todas maneras, lo que haya pasado estará registrado en la caja negra. Por mi parte, recuerdo que la última vez que vi la hora eran las diecinueve quince... Y dado el tiempo que llevamos aquí, forzosamente ya tenía que ser noche cerrada, lo que quiere decir que seguramente pasamos muchas horas o puede que incluso días inconscientes o en estado de shock y por eso ahora no sabemos si es por la mañana o por la tarde. Siendo así, seguro que ya habrán saltado todas las alarmas y nos andarán buscando. Por eso es primordial encontrar el avión o salir de este maldito bosque para mostrarnos a cielo abierto.

–Ya. Pero, ¿qué rumbo tomamos? –preguntó Paulo.

–El que sea, pero siempre en línea recta. Por pura lógica, este bosque tiene que tener un principio y un final, ¿no cree?

–Si damos con un claro podremos orientarnos, y por la noche, aún mucho mejor, ya que nos guiaremos por las estrellas –propuso el segundo.

–Pues no se hable más. Emprenderemos la marcha cuanto antes; hay que procurar que nadie se extravíe.

–Lo que quiera…, hable con la gente, aunque yo le recomiendo que sea cauto…, que no cree falsas esperanzas –le comentó Paulo.

Fernando se quedó mirándolo muy serio para luego, espetarle a la cara:

–Mientras haya vida, hay esperanza. Si nos falta la esperanza, entonces estaremos perdidos de verdad.

–A veces las cosas no son como parecen –respondió Paulo con grave semblante.

–¡Caballeros! ¡Estamos perdiendo un tiempo precioso! –llamó al orden el comandante Quintana ya totalmente recuperado.

–Tiene razón comandante. Hablemos con la gente y pongámonos todos en marcha cuanto antes –dijo Fernando mientras se daba media vuelta y se dirigía a los demás, que esperaban impacientes hablando entre ellos, haciendo mil conjeturas sobre lo que debió haber sucedido, mientras otros se preocupaban de asuntos personales, como documentación o medicamentos que debían tomar y que se habían quedado en el avión.

Al poco, un Fernando afianzado como líder, desde lo alto de la piedra llamó la atención de todos. A su lado se posicionaron el comandante y el segundo de a bordo. Paulo, Sara, Óscar y el matrimonio con la niña pequeña estaban al frente de toda aquella gente que poco a poco se fue agrupando en torno a ellos mirando ansiosos hacia él, como quien espera un milagro o prodigio divino, como si Fernando fuese un nuevo Moisés que habría de guiar a su pueblo hasta la Tierra Prometida, hacia la salvación.

—¡Poned todos mucha atención! —gritó—. ¡Vamos a emprender la marcha! ¡Nadie se puede separar del grupo, ya que este no se detendrá para ir a los buscar rezagados! ¡Daos cuenta de que nuestra vida depende de ello..., de que salgamos de este bosque cuanto antes!

—¡Solo una cosa, señor! —intervino una mujer—. ¿Ya se sabe lo que ha pasado?

—¡No, señora! Mantenemos la misma teoría de que el avión entró dentro de un campo magnético que descontroló los aparatos y que seguramente nos desviamos de la ruta establecida! ¡Pero ustedes no se preocupen, que lo que hacen estos fenómenos es trasladar de lugar sin el menor daño, mientras el avión, que seguro permanecerá entero, nos espera en alguna parte de este bosque!

Mientras Fernando hablaba, Paulo, con las manos en la cintura mirando el suelo, negaba con la cabeza con un claro gesto de desaprobación.

—¡Señorita Vanesa! —llamó el comandante—, ¿ha hecho usted el recuento de pasajeros?

—¡Sí señor!

—¿Y cuántos faltan?

—¡No solamente están todos, sino que hay uno de más!

—¿Cómo que hay uno de más? —preguntó extrañado el comandante—. ¿Los habéis contado bien?

—Los hemos contado dos veces y nos sale uno de más. Entre la tripulación y el pasaje, éramos ciento setenta y dos personas, y hay ciento setenta y tres.

—¿Sabéis quién es el que oficialmente no iba en el avión? —preguntó Fernando.

—No lo sabemos... Tenemos dudas.

—¡Señorita Vanesa! Las plazas iban completas, ¿no es así? —le preguntó el comandante.

—Sí, señor.

—Pues bien. Tomad el número de asiento de cada pasajero y, el que no lo tenga, a ver quién es y qué explicación da, si es un polizón o qué carajo es.

—Pueda que fuese un terrorista que hizo explotar el avión... —dijo Ramiro, el segundo, sin que los demás llegasen a escucharle.

—¡No digas tonterías Ramiro! —dijo también por lo bajo el comandante en tono enfadado—; si hubiesen puesto una bomba, ¿dónde estaríamos nosotros?

—En el otro mundo —dijo con cierta retranca Paulo que, al parecer, sí había escuchado la conversación.

—¡Comandante! —llamó la misma azafata—, ¿y cómo hacemos para tomar nota de los asientos si no tenemos bolígrafo, papel ni nada con qué apuntar?

—Pues sobre la marcha, váyanlos poniendo por orden, como si fuesen en el avión. ¿Saben en qué dirección se está poniendo el sol? —le preguntó finalmente a Fernando.

—No —contestó rotundo él—. Y es que, además, esos débiles rayos de sol que logran pasar las copas de los árboles, parece que siempre están igual.

—Bueno, no importa. Procuraremos ir siempre en línea recta y malo será que no salgamos de este bosque.

Después de dar las órdenes oportunas, comenzaron la marcha, lenta pero sin atrancos, en una procesión que se antojaba siniestra entre aquella espesa bruma, mientras las azafatas hacían lo que podían para poner a cada pasajero en su lugar correspondiente dentro de un imaginario avión, cosa por otro lado harto difícil.

Fernando, que llevaba a su hijo a caballito, iba junto a su esposa, al lado de Paulo y los oficiales de vuelo.

Pasado un determinado tiempo, la azafata se acercó a la cabecera de la marcha para anunciar:

—Lo sentimos, comandante Quintana. No nos es posible poner a toda esa gente en orden, pues muchos de ellos no se acuerdan del número de su asiento.

—¡Maldita sea! Pues hay que encontrar a ese sujeto como sea. Con disimulo seguid buscando. Espera, ¿no será que alguno de esos niños viajaba con su madre y no ocupaba asiento?

—No, señor. Ya hemos barajado esa posibilidad y los menores cuadran perfectamente con el recuento.

—Pues seguid buscando. Ese pasajero puede ser la clave de todo y a ver si va a resultar ser un tipo peligroso. ¡Era lo que nos faltaba!

Aquel bosque parecía no tener fin y encima no sabían qué tiempo había transcurrido, ni cuánto llevaban caminando. Lo más sorprendente de todo es que nadie mostraba cansancio, ni siquiera los más ancianos. Todos seguían aquella marcha lenta, silenciosa, con la angustia reflejada en sus caras.

De pronto, entre el silencio más absoluto y al pasar por la zona más tenebrosa y oscura del bosque, resonaron unos gritos estremecedores haciendo que todos se detuviesen asustados mirando para todos los lados. Escucharon sobrecogidos gritos que parecían anunciar la misma hecatombe apocalíptica de destrucción y muerte:

—¡Arrepentíos...!! ¡¡Arrepentíos...!!

—¿Quién puede ser? —preguntó muy nervioso el comandante a Fernando que trataba de tranquilizar a su esposa y a su hijo.

—No..., no tengo ni la menor idea, comandante.

–Tengo miedo papá –dijo Óscar abrazado a la cabeza de su padre.

–Disculpadme un momento. Enseguida estoy de vuelta –dijo Paulo al tiempo que se alejaba mientras aquella voz siniestra se expandía por todo el bosque.

–¡Arrepentíos pecadores...! ¡El Juicio Final os espera...!

Paulo se adentró en la espesura mientras aquella siniestra voz, sin duda alguna de un hombre mayor, seguía repitiendo:

–¡¡Arrepentíos malditos...!! ¡El Juicio Final os espera...! ¡Arrepentíos pecadores...!

La gente comenzó a asustarse de verdad; muchos de ellos se echaron a llorar abrazados unos a otros sin que a nadie le diese por escapar.

–¿Quién puede ser papá...? –preguntó Óscar llorando.

–No lo sé, Óscar... Pero tú no tengas miedo, que estoy yo aquí para protegerte.

–Esa voz..., parece de ultratumba –comentó Sara muerta de miedo agarrada a su marido.

Acto seguido, se presentó Paulo con un viejo desarrapado, bajito y delgado, de largas barbas y cabello completamente blanco, sucio, igual que las escasas prendas rotas y de color caqui que llevaba puestas, con los pies envueltos en pieles que le hacían el papel de calzado. Aquellos ojos pequeños y vivarachos eran los de un loco descontrolado que en aquel momento no dejaba de reír mirando a toda aquella gente.

Paulo lo traía agarrado por el hombro sin que el viejo ofreciese resistencia. Al presentarlo ante los demás, anunció:

–¡No os asustéis! ¡Es un pobre hombre que vive aquí..., en pleno bosque desde hace muchos años, por lo que ha perdido la razón! ¡No hagáis caso de lo que diga!

–¡Ha, ha, ha, ha...! –se rió el viejo–. ¡Yo estaré loco pero vosotros...!

–¡Calla! –le gritó Paulo zarandeándolo.

Con un movimiento brusco, el viejo logró zafarse de su opresor, poniéndose a bailar y cantar como un loco cualquiera.

—¡La la..., lalalaaaala...! ¡Vosotros no lo sabéis..., pero estáis todos muertos...! ¡Lala..., lalalaaala...! ¡Estáis todos muertos...!

—Calla, ¡maldito seas...! —le gritaba Paulo tratando de darle caza.

—¡No...! ¡No me callo no...! —dijo el viejo corriendo y saltando con gran agilidad de un sitio a otro sin que Paulo le pudiese coger—. ¡Diles la verdad...! ¡Solo tú sabes la verdad, ya que eres el mediador! ¡Diles de una vez por todas que todos están muertos y que tú vienes para rescatarlos...! ¡Díselo...!

Sin dejar de cantar ni reír, el viejo loco se adentró en el bosque, perdiéndose entre la bruma.

Hubo un silencio penetrante, inquietante; todos miraban hacia Paulo que no sabía cómo reaccionar. Señalando con la mano la dirección que había tomado el viejo, trató de explicar sin conseguirlo:

—Es un pobre hombre que...

Al momento se vio rodeado por Fernando y por la tripulación. Antes de que le preguntasen algo, Vanesa, la azafata, lo señaló diciendo:

—Comandante, este hombre no venía en el avión. Yo tenía dudas, pero mis compañeras aseguran que no viajaba con nosotros.

—¿Qué tiene que decir a eso? —lo increpó el comandante Quintana con gesto duro.

—Está bien..., está bien..., tendré que contároslo todo.

—Sí —insistió también Fernando—. ¿Y qué es eso de que todos estamos muertos y que tú eres el «mediador»? Así que habla, y nada de mentiras.

Paulo dibujó una sonrisa maliciosa meneando la cabeza mientras miraba fijamente a Fernando. ¡Todos, absolutamente todos, que se habían agrupado formando una enorme piña como si buscasen el calor de los demás, el calor de la vida, esperaban angustiados una respuesta! Paulo era consciente de la misión que debía cumplir y por ello la preocupación se reflejaba en su blanquecino rostro de portador de noticias nefastas para todos sin excepción. Él sabía que su labor se había complicado desde el principio; que aquel no era el plan previsto. Se encaró con Fernando, principal responsable de su fracaso.

—Parece mentira que usted —le dijo—, siendo un entusiasta seguidor de la ufología y los misterios paranormales, no se diera cuenta de lo que había, ni siquiera cuando le dije que podríamos estar inmersos en «otra dimensión» o «en otro estado». Pero usted, erre que erre con su teoría de lo absurdo...; más preocupado por su afán de ser protagonista que por aceptar la realidad.

Fernando se quedó como si le hubieran dado una bofetada en la boca. Con la vista buscó a su mujer y allí se quedaron los dos, abrazados, devorados por la angustia.

—¿De qué diablos están ustedes hablando...? —preguntó perplejo el comandante—. ¿Y quién demonios es usted...? ¿Dónde está el avión?

—Está bien..., tendré que decírselo. Yo sé bien donde está el avión, o lo que quede de él, ya que estuve allí. Pero cuando llegué, ustedes ya se habían desperdigado por la *fraga*. Mi misión era recuperarlos..., rescatarlos de sus estados de shock para prestarles la ayuda que precisaban y acondicionarlos para aceptar otra forma de existencia. ¿Comprenden lo que les quiero decir?

—¡Yo lo que quiero es que me diga dónde coño está el avión! —gritó el comandante, a lo que Paulo respondió en voz baja:

—Veo, comandante Quintana, que usted sigue sin comprender absolutamente nada. ¿De verdad quiere ver el avión?

—Es lo que le estoy exigiendo. Quiero saber dónde está y en qué condiciones se encuentra.

—¿Usted también quiere verlo, Fernando...?

—Sí —dijo él abatido—, pero sin los niños, por favor.

—Me parece una postura inteligente. Pero, antes que nada, me llevaré a todos los demás para que no sufran otro shock traumático.

—Llévese también a mi esposa.

—Sí, y a todos que se quieran venir ahora. ¡A ver, un momento! —se dirigió al grupo—. ¡A todos aquellos que se quieran venir conmigo, les prometo que los sacaré ahora mismo de esta *fraga* y los llevaré a un lugar precioso en el que podrán descansar y disfrutar! ¡No tengan miedo! ¡Ya verán cómo, al final, todos ustedes encontrarán la paz que precisan y la felicidad!

Fernando abrazó a su esposa y a su hijo, mientras un grupo bastante considerable de personas, especialmente los mayores, se juntaban en torno a Paulo.

—Enseguida estoy con vosotros —le dijo Fernando a su familia—. No tened miedo.

—Entonces..., es cierto —preguntó angustiada Sara.

—Sí, cariño. Pero tú no te preocupes que nosotros estaremos siempre juntos. Por lo que más quieras, no sufras, cariño..., no sufras.

—¿Y por qué no te vienes con nosotros...? ¿Para qué quieres ver el avión...?

—Necesito verlo. Pero enseguida estoy con vosotros.

—¿A dónde vamos papá? —preguntó Pablo que había pasado a los brazos de su madre.

—A un lugar en el que sin duda seremos muy felices, hijo. Mientras tanto, cuida de tu madre. ¿Vale, campeón?

—Sí, papá. Y tú no te preocupes que yo no tengo miedo. Porque en estos casos, no hay que tener miedo, ¿verdad papá?

—Claro, hijo. Hay que aceptar las cosas como son —le dijo Fernando con lágrimas bailándole en los ojos.

Paulo ya estaba esperándolos. Antes de llevárselos, le dio unas palmadas en la espalda a Fernando para darle ánimos y enseguida emprendió la marcha con un numeroso grupo de seres, perdiéndose entre la bruma y la espesura del bosque.

Aun así, quedaba un grupo muy numeroso de personas y, entre ellos, la tripulación del avión siniestrado. Dirigiéndose a Fernando, el comandante Quintana le preguntó:

—Pero... ¿qué está sucediendo realmente?

—Muy pronto lo sabrá comandante. Pero usted váyase mentalizando, ya que lo que va a ver le resultará desagradable e incluso doloroso.

—¿Entonces..., es cierto que...?

—Sí, comandante Quintana, sí. Y le puedo asegurar que en adelante comprenderá muchas más cosas que antes ni siquiera llegó a imaginar.

—Y usted, ¿cómo lo sabe?

—Pura intuición, comandante. Pura intuición.

Ramiro y las azafatas, con el miedo reflejado en sus caras, seguían con gran interés aquella conversación. Algunas lloraban en silencio mientras otras parecían haber aceptado con resignación su nueva condición. El copiloto, un joven de unos veintisiete años, atractivo y elegante, se palpaba a sí mismo como no dando crédito a la posibilidad de estar muerto, sin comprender absolutamente nada, ni aceptar la evidencia que era una triste realidad. Y otro tanto les pasaba al resto del pasaje, en especial a los más jóvenes.

Paulo llegó enseguida. Traía el rostro contrariado con el rictus amargo del que se debe enfrentar a una situación nada agradable. Informó a todos en general:

—¡Si quieren pueden evitar pasar por el lugar del accidente! De nada les valdrá recrearse en la desgracia..., en las miserias de una tragedia. Deben comprender y aceptar, de una vez por todas, que de todo lo que allí queda ya nada les pertenece... Que, a partir de ahora, habrán de comenzar una nueva existencia en un nuevo estado que en un futuro muy cercano les devolverá la esperanza de vivir de nuevo..., de volver al seno de la familia, al reclamo del amor y a la herencia de la sangre. Siempre se vuelve; siempre y cuando estén lo suficientemente concienciados de lo que fueron y de lo que ahora son: pura energía en estado espiritual. Es por ello que debieran evitar ver las miserias de una tragedia que sin duda causará en todos ustedes un trauma emocional del que seguramente les costará mucho desprenderse, y que provocará atraso en su regeneración para emprender un nuevo destino. Ahora, les vuelvo a preguntar: ¿En verdad quieren ver los restos del avión y todo lo que hay a su alrededor?

Hubo un corto tiempo de reflexión o meditación. El comandante Quintana fue el primero en tomar la palabra:

–Como usted comprenderá señor...

–Llámeme Paulo, por favor.

–Gracias. Como le decía, Paulo, mi deber como primer responsable del avión es ver su estado y tratar de comprender lo que ha pasado realmente.

–Y toda la tripulación irá con usted –dijo Ramiro.

–Lo comprendo y es muy loable por su parte. ¿Ninguno quiere renunciar a ver el avión...?

Al comprobar que nadie decía nada, insistió:

–¿De verdad se quieren quedar todos? –al no obtener respuesta, concluyó–: Bien. Quiero que sepan que ustedes son los dueños absolutos de sus actos y decisiones y, por lo tanto, también son los responsables de sus consecuencias. Aquí, en nuestro mundo, nadie decidirá por ustedes, salvo que el comportamiento de alguien en particular perturbe la paz y la armonía de la comunidad, en cuyo caso sería excluido y trasladado a otro lugar aislado y menos bucólico, digamos, que el que todos ustedes podrán disfrutar. Por ahora tan solo les aconsejo que hagan lo que les pido. ¿De acuerdo?

No llevaban caminando ni cincuenta metros, cuando de pronto se encontraron en un monte escarpado de escasa vegetación y, de sopetón, se vieron sorprendidos por el ruido del motor de un helicóptero sanitario con una camilla al costado, que pasó zumbando sobre sus cabezas. Algunos se asustaron y escaparon para refugiarse de nuevo en el bosque. Pero este ya no existía. Era como si se hubiese volatilizado sin dejar rastro. Completamente confusos, se reagruparon con los demás que se habían quedado paralizados, con la estupefacción reflejada en sus rostros marmóreos mientras contemplaban la enorme extensión de aquel monte en cuya ladera ligeramente suave aún humeaban los restos del avión del que tan solo se veía la cola, con el timón apuntando al cielo. El resto estaba todo esparcido como en un campo de batalla o como por el efecto devastador de un tremendo tornado o huracán. ¡Todo estaba por allí desparramado, mientras un numeroso grupo de personas, sanitarios, autoridades, policías, bomberos y voluntarios de Protección Civil, trabajaban incansablemente recuperando cuerpos calcinados..., irreconocibles, esparcidos en las posturas más dantescas que uno puede imaginar!

Finalmente, la comitiva guiada por Paulo fue pasando por entre los restos de la tragedia, como almas en pena agarrados los unos a los otros, muchos de ellos llorando como si volvieran a estar de nuevo bajo un shock traumático.

Al poco, se abrieron en abanico para buscar entre los restos sus enseres o entre las maletas rotas y abiertas, como si quisiesen recuperar sus pertenencias. Otros se dirigieron al campo de actividad donde estaba la gente trabajando, para ver por ellos mismos la hilera de cadáveres envueltos en papel de aluminio de color oro o en bolsas negras y sábanas blancas, como si quisiesen encontrarse con sus propios cuerpos calcinados, mientras los helicópteros iban y venían entre una actividad vertiginosa.

Paulo y Fernando trataban de desviarlos pero ellos se resistían. El comandante y la tripulación habían encontrado los restos de la cabina, que nada les aclaraba acerca de lo que había sucedido, por lo que, resignados, volvieron al grupo que poco a poco se dirigía a una especie de puerta luminosa situada del lado opuesto de la tragedia; en ella esperaba un extraño ser muy alto y delgado, vestido con una toga de color crema.

Poco a poco todos fueron obedeciendo sin dejar de mirar para atrás. Uno de los mayores, al ver a un joven voluntario sentado en una piedra llorando de impotencia, se le acercó para preguntarle:

—Oiga joven... ¿sabe si la noticia ya llegó a los aeropuertos...? Es que mis hijos me están esperando...

Lógicamente, el joven no se percató de aquella presencia. Lo que hizo fue limpiarse las lágrimas para volver con más brío a la faena. Fue el propio Paulo el que acudió al rescate del hombre, diciéndole para tranquilizarle:

—No se preocupe José, que sus hijos lo superarán y usted y su esposa, también.

—¿Pero ellos ya lo saben...?

—Sí, José. Ya todo el mundo lo sabe.

—Pobres... Lo deben estar pasando muy mal.

—Lo superarán, José. Lo superarán.

Al final, solo quedaron Paulo y Fernando. Antes de entrar por la puerta luminosa, el segundo se volvió para preguntarle:

—Y el viejo de la *fraga*... ¿Quién era en realidad?

—Una ayuda extra, pues usted me estaba poniendo las cosas muy difíciles.

—Vaya..., lo siento, estaba completamente equivocado.

—Qué me va a decir a mí... Pero bueno..., no hay mal que por bien no venga y, después de todo, hizo usted una buena labor y por ello le estoy agradecido.

—Gracias. Pero..., ¿era necesario montar ese espectáculo tan dantesco y aterrador?

—Era la única manera que teníamos para meterles miedo y que reaccionasen de una vez por todas. Si no, por usted estaríamos echando toda la eternidad en el bosque.

—¿Y por qué?

—Porque por ustedes solos jamás hallarían la salida.

—Comprendo. Por cierto, ¿y el bosque?

—¿Qué bosque? Nunca hubo un bosque. Todo era una cortina para aislarlos a todos ustedes de la tragedia. Mi misión era la de guiarlos directamente a la Luz, pero se interpuso usted y me encontré con un escollo en el camino.

—De verdad que lo siento mucho —dijo Fernando que se quedó mirando seriamente la puerta luminosa—. ¿Quién es aquel señor tan alto vestido con una toga...? —le preguntó a Paulo.

—Se llama Mario... Y en adelante será vuestro Maestro y guía. Si siguen sus consejos, todo les irá mejor.

—Qué moreno es... Parece una estatua de bronce recién pulido. ¿Nos veremos luego?

—Posiblemente.

Se dieron la mano y Paulo cedió el paso para que Fernando entrase por aquella especie de puerta luminosa, mientras el primero se quedó en compañía de aquel ser, observando las labores de rescate de las víctimas con los tres helicópteros que estaban operando.

Finalmente, el propio Maestro, posando su huesuda mano en el hombro de Paulo, penetró con el hombre en la luz y, nada más entrar ellos, aquella puerta que llevaba directamente a otra dimensión desapareció sin dejar rastro.

Atrás tan solo quedó la triste y cruel desolación.

Soy consciente de que la historia anterior a muchos de vosotros os habrá resultado sumamente cruel y, de hecho, lo es. La que viene a continuación, «¡Desolación!», a pesar de ser una historia de ficción, sin duda alguna herirá la sensibilidad de muchas más personas. Pero yo, dada mi condición, no puedo ni debo eludirlas, aunque ponga en juego mi código moral. Mi misión es informaros para tratar de protegeros. Luego cada cual es muy libre de hacer lo que le plazca.

A la mayoría de vosotros, los «humanos», influenciados por conciencias políticas o religiosas, os ha de enfrentar tocar un tema tan importante y peliagudo a la vez como es la eutanasia... En medio del dilema está el dolor de las familias afectadas; pero los auténticos perjudicados son los que sufren esa cruda y despiadada realidad al padecer un sufrimiento innecesario. ¡Nadie está en condiciones de saber lo que hay entre una puerta que se abre y otra que se cierra! Es la antesala de la nada en la que habitan las tinieblas, la soledad y la desolación. Y es por ello que exijo que se escriba este relato; para informaros a todos..., ¡a todos en general!, de algo que ignoráis por completo y que ni siquiera vuestra ciencia con toda la tecnología de la que dispone es capaz de descubrir. Pues poned mucha atención, ya que yo os voy a desvelar algo de gran importancia que puede cambiar y mucho vuestra manera de pensar. ¡Y ojo!, que yo no hablo por hablar.

Pues bien: vosotros creéis que una persona que está en un coma profundo o en estado vegetativo no siente ni padece, ya que su cerebro está muerto cuando su encefalograma es completamente plano... Pues sí, ahí tenéis razón. Pero lo que vosotros no sabéis es que todos los humanos tenéis dos cerebros... Sí, sí..., uno físico y otro psíquico-astral... El primero está muerto, sí, pero no el segundo, que mantiene intactos todos sus sentimientos...; es como una especie de energía conectada al Cosmos a través de la cual uno se puede comunicar, ya no solamente con los muertos, sino incluso con los vivos, aunque su voz no pueda ser escuchada. Es este un tema muy complejo que me gustaría explicar con más detenimiento pero se haría demasiado largo, por lo que lo dejaremos para la próxima obra. De todas maneras, quiero que sepáis que esa energía conectada al Cosmos —que es reconocida como «hilo sensorial» o «cordón de plata»—, conserva la memoria de todas vuestras existencias desde el comienzo de la Humanidad. Es vuestro carné de identidad, vuestra alma. Y al igual que los espíritus que os acompañan y protegen, los que están sumergidos entre tinieblas también os pueden escuchar. Este es el tema principal de este corto pero desgarrador relato, y si de verdad alguna vez tuvieseis la capacidad de conectaros con una de estas personas, os sorprendería mucho escuchar sus auténticas preocupaciones. De momento, conformaos con leer esta historia.

ELB-AMAH

¡Desolación!

El ulular de la sirena de una ambulancia se expandía por la ciudad un sábado cualquiera de madrugada, como un aullido maléfico anunciando una desgracia, provocada una vez más por un fatídico accidente de tráfico.

En la entrada de urgencias de un hospital, los servicios de asistencia en carretera informaban al personal de guardia en el momento de bajar una camilla por la parte trasera de la ambulancia con un cuerpo ensangrentado:

—¡Varón, veinticuatro años! Accidente de automóvil. Presenta un TCE[1] con pérdida de masa y múltiples fracturas en extremidades y torácica. ¡Estado extremadamente grave!

—¡Venga, rápido! —ordenó el jefe traumatólogo de guardia—. Al quirófano tres. ¡Moveos y que preparen todo para una intervención urgente!

◌

Una semana después

A través del cristal de la UCI, una señora de unos cincuenta y muchos años pero con el rostro envejecido por el sufrimiento, contemplaba llorosa a su hijo conectado a las máquinas por multitud de cables y tubos mientras un equipo médico estudiaba la evolución del paciente.

Las caras de preocupación no eran muy halagüeñas y la señora lo sabía, pero en su pecho albergaba la esperanza de

---

1   Traumatismo craneoencefálico.

un milagro. «Otra vez no, Dios mío. Ya que he perdido a mi marido; no te lleves ahora a mi hijo...» rezaba para sus adentros.

El doctor Troncano, jefe de traumatología, se dirigió a ella con la expresión agria del informador. Debería estar acostumbrado después de cuarenta años de oficio pero no, la sensibilidad le podía, en especial en estos casos cuando se trataba de jóvenes y niños.

La señora, con las manos cruzadas, crispadas por los nervios y ojos abiertos que expresaban desesperación, abordó al médico nada más salir al pasillo.

—¿Cómo está doctor...? ¿Cómo ve a mi hijo...? —le preguntó con un hilo de voz quebrada por la amargura.

Alto y delgado, de blanco inmaculado, el doctor Troncano se rascó la ceja derecha en un gesto de cansancio quizás por tener que informar de lo mismo cada día.

—Señora Márquez... Usted debe hacerse a la idea de una vez por todas, ya que la situación de su hijo es muy crítica...

—¿Pero se salvará? —le dijo ella con un grito desesperado.

—Señora Márquez... la ciencia ya hizo todo lo humanamente posible por salvar a su hijo y ahora le corresponde luchar a la propia naturaleza del muchacho pero...

—¿Pero qué, doctor? —le interrumpió ella de nuevo, encogida en sí misma como si hubiera recibido el impacto de una flecha que el propio destino hubiese lanzado contra su ya roto corazón.

No le resultaba nada fácil al doctor ser contundente en su diagnóstico. Por propia experiencia sabía que regalar ilusión gratuitamente a un familiar era desacreditar su profesionalidad y al mismo tiempo crear frustración y dolor añadido. Por eso él solía utilizar la teoría que dice: «Al sano dadle la realidad, y la ilusión reservadla para el enfermo».

—El estado de coma es irreversible —dijo el facultativo con firmeza—. La vida de su hijo, señora Márquez, pende de un hilo... Puede que dure horas, días, meses o años incluso, pero en el supuesto caso de que llegase a despertar, Carlos jamás volvería a ser lo que fue... Lamento comunicártelo señora Márquez, pero debo hacerlo para no llamarnos a engaño. Si su hijo saliera del coma, sería un vegetal... ¡Siento de verdad tener que comunicárselo tan crudamente! Nosotros ya no podemos hacer más de lo que estamos haciendo. De hecho, si lo desconectásemos ahora mismo, su hijo no duraría ni quince minutos.

—¡No...! ¡Por Dios, se lo suplico doctor...! —gritó la señora Márquez aferrada a la bata del doctor Troncano—. ¡No permita que pierda a mi hijo...! ¡Por Dios se lo suplico, que yo no podría vivir sin él...!

El médico, ayudado por sus asistentes que se mantenían al margen, tuvieron que sujetar a la mujer para que no se desplomase en el suelo.

☙

En un momento dado, sin saberse exactamente cuándo, Carlos Fernández Márquez despertó de un profundo sueño para encontrarse sumergido entre tinieblas. Era una especie de neblina transparente que incluso parecía desprender cierta claridad pero él no comprendía absolutamente nada. «¿Dónde estoy...?» pensó para sí. «¿Qué lugar es este...?» se preguntó al tiempo que trataba de escudriñar entre la niebla por delante y por detrás, por un lado y por otro sin ver absolutamente nada y, por no ver, ni siquiera se veía a sí mismo. Era como si fuese invisible o parte de aquellas tinieblas. «Ya lo sé. Estoy soñando..., padeciendo una pesadilla horrible...

¡Despierta Carlos, despierta!» dijo a plena voz, pero no despertaba y cada vez se estaba poniendo más nervioso mientras un miedo atroz comenzaba a apoderarse de él.

Sin noción del tiempo, la situación se le antojaba preocupante... Era consciente de que aquello no era normal; estaba al margen de toda lógica con aquella neblina constante e insípida envuelta en un silencio tan penetrante que le producía sensación de vacío y vértigo a la vez. La angustia comenzó a apoderarse del muchacho, que comenzó a gritar con todas sus fuerzas: «¡Hola...! ¡¿Hay alguien por ahí...?! ¡¿Alguien me puede escuchar...?!» Ni siquiera el eco le respondía. «¡Dios mío...! ¿Pero... dónde estoy...? ¿Qué lugar es este...? ¡¡Socorro...!! ¿Alguien me puede escuchar...? ¡Mamá...! ¿Dónde estás...? Mamá...» y, sin más, comenzó a llorar desconsoladamente.

A pesar de no verse a sí mismo, percibió la sensación de que podía desplazarse. «Es..., como si caminase entre las nubes» pensó, y comenzó a andar, primero despacio, con temor, y luego emprendió una carrera sin rumbo fijo, sin una meta, y sin cesar de gritar: «¡¿Hay alguien por aquí...!? ¡¿Alguien me puede escuchar...?!» Rendido ante la evidencia, se dejó caer boca abajo (o eso creyó él) y lloró amargamente, y así se quedó hasta que poco a poco se fue tranquilizando y mentalizando a la vez de que tenía que dejar de llorar como un niño y procurar pensar, analizar la situación para encontrar una lógica a aquella locura en la que estaba sumido.

Pensó y pensó barajando muchas posibilidades y la que predominaba sobre las demás era la idea de que estaba muerto. Pero, a pesar de ser escéptico respecto a todas esas creencias sobre el Más Allá y todo lo relacionado con la parapsicología, se preguntaba si en realidad estaba equivocado y efectivamente había otro tipo de existencia después de la muerte. ¿Qué hacía él allí, solo..., en aquel reino de soledad? Y no estaba con su padre que hacía tan solo diez meses que había fallecido... «No, no puede ser. Tiene que haber otra explicación» pensó.

Fue entonces cuando trató de recopilar los últimos recuerdos que tenía para ver si a través de ellos podía encontrar una pista aclaratoria. Pero le costaba recordar... Recibía como una especie de flashes cortos y en ellos llegó a ver a su hermana Gloria, dos años mayor que él y embarazada de seis meses, que le felicitaba toda contenta. Luego estaba su madre que parecía muy feliz también y le ajustaba el cuello de la camisa y, a continuación, vio una celebración con sus amigos. A partir de ahí, por mucho que se esforzaba no era capaz de seguir recordando.

«Sí..., era la celebración de fin de carrera en la universidad... Estaba con mis compañeros de telecomunicaciones. Pero, ¿qué pasó entonces...? No recuerdo absolutamente nada más... ¿Probé algún tipo de droga...? ¿Tuve un accidente al volver a casa...? Es lo único que se me ocurre pensar ya que no encuentro ninguna explicación lógica a todo esto que me está pasando y solamente espero y deseo de todo corazón, esté vivo o muerto, que mi estancia en este mundo de soledad sea un tránsito corto para no enloquecer».

Ignoraba cuánto tiempo había pasado desde que había despertado de aquel profundo sueño y se había encontrado inmerso en aquel mundo de desolación, que bien pudiesen haber sido horas o quizás días, o posiblemente semanas. No tenía ni la más remota idea, ni la posibilidad de controlar el tiempo por culpa de aquella neblina perenne en la que no había días ni noches. ¡Ni siquiera podía controlarlo por sus necesidades naturales y biológicas, ya que no tenía sueño, no tenía hambre, no orinaba ni nada de nada!

Se encontraba como aletargado, entregado, a la espera de ver lo que el destino le tenía reservado, cuando de pronto escuchó un suave murmullo como enlatado que parecían voces femeninas, aunque no entendía absolutamente nada.

«¡Parecen chicas y deben andar por aquí cerca!» pensó entusiasmado y ello le animó a echarse a correr sin cesar de gritar: «¡Hola...! ¡¿Hay alguien por aquí...?! ¡Hola...! ¡¿Alguien me puede escuchar...?!» Para su desolación, nadie respondió a su llamada. El silencio se había adueñado de nuevo del mundo de la eterna desolación.

Carlos se rindió, dejándose llevar como un alma perdida en la procura de la luz, de la esperanza. Entre lágrimas suplicaba: «Que alguien me ayude por favor... Que alguien me saque de aquí... ¡Dios mío...!»

Pasado otro espacio indefinido de tiempo, volvió a escuchar otra vez esa especie de murmullos enlatados aunque esta vez eran voces masculinas. Puso toda la atención en escuchar e incluso llegó a descubrir al menos tres voces distintas. «¡Oigan...! ¡¿Me pueden escuchar...?! ¡¡Por favor...!! ¡¿Me pueden escuchar...?!» Aquellas voces seguían con su letanía sin que Carlos pudiese saber de qué hablaban. Al parecer, su llamada desesperada no había sido escuchada. Después, volvió el maldito silencio.

A partir de ahí descubrió que aquellos murmullos se sucedían cada equis tiempo; primero las voces femeninas y más tarde las masculinas. Entonces decidió agudizar el sentido del oído para tratar de averiguar quiénes eran y de qué hablan. Después de escuchar unas cuatro veces más, comenzó a captar algunas palabras sueltas hasta que por fin escuchó con bastante nitidez la voz de una chica que parecía hablar con otra a la que a él le costaba entender, ya que aquella voz le resonaba con bastante eco, como si procediese de una cámara acorazada. Activó todos sus sentidos para escuchar con toda atención: «Primero, lo lavamos por este lado..., así, con mucho cuidado». A continuación, escuchó con el mismo eco la respuesta de la otra chica que decía: «¡Joder...! Desde luego, no hay derecho a mantener a una persona así, en este estado... Con lo guapo que es...» «Sí, al pobre más le valdría haberse muerto en el accidente junto con sus compañeros...» «¿Eh...? ¿De qué accidente hablan...? ¡Señoritas! ¿Me pueden escuchar...? ¡Señoritas por favor...! ¿Me pueden escuchar?» gritó aterrorizado Carlos. «Bueno..., ya estás todo guapo Carlos. Hasta mañana» dijo la primera, ignorando por completo la súplica del chico. «¿Tú crees que te escuchará...?» preguntó la segunda. «¿Cómo va escuchar mujer, si tiene el encefalograma completamente plano...? Este pobre ahora es un vegetal que hay que cuidar, como se cuida una planta y nada más». «¡Qué pena de muchacho!» «¡No..., esperen por favor, que yo las puedo escuchar perfectamente...! ¡No se vayan por favor...! ¡Ayúdenme...! ¡Socorro...!»

El silencio volvió al reino de las tinieblas.

Después de mucho llorar amargamente su desgracia y la de sus amigos, en un momento de lucidez, Carlos tuvo la templanza suficiente como para recapacitar y centrarse en los recuerdos. «Tengo que forzar el cerebro al máximo y recordar lo que ha pasado realmente... Necesito saberlo».

Le costaba mucho recuperar la memoria pero, poco a poco, los recuerdos fueron aflorando a su mente y... sí, comenzó a recordar aquella celebración con todos sus compañeros de la universidad... Había acabado la carrera de telecomunicaciones con muy buenas notas... sí, y empezó a acordarse de que, con siete de sus mejores amigos, habían decidido celebrarlo por todo lo alto... «Sí..., por la tarde noche, estuvimos de alterne por el casco viejo tomando unos cubatas y..., luego decidimos ir a tomar un churrasco...» Se quedó en silencio tratando de recordar, de forzar su mente psíquica y entonces comenzó a revivir la película de aquellos últimos momentos antes de la desgracia. Se vio a sí mismo conduciendo su propio coche... A su lado iba Lucía y atrás, Juan y Balbuena... El otro coche lo llevaba Edgar y con él iban María, Sara y Pancho..., cinco chicos y tres chicas en total, todos «telecos»... Lo recordaba perfectamente. Incluso pudo ver lo mucho que se rieron durante la cena y después, con los postres y las copas, hasta que Edgar propuso: «¡Y ahora, a la discoteca!» Carlos recordó que aquella propuesta no le había gustado ya que tenían que desplazarse unos ocho kilómetros por una carretera secundaria con todo lo que habían bebido, pero al ver el entusiasmo de los demás compañeros no se opuso. Simplemente se propuso conducir con cuidado.

Al poco se vio conduciendo su coche en plena oscuridad por una solitaria carretera. Dentro del coche reinaba el caos y, de pronto, Edgar lo adelantó tocando la bocina para picarlo. Pero Carlos decidió no entrar al trapo por lo que tuvo que aguantar a los otros ocupantes que lo incitaban a que adelantase, pues su coche era más potente que el otro. Finalmente se decidió a hacerlo pero sin percatarse de lo cerca que había una pronunciada curva hacia la izquierda... Los dos coches iban a la par y los unos se metían con los otros a través de las ventanillas abiertas cuando, de pronto, de la misma curva aparecieron las luces de otro automóvil. Edgar frenó para dejar pasar a su compañero pero a este solo le dio tiempo de pegar un volantazo a la derecha para no chocar de frente contra el otro vehículo... Y, a partir de ahí, ya no recordaba nada más.

«¡Dios mío! ¡He matado a mis amigos...!» se lamentó llorando. «¡Por qué, Dios mío, por qué no me dejaste ir con ellos...! ¡Lucía...! ¡Juan...! ¡Balbuena...! ¡Venid a buscarme por favor...! ¡Llevadme con vosotros...! ¡Ah...! Llevadme con vosotros... No me dejéis aquí...., no me abandonéis por favor...»

Le costó bastante volver a calmarse para analizar en profundidad la situación, llegando a la conclusión de que si realmente estaba en estado vegetativo según las enfermeras, por fuerza entonces debía encontrarse en otro tipo de estado..., en otra dimensión en la que se puede escuchar perfectamente a los vivos. ¡No lo comprendía muy bien! «Entonces, debo estar atrapado entre dos mundos... Entre el mundo de los vivos y el mundo de los muertos... En tierra de nadie o en el reino de la soledad... ¡Dios mío! Me volveré loco si echo mucho tiempo aquí... ¡Ayudadme a morir por favor...!» clamó llorando. «¡¡Quiero ir con mis compañeros...!! ¡Y con mi padre...! ¡¡Papá...!! ¿Dónde estás papá...? ¿Por qué no acudes en mi ayuda...? ¡¡Ah...!!

La desolación se tornaba en una desesperación cada vez mayor y Carlos ya no sabía qué hacer. «Si al menos pudiese dormir durante unas horas para olvidarme de esta pesadilla...» Pero allí nada parecía existir; ni el sueño, ni el hambre, ni la sed..., ni siquiera él, que seguía sin poder verse a sí mismo. Por todo ello se hallaba sumido en la más grande de las desolaciones.

Carlos, sin duda alguna era un muchacho inteligente y ya tenía asumido que jamás volvería a ser una persona normal y que, dependiendo de su propia naturaleza física, podría estar así durante muchos años y eso era precisamente lo que lo atormentaba. Pero, aun así y todo, mantenía la esperanza de que de un momento a otro se produjese el desenlace final..., la liberación. Él se imaginaba tendido en una cama de la UCI conectado a un sinfín de tubos y cables, y que de un momento a otro tendrían que desconectarlo. Por eso decidió mantenerse con los sentidos en alerta para escuchar las voces del exterior, que le servirían de fuente de información.

Esas noticias no tardaron en llegar. Esta vez era la voz de un hombre, en apariencia mayor, que aunque hablaba bastante bajo, él podía escuchar perfectamente a pesar del eco.

—Bueno... Las constantes vitales se mantienen bastante estables y la verdad es que ya no sé qué más podemos hacerle. Este muchacho tiene un corazón tan fuerte que puede estar así años y años.

«¡No lo permitan por Dios!» gritó Carlos.

—¿Y si probásemos a desconectarlo del todo para ver cómo reacciona? —propuso otra voz distinta.

—Yo por mí lo haría ahora mismo, pero la madre no nos dará el permiso, por lo que nos podemos meter en problemas ya que ella es una mujer de fuerte carácter y, además, cuenta con muchas influencias que nos pueden buscar las cosquillas.

«¡No le hagan caso a mi madre por favor...! ¡Ella está influenciada por el párroco y jamás dará su consentimiento! ¡Olvídense por un momento del juramento hipocrático que han hecho y ayúdenme a morir, por favor...!» gritaba Carlos desesperadamente sin ser escuchado.

—Pero doctor Troncano... Este muchacho ya lleva más de mes y medio aquí..., algo tendremos que hacer. Yo propondría ir desentubándolo poco a poco para ver cómo reacciona y mandarlo a planta o a su casa —propuso una tercera persona.

«¡Sí, gracias sea quien sea...! Háganlo por favor...» suplicó Carlos.

—Sé que no le falta razón doctor Negreira... Deje que hable de nuevo con la señora Márquez... A ver si la convenzo de la necesidad de ir desconectando poco a poco a su hijo para que se lo pueda llevar a su casa.

«¡Hágalo, por favor, doctor Troncano, hágalo por favor, pero sin comentarlo con ella!» insistió Carlos.

—Para curarnos en salud, le puede decir a la señora Márquez que con ello se corre cierto riego, para que ya esté mentalizada de lo que pueda pasar —sugirió el de antes.

«¡No, por favor! ¡No le digan nada de eso que si no mi madre no lo permitirá...!»

El silencio volvió a su reino dejando a Carlos más angustiado de lo que estaba. Conociendo como conocía a su madre, estaba completamente seguro de que no daría el consentimiento si no le aseguraban que todo saldría bien, y eso le condenaría a él a vagar eternamente entre tinieblas. «Si pudiese comunicarme con los doctores...» se puso a pensar en alto, «si pudiesen escuchar mis súplicas, seguro que me ayudarían... Pero, ¿cómo podría hacerlo? Si al menos pudiese mover el dedo índice de la mano derecha, podría mandar mensajes con el código morse que aprendí en la universidad... ¿Y si... me entrenase mentalmente para...? Claro que, si mi cerebro está completamente muerto, jamás recibirá órdenes, a no ser que le quede un hilo de vida, la suficiente como para mover un dedo; eso sería mi salvación... ¿Por qué no intentarlo? ¿Qué puedo perder...? ¿El tiempo...? Tengo todo el tiempo del mundo y, además, me servirá de entretenimiento. ¡Qué paradójico resulta esto!: hallar la salvación con la muerte. Solo esta será la liberación. Reunirme con mis amigos y con mi padre es lo que más anhelo...»

A partir de aquel momento, Carlos se entregó a un entrenamiento intensivo para tratar de mandar un mensaje, corto pero conciso, sin saber si podría o no mover el dedo índice de su mano derecha. Pero, aun así y todo, no cesaba en su intento: «Punto, punto, punto... (S); raya, raya, raya... (O); punto, punto, punto... (S); raya, punto, punto... (D); punto... (E); punto, raya, raya, raya... (J); punto, raya... (A); punto, raya, punto... (D); raya, punto, punto... (M); punto... (E); raya, raya... (M); raya, raya, raya... (O); punto, raya, punto... (R); punto, punto... (I); punto, raya, punto... (R): SOS. Dejadme morir. «Sí, ese debe ser el mensaje que debo trabajar».

Y así se pasaba el tiempo sin distraerse para nada en pensar en otras cosas. Mientras, fuera de su mundo, los días iban pasando. Él podía controlarlos por las chicas que cada mañana iban a lavarlo y, más tarde, por las visitas médicas. Pero Carlos apenas les prestaba atención y tan solo, cada vez con más rabia, mandaba su mensaje de socorro: «SOS. DEJADME MORIR»; «SOS. DEJADME MORIR».

Pasados unos siete días, llegó a sentir que le retiraban la respiración artificial y pudo escuchar al doctor Troncano decir:

—Bueno... Respira bien por sí solo. ¿Y los drenajes...? ¿Cómo van...?

—Bastante bien. Desde luego este chico es todo un portento físico —comentó otro de los doctores. Pero a Carlos ya nada de eso parecía importarle y no quería mejorar ya que ello lo condenaría para el resto de su vida a seguir viviendo entre tinieblas.

Unos días después, escuchó una voz que le era sobradamente conocida: la de su madre.

—Hola cariño. Por fin los médicos ya me dejan estar un poco contigo a solas y, aunque ellos dicen que eres un vegetal que ni siente ni padece, yo estoy completamente segura de que tú sí me puedes escuchar a mí, ya que la voz de una madre llega hasta el infinito y mucho más. Mira, te cuento: el mes pasado, los cabrones de los médicos te querían desentubar y mandarte para casa sin más, con el riesgo de que te murieses, pero yo les tuve que poner firmes e incluso amenacé con denunciarlos si a ti te pasaba algo. ¿Ves como tenía razón? Ahora ya estás mucho mejor y muy pronto podremos llevarte a casa y ya verás; estarás como un rey. Y ahora que pronto nacerá tu sobrino..., los tres pasaremos mucho tiempo juntos y seremos muy felices...

«¡¡No....!! ¡¡No...!!» gritó desesperadamente Carlos.

A partir de entonces, el muchacho insistía con descorazonamiento en mandar las señales hasta que, llegado un momento, pudo sentir el tacto del dedo índice de su mano derecha golpear contra algo blando, que bien podía ser el colchón de su cama o camilla. Eso lo llenó de alegría y emoción a la vez, pues había logrado su objetivo. «¡Lo he conseguido...! ¡Lo he conseguido...!». Ahora tan solo faltaba que alguien tuviera un mínimo de conocimiento de morse y entonces podría comunicarse con el exterior antes de que su madre lo llevase a casa... «¡Sí, sería fantástico que alguien pudiese socorrerme...; alguien con la sensibilidad suficiente para ayudarme a morir...! Seguiré practicando sin cesar de mandar mi señal de socorro y que Dios me ayude... por favor». Y así, con los sentidos centrados en su quehacer, pasaba todo el tiempo procurando no pensar en otra cosa que lo distrajese hasta que...

—Bueno Carlos... Aquí estamos de nuevo para ponerte guapo...

«¡Son las enfermeras...! ¡Ellas, por fuerza, tienen que darse cuenta de mis señales, aunque no las entiendan!» se animó Carlos nada más escuchar a una de las chicas.

—Venga, Carla. Vamos a girarlo hacia mí, y tú pásale el paño por la espalda, así.

—Este pobre cada vez está más escuálido y deformado. ¡Qué pena me da! —comentó la otra chica.

—Es normal... Ya lleva aquí más de tres meses y cada vez, por la inactividad de la masa muscular, más y más se irá deformando. Bueno... Tú lávalo por ese lado, y yo por este... La carita ya está, ahora el pecho...

—¡Anda, mira! Está moviendo un dedo... —anunció la segunda chica.

«¡Bien! ¡Gracias a Dios que se han dado cuenta...!» pensó alborozado Carlos.

—¿A ver...? Pues sí. Sin duda alguna, se trata de un reflejo.

«¡No..., no..., no se trata de un reflejo, no...! Poned atención: SOS. SOS... ¡Es una llamada de socorro...!» trató de explicar Carlos inútilmente.

—De todas maneras, deberíamos comunicárselo al doctor Troncano, ¿no crees...?

—Sí, claro...

«¡Gracias chicas, quienes quiera que seáis...! ¡Que Dios os bendiga a las dos!»

Pasado un corto espacio de tiempo, Carlos sintió a los médicos e incluso como le andaban en el dedo, mientras él no cesaba de mandar el mensaje: «SOS. DEJADME MORIR... SOS. DEJADME MORIR...»

–Nada –concluyó el doctor Troncano–. Es un simple reflejo....

«¡No..., no es un reflejo...! ¿No se dan cuenta de que son señales de Morse...? ¿Nadie se da cuenta...? ¡Es un SOS de socorro, joder...!»

–Bueno... Yo creo que para mañana podremos ordenar su traslado al domicilio. ¿Qué os parece?

«¡No...! ¡No hagan eso por favor...! No lo hagan por favor...» remató Carlos llorando amargamente.

Un año después

En una habitación soleada, una abuela sentada en una mecedora mecía una cuna con un bebé de unos seis o siete meses dentro, que no cesaba de patalear. Con la cabeza inclinada hacia él y con una sonrisa embelesada, la abuela le cantaba una vieja canción nostálgica recuerdo de su infancia: «¿Dónde vas Alfonso XII...? ¿Dónde vas triste de ti...?»

El bebé, muy nervioso, extendía los brazos para que lo cogiesen y la señora Márquez, no pudiendo resistirse a su encanto, con gesto cariñoso lo tomó en brazos.

–Quieres venir con la abuela, ¿verdad, cariño? Anda, ven –y como el niño se negaba a dormir en su regazo, lo puso derecho sentado en sus piernas, al tiempo que lo giraba a su izquierda para señalarle—: Mira... Mira cariño el tío Carlos qué contento está.

Al verlo, el niño escondió la cara de aquel cuerpo desfigurado, inclinado, medio torcido, tendido en una cama junto a la ventana abierta de la casa familiar. Aquellos ojos extraviados parecían mirar hacia ellos sin ver absolutamente nada, mientras la cabeza ladeada, deformada, con las cicatrices de la desgracia entre el cabello revuelto, le daba un aire benevolente, de ausencia total de la realidad, con la boca entreabierta, la lengua colgándole y las babas cayendo... Estaba inerte, con los brazos escuálidos por fuera de la sábana. Tan solo el índice de su mano derecha daba toquecitos inaudibles contra el colchón.

—Es el tío Carlos, ¿ves?, ya mueve un dedito y ya verás como dentro de muy poco podrá llegar a caminar y luego podremos pasear los tres por el parque. No llores cariñín... ¿te sigo cantando? «Merceditas ya se ha muerto....»

Entre la letra de la triste y deprimente canción, mientras ella se balanceaba en la mecedora, en el aire flotaba un mensaje, una llamada de socorro a la desesperada: «SOS. Dejadme morir...»

«El vestido que llevaba...»

«Ti... Ti... Ti... Tiii... Tiii... Tiii.. Ti... Ti... Ti... SOS Ti...

«Los zapatos que llevaba...»

«SOS. DEJADME MORIR... SOS. DEJADME MORIR...»

Y así, hasta saber cuándo.

Una semana después

Fue al atardecer de un lunes. En el salón, sentadas en un sofá viendo la televisión, se encontraban la abuela con su nieto y su hija y al lado, en una camilla ortopédica, permanecía el cuerpo inerte de Carlos que no cesaba de mandar seña-les con el dedo índice de su mano derecha, cuando de pronto sonó el timbre de la puerta de casa.

—¿Quién puede ser a estas horas? —le preguntó la señora Márquez a su hija Gloria.

—No lo sé, mamá. Paco no es, pues él tiene llave. Yo misma abriré.

Al abrir la puerta, Gloria se encontró con un joven apuesto, de unos veintiséis años que, con emoción contenida, dijo:

—Buenas tardes, señora. Verá, me llamo Edgar y soy compañero de estudios y amigo de Carlos y..., por trabajo, me tengo que marchar para Barcelona. Pero antes, si usted me lo permite, me gustaría despedirme de él.

—Sí, hombre, pasa, pero te advierto que la visión no te resultará nada grata... Mira, mamá..., se llama Edgar y es un amigo de Carlos que viene a despedirse de él.

—Pasa, hijo, pasa... Mira qué bien, Carlos. Por fin viene un amigo a visitarte.

Nada más entrar en el salón y ver aquella estampa, a Edgar se le hizo un nudo en la garganta. Sin poder contener las lágrimas, se inclinó sobre Carlos cogiéndole la mano de-recha para decirle:

—Lo siento amigo... Siento mucho lo que ha pasado y...

Edgar se quedó callado, asombrado se diría, mirando el dedo de su amigo que golpeaba insistentemente la palma de su mano derecha.

—¿Pasa algo...? —le preguntó Gloria un tanto sorprendi-da, viéndolo allí de pie.

Girando la cabeza lentamente, Edgar anunció:

—Carlos..., Carlos está mandando un mensaje en morse...

—¡Qué va, hombre...! Eso es, según los médicos, un reflejo nervioso —se apresuró a aclarar la señora Márquez.

—No, señora. En la universidad hemos aprendido morse y Carlos está mandando un mensaje... Por favor, traigan una libreta o un papel y un bolígrafo.

Gloria se apresuró a ir a buscarlo mientras la madre de Carlos comenzaba a ponerse furiosa. Increpó al muchacho:

—A usted no lo mandarán los médicos esos asesinos que quieren acabar con la vida de mi hijo, ¿verdad?

—¡Mamá! Deja de decir tonterías.

—¡No son tonterías! y tú —se dirigió a su hija— estás compinchada con ellos ya que siempre estuviste a favor de la eutanasia, de eso de querer asesinar a tu propio hermano.

—¡Mamá...! Te lo repito una vez más: o razonas o cojo al niño y te dejo aquí más sola que la una. ¡Y ahora calla y escucha!

A Edgar se le veía asustado. Posó rápidamente la mano de Carlos sobre el dorso de su mano sujetándole el dedo.

—Por favor... Usted misma vaya apuntado las letras que le vaya diciendo. ¿Está preparada? Bien, comenzamos —dijo mientras quitaba su mano izquierda de encima de la de Carlos, que era la que la aprisionaba. Al verse libre, el dedo comenzó a mandar el mensaje. Los puntos eran un toque limpio y las rayas las señalaba manteniendo fijo el dedo durante unos dos segundos—. Apunte: «S» «O» «S» «D» «E» «J» «A» «D» «M» «E» «M» «O» «R» «I» «R».

—¡Dios mío! —gritó Gloria—. ¡Es una llamada de socorro para que le dejemos morir!

—¡Eso es mentira! —se opuso la señora Márquez dejando al niño en el sofá para levantarse como una fiera herida y encarar a su hija y a la visita.

Antes de que madre e hija se enzarzasen en una discusión, Edgar se interpuso para decir:

—Señora, si no me cree, hagamos una cosa. Ahora mismo llamo a otro compañero para que venga inmediatamente y, sin nosotros decirle nada, le pedimos que descifre el mensaje. ¿Están de acuerdo?

—Hazlo, por favor —le pidió Gloria con lágrimas brotando de sus ojos negros.

En el momento en que la madre iba a oponerse, apareció en el salón un hombre de unos treinta y pocos años que, con gesto taciturno, preguntó:

—¿Qué está pasando aquí?

La propia Gloria puso al tanto a su marido de lo que ocurría y la señora Márquez, por el respeto que le tenía a su yerno, cambió de actitud, volviendo de mala gana al sillón con su nieto, mientras Edgar hacía una llamada.

—¿Pancho...? ¿Dónde estás...? ¿Con Sara...? Estupendo. Pues veníos urgentemente los dos a casa de Carlos... Es muy urgente. Ya hablaremos. Bueno —dijo finalmente—, afortunadamente estaban cerca y en unos diez minutos estarán aquí. Sara es otra compañera que acabó la carrera con nosotros.

Mientras esperaban, Edgar intentó entrar en comunicación con Carlos, primero con la voz, luego con el propio código morse, pulsando en el anverso de la mano derecha de su amigo. Pero la respuesta, era siempre la misma: «SOS. DEJADME MORIR».

Lo que no sabía Edgar, ni nadie, es que Carlos, después de mucho sufrimiento, sumido en la más profunda desolación había ido perdiendo paulatinamente el control de su mente psíquica... Había enloquecido, quedándose atrapado en la paranoia de aquella frase que durante más de un año llevaba repitiendo sin cesar.

Al llegar los otros dos amigos pudieron corroborar que el mensaje era claro, sin dejar lugar a la duda. A partir de ahí, Gloria, su marido y Edgar, que finalmente decidió quedarse, así como un grupo bastante numeroso de estudiantes, comenzaron una auténtica cruzada con la Administración para solicitar la eutanasia para Carlos. La lucha se presentaba larga y la victoria final aún está por llegar. Pero eso es harina de otro costal.

¡Bien! Hasta aquí os he contado algunos casos que sin duda alguna han pasado, pasan y seguirán pasando... Claro está que todo, absolutamente todo es relativo, como relativa es vuestra existencia, pues no hace mucho salisteis de una probeta... Pero eso es parte de otra historia que se puede aceptar o no. No obstante, si lo saco a relucir es para haceros ver (¡y no me cansaré de repetirlo!) lo obtusos que llegáis a ser... ¡Y es que no tenéis término medio! O sois unos fanáticos religiosos que os creéis las tonterías más absurdas que os inculcan vuestros líderes espirituales para manteneros en el redil de la ignorancia (llegando incluso a disponer de vuestras vidas), o sois unos agnósticos convencidos que pasáis de todo, o unos desorientados que os dejáis llevar como maderos por la riada de la vida bajo la promesa de alcanzar nuevos cielos. Y es que debéis reconocer que mentalmente sois muy débiles; que os cuesta mucho evolucionar por culpa de esos genes que aún conserváis del ser primitivo del paleolítico que todavía lleváis dentro que solo, poco a poco, generación tras generación, irá desapareciendo.

Todo esto viene a cuento por la historia que viene a continuación escrita para demostraros lo obcecados que sois por no dar el brazo a torcer respecto a lo que contradice vuestras creencias: vuestras propias ideas. «Presagio» es una historia real, contada por el propio protagonista, que por pudor puso como condición ocultar su identidad y la de su familia... Está bien, se la respetaremos, pero el lector avispado enseguida lo delatará. ¡Es todo tan evidente! Pero lo cierto es que, a raíz de aquella experiencia paranormal ocurrida en el 1975 y que duró casi un año, la vida del protagonista dio un giro radical, a pesar de que él mismo (influenciado quizá por sus ideales y su agnosticismo) había rechazado aquellos hechos que le llevaron a pasar por el mismo umbral de la muerte.

Sí, se puede decir que Pablo (así le llamaremos) es un privilegiado; un resucitado que recuperó la «razón» y, desde entonces, como «mensajero» del Más Allá e influenciado también por mi presencia, le entró la pasión por la escritura, a pesar de ser un hombre que por las circunstancias adversas de la vida apenas pudo ir al colegio y, por no tener, ni siquiera pudo sacar el graduado escolar. Es este un caso muy característico de los supuestos «resucitados» que pasan a ser sujetos abnegados a mi voluntad.

De cualquiera manera, preparaos para leer una historia realmente impresionante.

ELB-AMAH

Presagio

Lunes, 24 de marzo de 1975

«Padre nuestro que estás en los cielos, santificado sea tu nombre...»

Todos estábamos allí, en la pequeña y provisional iglesia de San Martín de Coia. Las tonalidades de los lutos más cerrados de los familiares de la aldea se confundían con los colores de los de la ciudad, pero todos, absolutamente todos, estábamos unidos por el mismo dolor.

«...dale Señor el descanso eterno. ¡Dale la vida! y la luz eterna....»

Aquel ritual, con sus cantos enternecedores, eran espinas más dolorosas, si cabe, para los corazones de los que habían sufrido la pérdida de un ser querido... «Un año ya...» pensaba, mientras el cántico de los tres sacerdotes que oficiaban el funeral crispaba mis nervios. Sí, justamente hacía un año que se me había ido mi padre y amigo con tan solo cincuenta y cuatro años... Su corazón, agotado de tantas calamidades pasadas desde la niñez, había dicho ¡basta!

A mi derecha y de espaldas a la puerta, estaba mi hermano con quien yo compartía ideales y agnosticismo. Pero el compromiso familiar se había antepuesto a nuestro ateísmo. A mis veintinueve años y a los veinticinco de mi hermano, la sangre nos hervía en las venas y ese nervio nos hacía crispar las manos que manteníamos cruzadas bajo el vientre, cada vez que uno de aquellos tres curas nombraba a nuestro padre, en el primer aniversario de su muerte.

Yo sentía un odio tremendo por toda aquella farsa..., por los honorarios fúnebres cobrados a costa del sacrificio que a nuestra madre le suponía, debido a la pensión de miseria que le había quedado. Su fuerte convicción –más que religiosa, supersticiosa–, cultivada desde la niñez en la oscuridad del analfabetismo, no podía permitir que nosotros, sus hijos, le ayudásemos a costear el funeral al cabo del año. Conforme a su creencia ese era un deber que solo le correspondía a ella.

Con nuestras frías miradas llenas de desprecio, con las piernas firmes mostrando una dureza que tal vez solamente existía bajo la densidad de las espesas barbas que nos cubrían el rostro, permanecimos todo el oficio, que duró casi una hora, sin mover siquiera un labio.

Los dos fuimos los primeros en salir y en la misma puerta abrí toda mi corpulencia para recibir el aire fresco del atardecer. Me hizo bien, sobretodo para liberarme de la tensión a la que había estado sometido.

Mi esposa y algunos de mis hijos se me acercaron y, con saludos, sonrisas forzadas y algún que otro abrazo, nos alejamos del lugar y raudos nos fuimos a nuestra casa que estaba a unos escasos cuatrocientos metros.

Ya en casa, mientras mi esposa hacía la cena, yo jugué un poco con mis cinco hijos y, después de cenar, como de costumbre vimos un poco la televisión. Me acosté a eso de las once de la noche ya que al día siguiente había que ir al trabajo. Mas no sabía exactamente lo que me pasaba. Estaba intranquilo y no era capaz de conciliar el sueño; estaba venga a dar vueltas y más vueltas en la cama, hasta el punto de que molesté a mi esposa.

–¿Qué te pasa? –me preguntó ella.

–Nada. Que no consigo conciliar el sueño –respondí.

–Pues trata de dormir, que es la una de la madrugada.

–Lo intentaré.

¡Ojalá no lo hubiese intentado, ya que aquella noche, precisamente aquella, fue el comienzo de la peor de las experiencias que una persona adulta y supuestamente sensata pueda tener!

Abril de 1975, quince días después

Con el tórax desnudo y las manos bajo la cabeza, en plena oscuridad miraba al techo de la pequeña habitación mientras mi esposa dormía plácidamente dándome la espalda. Las agujas fluorescentes del despertador marcaban la una y cuarto mientras mi mente trataba en vano de eludir el recuerdo de las continuas pesadillas que desde el veinticuatro de marzo se me venían sucediendo, sin faltar ni una sola noche a mi encuentro... ¡Temía enfrentarme de nuevo a ellas, verme de nuevo entre las tinieblas que me habrían de transportar al vencerme el sueño! Ya ni siquiera parpadeaba... Luchaba por mantenerme despierto mientras la preocupación se hacía cada vez más insistente y pertinaz...; los párpados comenzaban a pesarme y su fuerza vencía mi voluntad mientras yo no dejaba de pensar: «Ya son quince días, y cada noche igual...» Ya debería estar acostumbrado pero seguía teniendo miedo de aquel lugar horrible. ¿Por qué durante el día era todo tan distinto? ¿A qué se debía aquel cambio, que hacía que al salir el sol me sintiese más contento y feliz...? No lo comprendía, la verdad es que no lo comprendía. Era como si se estuviese produciendo en mí una especie de metamorfosis.

Rendido y vencido por el sueño, mi cerebro se debatía entre la incoherencia y la razón y la incertidumbre de no entender absolutamente nada. Como solución, solo se me ocurría hacer mil preguntas, sin hallar ninguna respuesta: «¿Qué me está sucediendo...? Sé que no me hace daño pero, ¿es real todo esto? ¿Serán alucinaciones? O..., ¿será que realmente existe otra vida después de la muerte...?»

Volví a mirar el reloj con los ojos medios cerrados y los sentidos atrofiados. Era la una y treinta y cinco minutos de la madrugada... «Es tarde y mañana tengo que madrugar... No quiero dormir, pero ya no aguanto más... Tengo que alejar de mí estas pesadillas como sea... como sea... Esta obsesión que me domina... padre... padre... tengo que dormir...»

De pronto sentí como una debilidad anímica al reclamo del más allá, al tiempo que un sudor frío y perlado comenzaba a cubrirme la frente. Me sentía debilitado, sin apenas control de mi mente, por lo que seguía mascullando palabras incoherentes: «¿Por qué tú, padre...? Descansa en paz... Tú sabes que te quiero... ¡No..., no! No tengo ningún resentimiento contra ti... Lo de mi niñez, ya lo tengo superado... ¡De verdad que lo tengo superado! Eran malos tiempos padre... Tu enfermedad..., la miseria..., el hambre... Eran malos tiempos y yo el hijo primogénito...»

En un último intento traté de abrir los ojos y vi el cristal de la ventana de mi habitación que ondulaba con sus reflejos en una especie de danza macabra lenta y tenebrosa. Entre sombras y destellos, sentí que algo me envolvía y elevaba mis cien kilos al vacío y me alejaba de allí; me dejé llevar. Era como si estuviese cruzando el espacio a una velocidad vertiginosa, pero yo me hallaba en estado de éxtasis a pesar de tener consciencia; la conciencia de que estaba haciendo una especie de viaje astral a través del tiempo y el espacio.

Aparecí de nuevo en el mismo lugar de todas las noches anteriores..., ante los mismos viejos nichos y vestido de calle, con pantalón y un jersey gris... ¡En mi mente, todo era gris!

La piedra aparecía gastada por el tiempo a una mente liberada del control del consciente; el moho y el musgo rodeaban las lápidas tan viejas y estáticas, que tras el paso del tiempo soportaban las identidades o el deshecho de unos cuerpos reducidos a polvo bajo rótulos de purpurina plata y oro, descoloridos, desconchados. Las viejas fotografías en marcos antiguos... Los surcos de la humedad habían desfigurado aquellos rostros patéticos de un tiempo en la Humanidad y de un pasado quizá sin historia, resistiéndose, con la imagen de los individuos, a ser el simple reflejo de una lejana existencia, de una vida.

Frente a los nichos me hacía pasillo un grueso y alto muro de piedra de *cachotes*[2] asentados con barro y prácticamente cubierto también de musgo, humedad y miseria. ¡Tenía frío! Todo estaba envuelto en una fina niebla gris e insípida que hacía más tenebroso el lugar, más triste si cabe que la desolada conciencia de una mente perturbada, rehogada de miseria y dolor.

¡Me faltaba el aire! Sobrecogido, de nuevo comencé a caminar por aquel pasillo de grava que ya tan familiar me era, empujado por una extraña fuerza. ¡Quince días haciendo el mismo recorrido! Ya debería estar acostumbrado y, sin embargo, cada vez se me hacía más penoso. Eran los pasos de un calvario... de mi Vía Crucis particular que pretendía llevarme, ¿dónde? No lo sabía.

Con recelo miraba aquellas fotografías y aquellos ojos escuálidos, deformes, casi borrados, pero al mismo tiempo de mirada profunda que se clavaban con todo su patetismo en mi ser, a pesar de que sus rostros mostrasen cierta benevolencia... Parecía como si quisiesen sonreírme o simplemente darme la bienvenida mientras yo trataba en vano de rechazar aquellas miradas.

Mi paso era lento y el pasillo se me hacía interminable. Conforme avanzaba, tanto el muro como la hilera de nichos hacían ondulaciones estrechándose cada vez más y más, hasta formar una especie de embudo, un cono que se cerraba en un punto determinado cuya fuerza centrípeta me arrastraba como el ojo de un remolino de agua. «¡Ya lo tengo encima!»

---

2   Trabajos de albañilería.

pensaba. «Apenas me queda espacio…, me voy a asfixiar…» Sentía como el corazón golpeaba contra las paredes de mi pecho y sus latidos batían insistentemente en mis sienes… «¡Tengo que salir de aquí…! ¡Me quieren destruir…!»

Con mis manos traté inútilmente de separar el muro que me tenía aprisionado contra los nichos… Mi fuerza resultaba insignificante contra la dura, fría y húmeda piedra que seguía devorando centímetro a centímetro mi espacio. Tenía miedo… ¡Mucho miedo! Inútilmente trataba de mentalizarme de que al final no pasaba nada, pero me resultaba imposible convencerme a mí mismo. Como los quince días anteriores, allí estaba yo ante la tumba de mi padre con la cara literalmente pegada al cristal del nicho. Era como si aquella extraña fuerza me obligase a restregar la cara contra la tumba de mi padre. ¿Para qué…? ¿Para reprocharle algo? ¿O tal vez para castigarme a mí? La verdad, nunca lo comprendí. Yo me limitaba a mirar con cierta ternura su fotografía, tan vieja como las demás, aunque su rostro me parecía más dulce. Y, una vez más, leí también sobre la lápida blanca su nombre y sus apellidos escritos con letra gótica y pintura de purpurina oro ya medio desconchada. ¡El primer día me llevé un susto tremendo, pues, al llamarme yo igual que mi padre, creía que se trataba de mi tumba…! Pero me tranquilizó leer debajo de su nombre, la fecha de su nacimiento y la de su muerte:

10-12-1920 †24-3-1974

¡Yo era en todo momento consciente de lo que me estaba pasando! Sabía de sobra que en aquel momento estaba en mi cama junto a mi esposa… ¡También sabía que aquel no era el nicho de mi padre; ni siquiera era el mismo cementerio! El nicho de mi padre era nuevo, de reciente construcción, y recibía el sol de la mañana con su lápida de mármol negro, sus letras cromadas y su fotografía de estudio en marco de plata, que nada tenían que ver con aquel triste y deprimente lugar.

Entonces, ¿qué representaba todo aquello? Nunca lo llegué a comprender.

Y de aquella manera me quedé con la respiración jadeante y la cara oprimida contra el cristal de la lápida de mi padre.

La presión fue cediendo paulatinamente permitiéndome incluso cierta relajación. Apoyando las manos en la fría piedra de los nichos para mantenerme de pie sin derrumbarme, mientras miraba su fotografía sentía la humedad de la piedra subir por mis manos hasta penetrar en todo mi ser, haciendo que mi cuerpo se retorciese. ¡Sentía como me acariciaba la muerte! Todo era gris... El gris de una mente poseída, dominada por aquella extraña fuerza que parecía controlarla.

«Papá» le llamé mentalmente.

Mi respiración se normalizó, igual que mis pulsaciones.

Retrocedí un metro manteniendo la vista al frente y giré la cabeza despacio a mi izquierda, como un autómata. Igual que los quince días anteriores, allí estaba él observándome en silencio.

—Hola papá —le dije en voz baja con la vista agachada.

—Hola —me respondió manteniéndose firme, con los brazos caídos, vestido con el mismo traje con camisa blanca y la misma corbata de tonalidades oscuras... Aquel traje que con mucho sacrificio había mandado hacer hacía tan solo dos años para la boda de mi hermano, y que por expreso deseo de mi madre le pusimos para que se fuese con sus mejores galas. Estaba exactamente igual: con su gordura y la misma expresión en su rostro apacible pero serio.

Mi corpulencia y todo lo que a fuerza física se refería, desaparecían por completo en aquel instante y yo me sentía muy pequeño e insignificante ante él.

—¿Cómo te encuentras...? —le pregunté tímidamente manteniéndome a una distancia de unos dos metros de él y sin atreverme a mirarlo a los ojos.

—Bien —me respondió casi complacido.

La verdad es que yo me encontraba muy incómodo. Pensaba que ya iba siendo hora de que mi padre y yo hablásemos, a pesar de que para mí aquellos encuentros no eran reales; creía que todo era fruto de mi imaginación y nada más, y de ahí nadie me sacaba.

Frotándome las manos y mirando a un lado y a otro, dije por decir algo:

—Bueno... —Pero él me atajó al preguntar: —¿Y tú, cómo estás? —Lo dijo notando yo cierta intención en su pregunta. Yo tan solo hice un gesto con la cabeza para responder:

—Bien... Bien.

—¿Estás seguro? —insistió y yo me quedé un tanto sorprendido. Le pregunté un tanto escéptico:

—¿Por qué me lo preguntas...?

—Tienes mala cara —respondió él de manera serena, tranquila.

Entonces yo me cogí las manos por la espalda demostrando así cierta disposición al diálogo sin lucha. Primeramente traté de tranquilizarme para no exaltarme al pedir explicaciones sobre aquella situación para cualquiera anómala y resolver de una vez por todas qué diantres era lo que estaba pasando..., lo que me estaba pasando. Así que me infundí de valor suficiente para, después de escuchar a mi padre, a su espíritu o lo que fuese (ya que para mí nada era real) averiguar qué pensaba de todo aquello. Mis convicciones eran tan fuertes que «esas cosas» para mí estaban fuera de toda lógica; eran cosas de ignorantes que tenían el tarro comido por la Iglesia y las supersticiones... Eso pensaba, sin darme cuenta de que el ignorante era yo.

—Verás, papá... —comencé a decirle—, son quince días ya, y sigo sin comprender absolutamente nada. No sé si todo esto es fruto de mi imaginación o si me encuentro ante una situación que no he asimilado... Y la verdad es que son muchas las sensaciones que estoy experimentando: miedo, inseguridad, claustrofobia... que en la vida real no padezco... Y no es porque tenga miedo de ti, no..., es este lugar, este horrible y nauseabundo lugar. Tus visitas o las mías –porque yo ya no sé quién visita a quién realmente– me hacen bien... puedes creerme. Yo no temo tu presencia..., es este lugar a lo que nunca me acostumbraré... Y por eso te pido, por favor, que me expliques qué está pasando, que sea lo que sea, trataré de asimilarlo.

Él me miraba en silencio. Su rostro expresaba preocupación. ¡Sí, realmente estaba preocupado! Luego, con voz apacible y manteniendo un tono de calma sin que una sílaba sobresaliese de la otra, me dijo:

–Yo acudo a ti en el escenario que tú mismo me pones... Eres tú quien reclama mi presencia, ya que inconscientemente me necesitas. Es ahora cuando te das cuentas de que has –o hemos– dejado apartadas muchas conversaciones que ambos teníamos miedo a iniciar. Por eso te haces constantemente muchas preguntas y miras atrás para buscar respuestas tratando de hallar culpables en los que descargar todo el odio que guardas dentro... Sí, hijo, vives constantemente en una lucha interna por tus traumas de infancia no superados..., siempre los tienes ahí, presentes en tu cabeza. Júzganos si quieres hijo, pero a continuación entierra el pasado y procura vivir y ser feliz con tu familia. Por otra parte, a pesar de considerarte ateo o agnóstico como tú dices, también estás obsesionado por querer saber cosas existenciales para aclarar tus ideas. Yo no puedo intervenir ni revelarte lo que no te corresponda saber... Por lo demás, tan solo puedo pedirte perdón por la parte que a mí me toca.

Tras oír aquello, me quedé completamente absorto, sumido en un mar de confusión. Los días anteriores no había habido más diálogo entre nosotros que el necesario para saludarnos y poco más, quizás por mi poca disponibilidad o mi estado de eterna confusión y bloqueo por miedo a lo desconocido... ¡No lo sabía, pero aquella revelación me dio mucho que pensar! Bien cierto era que, a pesar de mi apariencia de hombre fuerte, alegre, que canta rancheras y siempre suele ser el centro de atención de las reuniones, en realidad siempre he sido un introvertido... No tenía capacidad (y sigo sin tenerla) de defenderme con el diálogo y menos por la fuerza... y esa pequeña dislexia que siempre he padecido contribuía a ello. Además, pesaba sobre mí un eterno sentido de culpabilidad... Siempre me consideraba culpable de las cosas malas de las que se me acusaban (¡que también a veces había hecho, digno es reconocerlo!) Entraba en una especie de confusión que a veces no era capaz de aclarar en mi cabeza y terminaba por callarme y aceptar con resignación mi culpabilidad, justa o injustamente, e incluso el correspondiente castigo.

Según los expertos, este comportamiento mío suele darse en personas adultas que fueron maltratados de niños... Sí, tengo que aceptar que yo he sido uno de esos niños maltratados, pero no guardo ningún rencor por ello, y menos a mis padres... Bueno, perdón. Antes sí guardaba mucho odio en mi interior y lo descargaba contra la Iglesia y especialmente contra un cura que había desgraciado mi infancia, contra un maestro esquizofrénico y maltratador y contra el estado franquista y sus «Fuerzas del Orden» represivas. Pero contra mi padre, jamás... Él era un hombre bueno; lo malo fueron aquellos tiempos con los que le tocó bregar con una vida de miseria y dolor. ¡Él era una víctima más que, a los dos años, había perdido a su padre en la mar! Comenzó a trabajar a los diez años picando carbón para las calderas de los barcos, ya que era muy menudo y se podía colar sin ningún tipo de protección en las toberas para salir completamente negro de carbonilla... Luego se marchó a la mar y tenía que entregar todo cuanto ganaba a una madre dominante que se había vuelto a casar con un vago, que lo único que hacía era cuidar de sus dos cabras. Con solo dieciocho años, lo reclutaron para ir a la guerra y, muerto de miedo, lo mandaron a Teruel, en plena Batalla del Ebro, en la que resultó herido leve en una rodilla por un trozo de metralla. Finalizada la guerra, el régimen franquista, no conforme aún, le obligó a cumplir el servicio militar... ¡Cuatro años destinado en el destructor Churruca...!

Nada más cumplir el servicio militar, volvió al mar y a ser explotado por su madre que le obligaba a entregar todo el dinero en casa, o ella misma se encargaba de irlo a cobrar. Era tan mísera la vida de mi padre que cuando conoció a mi madre, que era una sirvienta que trabajaba en la casa de un afanado doctor en Vigo, que el pobre ni siquiera tenía calzoncillos.

Mi madre, que era descendiente de campesinos de Petelos (Mos), le puso como condición para casarse con él que debía dejar el mar. Que ella no se casaría con ningún marinero. Mi padre, por amor, así lo hizo y entró a trabajar como gruero en los astilleros de H. J. Barreras. Desde entonces mi abuela odió a muerte a mi madre, mujer de gran temperamento... Por su parte, mi padre sentía adoración por su madre y lo peor era que muchas veces se dejaba influenciar por ella... Y al estar una casa pegada a la otra, era vivir una guerra constante de discusiones y a veces de violencia, en la que todos salíamos perdiendo; yo pagué muchas veces las consecuencias...

Cuando yo contaba con dos años y un poco más, mi padre cayó enfermo de tuberculosis... Mi madre trabajaba día y noche a destajo en la fábrica de conservas y estaba hasta las tantas cosiendo en casa... Fueron largos años de hambre y miseria, mientras mi abuela tenía la chabola llena de pescado puesto a secar y hasta alguna piña de plátanos que traía mi tío de Canarias, pero nunca, que yo sepa, nos dio ella un plátano a probar... Sí, fueron años de lucha y en ella mi padre perdió el pulmón izquierdo, obligando a trabajar más forzado a su corazón ya de por sí roto, hasta que a los cincuenta y cuatro años dijo basta.

Por todo ello, ¿cómo iba a tener resentimiento contra él, cuando había sido una víctima por excelencia? Que cometió errores, pues sí, injustos alguno pero...

—¿Cómo está tu madre...? —me preguntó así, de sopetón, como si tratase de liberarme de mis propios pensamientos obtusos sobre mi pasado, que ya debería haber enterrado hacía mucho tiempo.

—¿Eh...? Ah..., bien... Mamá está muy bien —respondí distraído.

—¿Y Teresa y los niños...?

—Sí, bien... Todos están bien. Verás papá: por favor te pido que no vuelvas a pensar que siento rencor contra ti... Creo que te lo he demostrado en vida... Todos los domingos por la mañana salíamos juntos con mi hijo mayor..., los tres «Pablos», ¿recuerdas? Tú, papá, fuiste durante los últimos años de tu vida mi único amigo... Por eso me duele que pienses eso de mí. Verás: cuando yo estaba en el dragaminas Tinto en Cádiz haciendo la «mili», un día Tere, en una de sus cartas, me pidió por favor que te escribiese una a ti... Me contó que tú le dijiste a ella que de niño me habías pegado mucho con el cinto, a veces por culpa de tu madre y que por eso era lógico que yo estuviese resentido contigo. Aquella noche la pasé llorando papá..., pero no por mí, sino por ti. Al día siguiente te escribí una amplia carta pidiéndote perdón por ello y de paso dejé muy claro mis sentimientos hacia ti, ¿lo recuerdas?.

—Claro que lo recuerdo pero...

—Pero eso también es un trauma que tú tampoco fuiste capaz de superar. Así que olvidemos el pasado y centrémonos en el presente. Papá, tú antes me dijiste que... este escenario lo escogía yo..., que era cosa del ¿subconsciente quizá? Luego dijiste que tú acudías a este lugar porque era yo quien te reclamaba...

—Así es —respondió muy serio. Entonces yo traté de justificarme y, a la vez, poner en orden mis eternas dudas.

—Esto es lo que no comprendo, papá... Vale que raro es el día que no piense en ti; incluso puede que en sueños reclame tu presencia pero... si este lugar es fruto de mi imaginación o del subconsciente, ¿tú qué eres...?: ¿otra imaginación, un sueño...? ¿Eres real...? ¿Un espíritu llegado del mundo de los muertos...? ¿Qué eres realmente papá...? Necesito saberlo. Creo que tengo derecho a saberlo.

Mi padre se quedó mirándome... Yo conocía de sobra aquella mirada y sabía que se había enfadado. Pero enseguida se relajó, y con el mismo tono de voz, me anunció:

—Ningún mortal tiene derecho alguno a saber las cosas de nuestro mundo, de nuestra existencia. Por tu bien te diré que nada..., absolutamente nada es por casualidad... Te pido hijo que tengas en cuenta que siempre hay un factor-causa que determina las cosas... ¿Te has parado a pensar por qué te está pasando todo esto...?

—Claro que sí, papá. Pero no encuentro respuestas.

—A lo mejor no son respuestas lo que necesitas... A lo mejor es cuestión de actitud... de cambiar de costumbres..., de mentalidad...

En aquel momento me temí que mi padre me estuviera pidiendo que abandonase mis ideales para con el Partido Comunista de España, con el que tanto mi hermano como yo llevábamos varios años colaborando en la más absoluta clandestinidad, con el riesgo de que algún día cayésemos presos y perjudicásemos seriamente a la familia. Pero esquivé entrar en aquel debate.

—Lo intentaré, papá. Lo intentaré pero, así y todo, sigo sin comprender absolutamente nada —concluí.

Nunca había una despedida. Y, como cada día, siempre despertaba a las cuatro de la mañana en punto, empapado en sudor, con total noción de todo lo acontecido. A tientas busqué el interruptor de la lámpara de la mesilla y, al encender la luz, de nuevo me encontré con Teresa, mi esposa, sentada en la cama mirándome con los brazos cruzados.

—¿Esto va a seguir así todos las noches? —me preguntó. Al parecer, ella se enteraba de todo lo que yo hablaba y entonces se daba perfecta cuenta de que aquellas conversaciones eran con mi padre, aunque ella no le escuchase a él y, claro, lógicamente se asustaba, a pesar de que yo trataba de tranquilizarla diciéndole que todo aquello eran simples pesadillas y que de nada había que preocuparse.

Hablaba con ella y buscaba mil argumentos para que no se alarmase pero...

—¡Esto no es normal, Pablo! Esto no puede ser normal —me reprochaba constantemente aunque ella era tan escéptica como yo en relación a todo lo paranormal, creyendo más bien que aquella «anormalidad» era fruto de una enfermedad mental.

—Sí que lo es, mujer —traté de justificarme—. Pero me hace mucho bien, puedes creerme. Hace que me sienta optimista... no sé... Es como si estuviese llenando el vacío que ha dejado mi padre después de su muerte y como volver a tenerlo entre nosotros.

—Pues yo tengo miedo y tú muy bien tampoco lo pasas —razonó Teresa.

—Pues no debes tener miedo, ya que él jamás nos hará daño. Te lo puedo asegurar... El jamás nos hará daño. —Insistí en recalcar, pero Teresa, que al igual que yo no tenía estudios básicos por circunstancias de la vida que nos obligaron a trabajar desde la más tierna edad (ella desde los once años en una fábrica de conservas y yo, a pesar de lo poco que fui al colegio por cuidar de mi hermano, en un taller de coches desde los trece años), es una mujer inteligente y luchadora que aprendió en la universidad de la vida y que por lo regular pocas veces se equivoca en sus decisiones. No aceptaba que «aquello» que me estaba pasando fuesen encuentros en el «Más Allá». El miedo que tenía era por mí, de que «aquello» no fuera normal y al final trajera consecuencias, como así fue.

En mi afán por tranquilizarla, yo caía constantemente en contradicciones. ¡Sí! Todo yo era una contradicción constante; lo mismo hablaba del subconsciente que aseguraba cosas que no sabía. De lo único que estaba seguro era de que mi padre jamás me haría daño ni a mí ni a los míos.

De nuevo llegó la noche y con ella las eternas dudas. Antes de dormirme pensé en los consejos que me había dado, mientras una idea cruzaba mi mente: tratar de sobreponerme a todo lo que me estaba pesando orando. ¡Podría ser la solución! Podría ser, pero me sentía ridículo con solo pensarlo. Me sentía como un hipócrita; un traidor a mis ideales agnósticos y a mi ateísmo. Pero es que, además, no sabía rezar. Hacía muchos…, muchísimos años que no rezaba. Sin saberlo, yo había sido un ateo precoz desde la más tierna edad y todo por el engaño de mi padre y de la señora Carmen; una buena vecina que sin duda nos ayudó mucho.

Dicen los expertos que los niños no tienen memoria de la infancia… Que es a partir de los cinco años, ya con el cerebro más desarrollado, cuando comienzan a almacenar los recuerdos. ¡No seré yo quien se lo discuta pero, con todo respecto a los científicos, creo que se equivocan! Puede que en esos casos se trate de niños con una vida normal…, niños medianamente felices. Pero cuando un niño sufre mucho desde la más tierna edad, y en especial sufre un tremendo desengaño, todo eso en su conjunto se graba a fuego en su cerebro y él no lo olvida jamás. Incluso hoy, a mis sesenta y nueve años, recuerdo todo aquello como si lo estuviese viendo en tiempo real... Y solo tenía dos años y medio.

Cada mañana, mi madre, antes de marcharse a la fábrica, me llevaba el desayuno a la cama... Casi siempre era igual: cascarilla negra con algún resto de pan duro y nada más.

Una vez que ella se había marchado, apurada como siempre, yo me iba a la habitación de mis padres y allí estaba él, delgadísimo, blanco, y con su eterno sudor perlado en la frente. La tuberculosis se lo estaba comiendo literalmente. Entonces yo me acostaba a su lado y dormía un poco más hasta que después me sentaba en la cama a jugar con mis amigas... Por el lado que estaba yo, la cama estaba pegada a la pared de «repilla», que era madera recubierta de barro y que al desconcharse era un verdadero criadero de chinches y cucarachas negras. Yo las cogía y las ponía en la cama en formación y luego organizaba batallas entre ellas. ¡Creo que incluso llegué a domesticarlas! Pero cuando llegaban poco más o menos las diez de la mañana, comenzaba a retorcerme de hambre y entonces acudía a mi padre con el idioma de un niño que apenas sabe hablar: «Papá... Papá... teno hambe...» le decía tocándolo para que despertase.

Entonces él, igual que todos los días, me mandaba ponerme de rodillas mirando el cuadro de la Virgen del Carmen que había a la cabecera de la cama. Era la clásica estampa de la patrona de los marineros sonriente y feliz con el Niño Jesús sentado en sus piernas, que impasible parece ignorar a los «condenados» que a sus pies suplican la salvación de sus almas entre un mar de fuego. Mi padre, que había sido marinero, le tenía auténtica devoción pero a mí me causaba temor.

No obstante, allí estaba yo de rodillas con las manos juntas mirando al cuadro, mientras él me decía con voz apagada: «Rézale hijo mío... Rézale a la Virgen del Carmen para que me cure pronto y pueda volver al trabajo..., para que no nos falte que comer... Rézale hijo... Dios te salve María... llena eres de gracia...» «Llena ere de grasia...» repetía yo.

¡Pobre papá! Lo que debe sufrir un hombre al no poder dar a su hijo hambriento ni siquiera un mendrugo de pan... ¡Qué impotencia tan grande debió padecer! Y el hambre que él mismo debía tener, ya que, a pesar de la enfermedad tan grave que tenía, conservaba buen apetito y eso fue lo que lo salvó: comer de todo cuanto le ponían. Mi madre lo sabía, por lo que no regateaba en esfuerzos, incluso quitándoselo ella de su boca, lo que también pagó y muy caro con una anemia que casi la mata, pero eso es otro capítulo. Es parte de otro gran drama en el que, gracias a la familia de Petelos que nos mandaba algo de comida y gracias también a los trabajadores de H. J. Barreras que cada domingo salían a pedir por las casas para nosotros, pudimos sobrevivir y por ello tendrán siempre mi agradecimiento.

Después de las oraciones, el resto de la mañana era una auténtica agonía esperando la llegada de mi madre que volvía de la fábrica con algo para comer tras pasar por la tienda de Virgilio, en la que compraba todo lo necesario a crédito. Los sábados, nada más cobrar, se dejaba allí casi todo el jornal después de que el tendero sumase todo lo que había apuntado en su libreta... ¡Qué tiempos, madre mía, y con qué alegría la recibíamos cuando ella llegaba a casa. Si cuadraba, traía aquella *bolla* de pan blanco que había que estirar y mucho. Nada más llegar, a mí me daba el mollete redondo que va encima de la *bolla* como si fuese una corona.

Una de esas mañanas tristes y monótonas, ocurrió algo para mí realmente milagroso. No lo sé con certeza... Posiblemente serían las diez y media u once de la mañana. Yo me hallaba rezando con toda mi devoción a la Virgen del Carmen cuando, de pronto, del cuadro cayó sobre mí un precioso trozo de pan de *bolla*..., de pan crujiente aún caliente y blanco como la leche. ¡Dios mío! ¡Aquello era un auténtico milagro! Nos repartimos el pan entre mi padre y yo, sonriendo de felicidad. ¡Qué fácil era hacer feliz a un padre y a su hijo... con un simple trozo de pan fresco y crujiente...! Aquello para mí había sido un auténtico milagro y, mientras comía, miraba el cuadro al que antes le tenía miedo; pero desde aquel momento, sentí un amor profundo por aquella Virgen, que igual que mi madre, me había dado un trozo de pan fresco.

Al día siguiente quería ponerme a rezar a las nueve de la mañana pero mi padre me retenía con argucias y cuentos raros como que si la Virgen aún no estaba preparada, o que el panadero del cielo se retrasaba y, así, con tonterías que para mí no lo eran, me mantenía engañado, hasta llegado el momento oportuno en el que me decía: «Ya es hora. Ponte de rodillas y rézale con toda tu devoción a la Virgen...» Y allí estaba yo..., de rodillas sobre la cama con las manos juntas, la cabeza gacha y los ojos cerrados, rezándole con toda mi devoción a la Virgen para que de nuevo nos mandase un trozo de pan. Y el milagro se hacía realidad.

Y así seguimos durante días recibiendo el pan de la Virgen; de aquella Virgen a la que realmente llegué a querer con toda mi devoción, con toda el alma. Era tanto lo que sentía por ella, que durante el día, al pasar por la habitación de mis padres –que también hacía de sala de jugar– o simplemente al ir a mi cuarto, miraba el cuadro y le dedicaba una sonrisa de complacencia, como la de dos amigos que ocultan un gran secreto.

Por qué volví la cabeza aquel día, no lo sé. Tan solo sé que a partir de aquel día volví la cabeza a muchas cosas... Volví la cabeza y descubrí el engaño, la mentira. La señora Carmen se quedó paralizada... Estaba a punto de lanzar el trozo de pan y entonces, seguramente al ver mi cara, se avergonzó y me tiró el pan sobre la cama... ¡Fue el pan más amargo de mi vida! Me lo tragué porque era muy grande el hambre que tenía pero, a partir de ahí, para mí cambiaron muchas cosas y eso que solo tenía dos años y medio. Mi padre seguramente también debió sentirse abochornado por engañar a su hijo, por lo que también se comió el pan en silencio, sin dar una explicación, pensando quizá que al ser yo un niño enseguida se me pasaría y que pronto lo olvidaría. Pero no. ¡Jamás lo he olvidado! Hoy supongo que mi repulsa no fue contra la señora Carmen que bastante hacía la pobre, ni contra mi padre, no. Yo creo que dentro de mi ignorancia descargué toda mi indignación contra aquella Virgen que me había hecho creer que era ella la que me regalaba el pan de cada día... Por mi parte no hubo ni una sola queja a mi padre... Posiblemente no tenía la capacidad para hacerlo. No obstante, recuerdo perfectamente que me comía el pan en silencio, sin atreverme a mirarlo a la cara. Desde entonces no volví a rezarle a aquella Virgen para mí impostora, cómplice de una gran mentira, de un engaño. Desde entonces, volví la cara constantemente a muchas cosas de mi corta vida haciendo que me convirtiese en desconfiado y, a la vez, en un niño solitario, a pesar de que con el tiempo tuve buenos amigos. Pero, en el fondo, era y sigo siendo un solitario que aparenta todo lo contrario.

Bueno..., volvamos a nuestra historia.

La noche siguiente, mirando al techo no dejaba de darle vueltas a la cabeza... Pensaba en todo lo que habíamos hablado el día anterior mi padre y yo y entonces me vino a la memoria aquella frase: «Yo acudo a ti, en el escenario que tú mismo me pones...» ¿Cómo iba yo a poner aquel tenebroso escenario...? En todo caso sería mi subconsciente fuera de control. La cuestión era saber si yo tendría la capacidad suficiente como para cambiar el escenario. Me propuse dejarme llevar tranquilamente y sin miedo alguno, tomándolo como una cosa normal, cotidiana. Así que me dejé vencer por el sueño.

Y allí estaba de nuevo, al principio del pasillo, relativamente tranquilo, como tranquilo parecía el lugar, en un día que parecía hermoso sin aquella neblina. Incluso resplandecía algo el sol que se reflejaba sobre el musgo aún húmedo. ¡Hasta las fotos de los muertos me recibieron con una amplia sonrisa de complaciente bienvenida! Sí, efectivamente, aquellos rostros, mucho de ellos medios borrosos, con su patetismo y todo, cambiaban de gesto según mi estado de ánimo. En aquel momento, me sentía amo y señor de la situación. ¡Incluso llegué a dominar con la mente el muro y la hilera de nichos...! Lo había conseguido. Sin más, me fui caminando por la grava hasta llegar a la supuesta tumba de mi padre y allí mismo, sin necesidad de apoyarme contra la piedra completamente seca y sin apenas musgo, como cada día lo llamé mentalmente: «Papá».

Miré a mi izquierda y allí estaba él; plantado en medio del camino con un semblante algo más relajado, quizás por la satisfacción de mi progreso.

Después de los saludos protocolarios, sin tensión ni miedo, entramos en materia.

—Me alegro de que hayas superado esta dura prueba, hijo. ¿Ves como todo lo que te pasaba, tus miedos y fobias, solamente estaban dentro de tu cabeza? —me dijo.

Me quedé muy serio mirándolo... ¡Tenía tantas cosas que preguntarle...!, seguía teniendo tantas dudas... Desde un principio, yo tenía la intuición de que mi padre me ocultaba algo, pero no sabía qué. La cuestión era cómo hacerle preguntas concretas sin herir su sensibilidad o que le pudiesen perjudicar a él, dada su condición ¿de espíritu sensitivo? ¡Pero es que yo necesitaba saber si todo aquello era simplemente un sueño, alucinaciones o si simple y llanamente me estaba volviendo loco y, con ello, a la sufrida Teresa que cada noche tenía que soportar mis «pesadillas», a las que estaba terminando de acostumbrarse, creo.

Así que, aprovechando la coyuntura, entré como vulgarmente se dice, a matar, eso sí, con serenidad.

—Pues sí, papá... —le dije—. El escenario, a pesar de que sigue siendo el mismo, parece haber cambiado y solamente con proponérmelo. La cuestión es saber si tú también eres parte de mi imaginación o eres algo que se escapa a mi entendimiento... Tú sabes muy bien como soy, papá... que no acepto nada que pueda venir del «más allá» o del «más acá...» Que no creo que haya otra vida después de la muerte y, por no creer, ni siquiera creo en Dios. Es que, vamos..., hasta me siento ridículo al pensar que tú puedas ser un espíritu... Es por ello que necesito preguntarte qué eres tú: ¿Un espíritu real, un ente o..., simplemente un producto de mi imaginación?

A mi padre se le cambió por completo el semblante. Con seriedad extrema, me respondió:

—Sigues sin comprender absolutamente nada, ¿verdad?

Quise rebatirle pero me quedé cortado, sin capacidad de reacción y solo se me ocurrió decir a modo de defensa:

—Bueno... Poco a poco iré aprendiendo y descubriendo cosas nuevas, ya que tú fácil no me lo pones. —Su respuesta fue tajante:

—Todo cuanto necesitas saber tendrás que hallarlo por ti mismo, sin intervención ajena. Busca en tu interior y, todo lo que encuentres, analízalo con detenimiento. Si luego actúas en consecuencia, las eternas dudas desaparecerán. «¡Metáforas y más metáforas!» pensé para mí. Así que, rendido ante la evidencia, cambiamos de tema para hablar de la familia y alguna cosa más sin importancia. De pronto, se cortó bruscamente la «comunicación» y me desperté como de costumbre a las cuatro de la mañana empapado en sudor, y con mi esposa acostada mirándome. No me dijo nada. Simplemente se dio la vuelta y procuró dormir el sueño robado.

La alarma llegó a los oídos de mi madre y ella, que sí estaba influenciada por la superstición, la brujería y todo eso, comenzó a comerme la cabeza todos los días, insistiendo en que debería acompañarla a una «mujer de esas» que vivía en el Calvario, para que me viese y dijese lo que estaba pasando. ¡Y eso, yo sí que no lo aceptaba! Es más, odiaba a toda aquella gente que se dedicaba a explotar las miserias de los demás y a sacar rédito a costa del dolor y la ignorancia.

Al mediodía del día siguiente, al llegar a casa, me esperaban Teresa y mi madre con el semblante muy serio. Yo ya intuí de qué iba a ir la cosa así que procuré aliviar la tensión con un clásico:

—¡Uy...! Reunión de pastores, oveja muerta.

—¡Déjate de tonterías y siéntate que tenemos que hablar! —Me espetó mi madre con su carácter decidido y firme.

Mientras los niños estaban entretenidos mirando la televisión en la salita, los tres nos sentamos a la mesa, yo de mala gana, mientras decía a mi madre:

—Me temo que Teresa ha hablado de nuevo contigo, ¿verdad?

—Claro que habló conmigo, e hizo muy bien. ¡Pero vamos a ver...! ¿Tú ves normal que te esté pasando todo esto y te lo tomes a broma...? ¡Esto es muy serio Pablo! Y tienes que hacer algo...

Ese «algo» ya sabía por dónde iba por lo que me vi en la necesidad de interrumpirla para exponer mi punto de vista:

—Deja que te explique —le dije—. La mente humana es muy compleja y sabia a la vez. Verás mamá: como tú sabes, estos últimos años papá y yo estábamos muy unidos..., todos los domingos salíamos juntos con nuestro hijo mayor y lo pasábamos muy bien, igual que cuando nos juntábamos en la taberna y en plena farra, o después de una cuchipanda que tanto nos gustaba nos desafiábamos cantando; él con sus tangos y yo con mis rancheras... Y de pronto, se me fue...

Aquellos primeros días de su ausencia, a pesar del gran vacío que había dejado en mi vida, yo lo llevaba bastante bien, ¿y sabéis por qué? Porque tenía de los sentimientos lleno. Pero, conforme fue pasando el tiempo, el saco se fue vaciando y entonces es cuando de verdad empiezas a echar de menos a ese ser querido; empiezas a sentir un cierto vacío en tu alma... Sabes que te falta algo esencial en tu vida y entonces entra en acción el cerebro y hace que con esos «encuentros», vuelvas a recuperar lo que había dentro del saco; y a buena fe, que lo estoy llenando ya que, como podréis comprobar, cada día me siento más feliz y contento. De verdad os digo que papá nunca me hará daño, podéis creerme.

Mi madre no era ese tipo de persona a la que se le puede convencer fácilmente. A pesar de su analfabetismo era una mujer inteligente, con un gran poder de convicción que utilizó para tenderme una trampa en la que caí como un inocente pardillo.

–Vale –me dijo con aparente tranquilidad–, entonces, ¿por qué tienes tanto temor a que visitemos a la señora Concha...? Si todo es como tú dices, Teresa y yo nos quedaremos tranquilas y ya no te diremos nada más... –concluyó.

«La señora Concha» pensé. La verdad es que mi madre le tenía auténtica confianza. Era una señora ya mayor... de la que se decía que era una *meiga*, que al parecer ayudaba a mucha gente sin cobrar..., solo aceptaba la voluntad. Haciendo memoria, mi hijo Pablo nada más nacer se pasaba las noches llorando... ¡No había manera de hacerle callar! Lo llevamos a no sé cuántos médicos y todos coincidían en que el niño estaba perfectamente; de hecho, durante el día lo estaba, pero a media noche... Con el genio que caracterizaba a mi madre, una tarde sin decirme nada cogió al niño y a mi esposa y se marcharon al Calvario, a casa de la señora Concha.

Aquella misma noche, Pablito –que actualmente tiene cuarenta y nueve años–, durmió como un tronco y eso me sorprendió. Lo comenté con Teresa y fue entonces cuando me lo contó. Según la *meiga*, nuestro hijo recibía «visitas» durante la noche que no le hacían daño pero que molestaban al niño. La receta fue ponerle un vaso lleno de agua durante la noche, debajo de su cuna. Si el agua por la mañana estaba llena de burbujas es que aquellas «energías» habían estado allí y posiblemente no volverían. Yo no pude hacer otra cosa que reírme al pensar cómo se puede ser tan ignorante para creer en esas tonterías. No obstante, nada más levantarme por la mañana, lo primero que hice fue mirar el vaso de agua que permanecía debajo de la cuna y, efectivamente, para mi sorpresa estaba lleno de burbujas, como una gaseosa. Desde aquel día nuestro hijo no volvió a llorar por las noches. Lógicamente, dada mi capacidad y conocimiento, lo atribuí a la casualidad.

—Bueno qué, ¿vamos esta misma tarde al Calvario...? —me sorprendió mi madre.

—¿Eh...? Bueno, pero con una condición: si la *meiga* dice de que no hay nada de qué preocuparse, me tenéis que prometer que me dejaréis tranquilo.

Aceptaron. Así que por la tarde salí más temprano del taller y allá nos fuimos en mi flamante Seat 1500 azul. Yo iba completamente tranquilo a sabiendas de que la señora Concha no iba a notar nada, entre otras cosas porque yo mismo me estaba preparando mentalmente para que así fuese; me presentaría con la mente completamente vacía y sin ninguna expresión que pudiese delatarme. Aun así y todo, no pude evitar cierto nerviosismo al encontrarme con aquella casa siniestra.

La señora Concha estaba en la cama, enferma, pero al tratarse de mi madre accedió a que subiésemos a su habitación. Aquellas escaleras de madera chirriaban con mis pasos. Comencé a sentir cierta opresión en mi pecho. ¿Miedo? ¿Respeto? Puede ser pero aun así yo no comprendía qué carajo hacía allí; un comunista convencido y ateo por naturaleza en casa de una *meiga*.

¡La sorpresa que me aguardaba no la podía ni imaginar! Al entrar en aquella amplia sala, aquella mujer anciana, con los cabellos largos y blancos como la nieve extendidos por la almohada, nada más clavar su vista en la mía comenzó a gritar: «¡Sacádmelo de aquí...! ¡Sacádmelo de aquí que me hace mucho daño...!» Tuvimos que salir escopetados. Al día siguiente fue mi madre sola sin decirnos nada. Lo que le dijo la *meiga* por lo menos a mí no me lo contó.

Los «encuentros» con mi padre seguían igual cada noche. Yo ya me había acostumbrado y hablaba con él con toda la naturalidad del mundo sobre mí y la familia. Incluso tuvimos alguna que otra discusión respecto a mis ideales... Él lo aceptaba, pero mostraba cierta preocupación por mí, por si me detenía la policía. Pero yo no era capaz de comprender lo que era él... Si era un aparecido, un espíritu o simplemente una creación; una imagen virtual o dimensional de mi cerebro. ¡No había manera de que me lo aclarase! Era como si hubiese plantado una barrera que yo no era capaz de traspasar y, en especial, al hacerle preguntas tan transcendentales para mí como, por ejemplo, si había Dios, si había cielo e infierno, qué pasaba después de la muerte, si había o no otra vida en el más allá... ¡Nada! Simplemente se limitaba a decirme que no pretendiese saber cosas que no me correspondía saber y punto. ¡Y eso era precisamente lo que me confundía! Si mi padre realmente era fruto de mi imaginación, ¿quién rayos era él para contradecirme? ¿Quién mandaba en mi cabeza?

De lo que yo no me daba cuenta era de que mi vida estaba cambiando de manera ostensible, radical, diría. En primer lugar, por circunstancias que no vienen al caso, dejé el taller para entrar a trabajar en H.J. Barreras, pues según el convenio laboral, al fallecer un trabajador podía entrar a ocupar su puesto un hijo. Eché la solicitud y entré directo. Yo era oficial pintor de coches de primera y, ¿qué podía hacer en un astillero tan importante un pintor bastante reconocido en Vigo...? Pues la asistenta social descubrió en mi cartilla militar que yo había recibido varios cursos intensivos de contraincendios y me metieron de bombero. ¡Un chollazo! Peligroso a veces pero para mí un trabajo gratificante, como gratificante era el recibimiento que recibí por parte de los antiguos compañeros de mi padre.

Y así pasé el primer año. En Barreras me reencontré con camaradas y también con las clandestinas Comisiones Obreras, con las que colaboré dentro de mi escasa capacidad, aunque lo hacía de corazón. Muy pronto comenzó la revuelta del 76. Barreras cayó en la bancarrota y nosotros los trabajadores, al no cobrar a fin de mes, empezamos la lucha en la calle... ¡Vigo entero nos apoyaba y yo me emocionaba al comprobar la solidaridad de la gente! Las batallas con las Fuerzas del Orden llegaron a ser épicas y por primera vez recibí en mis carnes los golpes indiscriminados de los «grises». Mi padre lo pasaba fatal y así me lo hacía saber ya que cada noche teníamos nuestro encuentro, aunque ya de manera «normalizada»... Ya ni siquiera me despertaba sobresaltado ni empapado en sudor y Teresa ni se enteraba.

El Estado se hizo cargo del astillero y todo volvió a la normalidad.

Pero poco antes del verano de 1976, cometí un grave error que me costó muy caro.

Teresa y yo teníamos treinta años y cinco hijos. La noticia de un nuevo embarazo nos dejó preocupados pues en aquel momento nos venía muy mal. Se lo comenté a un compañero del trabajo que me dijo que cerca de su casa había un doctor que por 10.000 pesetas hacía abortos clandestinos. Se lo dije a mi esposa, y con gran sacrificio moral y económico, lo hicimos.

Afortunadamente todo salió bien. Pero aquella misma noche...

Yo había llegado contento al cementerio pero, nada más ver las fotografías, me di cuenta de que algo no iba del todo bien. ¡El desprecio de aquellas miradas se clavaban en mi ser como puñales de hielo! ¡Ni siquiera el muro y los nichos me respetaban... sino que me arrastraban con sus ondulaciones al punto exacto de antaño!

Comencé a temblar de miedo. Literalmente pegado al cristal del nicho de mi padre, más que llamarlo, clamé por su presencia. Y allí estaba él como de costumbre en medio del camino. Pero la cara que tenía era de auténtico dolor y rabia; jamás se me borrará de la mente.

Lentamente y cabizbajo me puse frente a él para preguntarle:

—¿Cómo estás, papá...?

Tardó en responder con tono grave, amargo diría.

—Yo bien. ¿Y tú...? ¿Cómo estás tú?

Intuí que aquella pregunta era retórica, cargada de cierta mala intención pero yo seguía en la inopia y no comprendía absolutamente nada de lo que estaba pasando. Cada vez más nervioso dije:

—Yo estoy bien, papá...

—Y seguro que hasta te sentirás satisfecho de lo que habéis hecho.

Fue entonces cuando caí en la cuenta de que aquel reproche era por haber abortado el nuevo hijo que esperábamos... Traté inútilmente de justificarlo: ya teníamos cinco hijos y no nos podíamos permitir tener otro... Entonces él, con lágrimas en los ojos, me dijo algo que, por lo confuso que estaba, yo no podía entender. Según sus mismas palabras, me hizo saber que aquel niño —que efectivamente lo era—, estaba destinado a él..., para volver a la vida.

En otro momento y en otras circunstancias me hubiese echado a reír pero ocurrió todo lo contrario. Un tremendo dolor me oprimió el pecho, al tiempo que sentí una pena infinita por mi padre... y por mí, y por mi esposa y desde entonces comprendí el por qué de todo aquello que me estaba pasando. Mi padre desde el primer momento estaba acondicionando mi vida para volver al seno de la familia, esta vez como hijo mío. Eso fue lo que pensé y aún hoy creo firmemente que así fue. «Siempre se vuelve a la vida, al reclamo del amor, a la herencia de la sangre...» (Esta frase me la dijo un ser muy especial un par de años después).

Aquel amargo encuentro se me estaba haciendo tremendamente doloroso... No tenía capacidad de respuesta y lo que deseaba hacer era echar a correr, escapar como casi siempre había hecho en mi vida ante la responsabilidad de afrontar un problema. Lo único que se me ocurrió hacer, después de un corto y emotivo silencio, fue meter mi mano en el bolsillo del pantalón y sacar una moneda de cinco duros para ofrecérsela.

–Toma papá..., los cinco duros que me prestaste ayer.

¡Él no me había prestado nada el día anterior! Pero en vida esta era una costumbre entre nosotros; siempre nos andábamos pidiendo el uno al otro cinco o veinte duros que luego se devolvían.

Mi padre se quedó mirando la moneda en mi mano para decirme textualmente y con seriedad extrema:

–Coge esos cinco duros y échaselos a las Ánimas, que buena falta te hace.

Aquello me molestó y mucho. Tratando de contener mi ira, le dije:

–Papá... Yo no tengo ningún inconveniente en echar la moneda al peto de las Ánimas, pero la echaré en tu nombre, no en el mío propio, papá. No en mi nombre...

–Pues échasela hombre, échasela, que buena falta te hace..., buen presagio tienes tú encima. Menudo presagio tienes encima...

Estas fueron las últimas palabras que escuché de mi padre... Como en los viejos tiempos, desperté a las cuatro de la madrugada sobresaltado y empapado en sudor. Sentado en la cama miré a mi esposa que me observaba en silencio y, sin decirnos absolutamente nada, me levanté, fui al baño, me refresqué con agua fría y luego me observé detenidamente en el espejo. ¡Me asusté al ver mi cara! Parecía una persona totalmente desequilibrada a punto de padecer un ataque psicótico.

Después de secarme me fui a la salita en busca del diccionario... Sabía más o menos lo que quería decir la palabra «presagio», pero quise asegurarme y mis temores se confirmaron al leer: «Presagio: Señal que indica, previene o anuncia un suceso favorable o adverso. Especie de adivinación de hechos futuros basados en una serie de apariencias o en una emoción personal del que la formula». Todo parecía encajar, pero la cuestión era saber si era para bien o para mal y, ante lo visto y padecido, me decanté por lo peor y ya no fui capaz de pegar ojo el resto de la noche.

Por la mañana anduve como un sonámbulo por el barco que tenía a mi cargo. Afortunadamente fue una jornada tranquila, sin ningún conato de incendio ni riesgo laboral, a pesar de que «El Río Sagüa», uno de los «rampleros»[3] destinados para Cuba que se hicieron en Barreras, estaba en su fase más peligrosa de construcción. Menos mal, ya que mi cabeza estaba en otra parte, en otro tiempo, en otro mundo. Busqué respuestas en mi pasado y en mi presente, pero no las encontré. Después de analizar a conciencia mi traumática infancia solo hallé cardenales. Es cierto que de adulto había

---

3   Barco de pesca.

cometido errores, pero como casi todo el mundo. ¿Es que una cosa no pagaba con creces la otra? ¿O lo que me estaba pasando era tal vez venganza de lo divino por mi condición de renegado ateo y agnóstico? ¿Sería por mis creencias políticas...? Sencillamente no lo comprendía. Y eso me indignaba, por lo que me propuse que jamás me doblegarían; que pasase lo que pasase, y pesase a quien le pesase, no me harían cambiar de idea. Tan solo pondría en duda uno de mis principios: el agnosticismo. Durante todo un año luché contra viento y marea para defender que todo aquello que me estaba pasando era parte de mi imaginación y de ahí nadie me sacaba. Pero luego surgieron las dudas; de que algo de «realidad» pudiese haber en aquellos encuentros con mi padre y hasta me planteé que efectivamente pudiese haber una vida espiritual... un «Más allá» después de la muerte, al margen de Dios, los Santos y los que representaban a la Iglesia. ¡Por ahí sí que no pasaba!

Nunca olvidaré aquella mañana. Apoyado en la baranda del puente del barco desde donde podía tener una visión perfecta de las bodegas que en aquel momento eran el foco de trabajo más peligroso, pues andaban con el poliéster, tal como estaba lloré en silencio. ¿Por qué? No lo sabía exactamente... Quizás fuese por mi padre, o por mí, o por mi infancia... El dichoso trauma del que hablaba mi padre... ¿Y cómo librarme de ese trauma, de aquellos recuerdos? Mi padre no sabía ni una cuarta parte de todo lo que yo había pasado, de todo cuanto yo había sufrido, de todo cuanto yo había llorado en silencio. Y de nuevo me encontraba ante el dilema de si contarlo o no aunque era consciente de que debía hacerlo; eso sí, sin resentimiento ni tratando de buscar culpables. Bueno, algún culpable sí que hubo.

Afortunadamente mi padre salió adelante y, aunque le faltaba un pulmón, pudo continuar con su trabajo en la grúa. Yo tenía cuatro años y medio cuando nació mi hermano y a partir de ahí comenzó para mí un auténtico martirio. Como mi padre y mi madre trabajaban, a mí me llenaron de responsabilidades... Tenía que cuidar de mi hermano y, cuando este dormía, había que llenar el pilón de agua... Era un pilón inmenso y yo tenía que ir a por el agua a casa de una vecina... a unos cuarenta metros y, como no podía con el caldero lleno, lo llevaba cargado a poco menos de la mitad y de aquella manera se me hacía interminable llenar el pilón mientras los demás niños del barrio jugaban allí cerquita a la pelota y yo me moría de envidia o de rabia. Finalmente, por cansancio dejaba de acarrear agua y el pilón quedaba casi siempre por la mitad. Al llegar mi madre se ponía furiosa. Al principio me daba bofetadas, pero luego llegó la zapatilla... Aún hoy tengo grabado en mi mente el efecto de la goma de la zapatilla en la carne... Aparte del dolor y el picor que produce, la carne queda como hirviendo... Lo recuerdo perfectamente.

Cuando no tenía que ir al pilón, tenía que ir a por leña a un aserradero que estaba poco más o menos a un kilómetro, y hacer varios viajes y cruzar la carretera por la que pasaban los tranvías y algún que otro auto que me inspiraban sueños de viajes imaginarios por todo el mundo.

Cuando mi hermano tenía cuatro o cinco meses, mi padre me hizo un carro de madera, una especie de cajón con ruedas tirado de una cuerda. Dentro se metía mi hermano y aquello me daba cierta libertad para salir de casa... ¡Pobre hermano mío! Allí cagaba, allí meaba, y allí roía una raspa de pan rebozada en su propia mierda. ¿Y yo qué podía hacer, si tan solo tenía cinco años...?

Una tarde, los amigos del barrio organizaron un partido en un campo a escasos doscientos metros de casa. Así que metí a mi hermano en el carro y allí me fui. Como jugaba de portero, lo que hice fue meter el carro entre unos matorrales cerca de la portería para protegerlo del sol de la tarde. A pesar de que yo estaba constantemente pendiente de él, en un momento dado desapareció. Fue como si se hubiese volatilizado. Paramos el partido y todos nos pusimos a buscar entre los matorrales, pero nada. Llorando desconsoladamente cogí el carro y lo llevé a casa con la esperanza de que él estuviese allí o que lo hubiese cogido una vecina, pero nada. Entonces, llorando me fui a la casa de mi abuela para preguntarle si había visto a mi hermano y ella, muy seria, me dijo que no lo había visto. Pero luego me dijo textualmente: «¿A ver si se lo llevó una gitana que iba corriendo por la cuesta con un niño en brazos...?» ¡Dios mío! Creí volverme loco. Desesperado eché a correr en busca de una gitana... pero no la hallé. Comenzaba a oscurecer cuando, completamente derrotado, sudoroso y cansado, me fui a casa a enfrentarme a mis padres... Ver a mi hermano en brazos de mi madre me llenó de alegría, pero al ver la cara de mi padre... Fue la primera vez que probé el cinto... El dolor del cinto es distinto al de la zapatilla; duele más y al cruzarte la espalda, te corta el aliento y además las marcas duran más y, durante unos días te molesta la ropa en el cuerpo. Pero, ¿qué había pasado? Mi abuela había pasado por allí y, al ver al niño, se lo llevó sin decirme nada y luego le faltó tiempo para ir a esperar a mi padre a la salida del trabajo para contárselo; ignoro qué historia fue la que lo encolerizó más y lo llevó a descargar sobre mí todo su enfado.

Nunca llegué a comprender por qué mi propia abuela me odiaba tanto. Muchas de las palizas que recibía eran por su culpa. Que si un día por «robarle» una pera de los tres perales que tenía y daban a nuestra ventana, que si otra por plantar dos pepitas de ciruela en un pequeño terreno que tenía delante de nuestra casa... Lo que hacía era ir a esperar a mi padre y decirle dios sabe qué; mi padre llegaba hecho una furia a casa y paliza que te crió. Nunca recibí, que yo recuerde, un beso de mi abuela o una caricia..., nada. Yo, que hoy tengo nueve nietos y los adoro (¡y hoy mismo me acaban de anunciar que voy a ser bisabuelo!) no llego a comprender cómo una abuela puede odiar a un nieto, a su primer nieto. Hoy, con la experiencia que tengo, creo que mi abuela me culpó a mí de que mi madre se quedase embarazada y le arrebatase al hijo (mi padre) que tenía bajo sus faldas.

Mi abuela, que durante la enfermedad de mi padre no se preocupó de él para nada, después de trabajar rara era la semana que no fuese tres o cuatro días a esperarlo a la salida del trabajo para llenarle la cabeza de pájaros; a meterle cizaña contra mi madre... A pesar de mi corta edad, podía soportar muchas cosas: las cucarachas, las chinches, las ratas grandes como conejos que cada noche sentía roer en el *fallado* sobre nuestras cabezas, el chasquido de las ratoneras a media noche que sonaban como tiros y el chillido agónico del animal que nos sumía en las más profundas y aterradoras pesadillas, las palizas... Pero aquellas peleas entre mi padre y mi madre me aterrorizaban mucho más. Mi hermano y yo nos metíamos en la cama y nos tapábamos la cabeza pero con los sentidos alerta, sin dejar de temblar y llorar.

Me niego a recordar las palizas que, debido a mi atraso escolar, me llevaba en el colegio; eran de órdago y es que, además de dar con un profesor que estaba medio loco y era neurasténico debido a una úlcera estomacal, contaba con el beneplácito de mi padre para que me zurrase cuando fuese necesario. Raro era el día que yo no recibiese una o dos palizas, muchas veces sin razón. A partir de los diez años, cuando mi hermano ya no dependía de mí, sin yo saberlo me estaba convirtiendo en un rebelde. Dos días o tres a la semana no iba al colegio y me marchaba a la playa, incluso en invierno, buscando quizás la libertad entre las rocas y, si era verano, me iba a la *rampla* de San Gregorio donde todo el barrio aprendió a nadar. Por todo ello recibía palizas en casa y en la escuela aunque ya no me hacían tanto efecto, hasta que a los trece años me puse a trabajar en un taller sin decírselo a nadie, ni a mis padres. Cuando se lo dije no les quedó otro remedio que aceptarlo. Así, a grandes rasgos, esta es la historia de una infancia que me fue robada por las circunstancias tan adversas de aquellos tiempos y también por tener la desgracia de haber sido el primogénito de una familia desesperada.

Al final de la jornada tracé un plan de acción para el siguiente encuentro con mi padre: en primer lugar, le pediría perdón por nuestro proceder y le prometería que no volvería a suceder. Luego le suplicaría de una vez por todas que me hablase claro, sin tantas metáforas y que me dijese realmente qué debía hacer o qué esperaba de mí, con la promesa de que yo haría todo lo posible por complacerlo. No tuve esa oportunidad. Mi padre nunca más apareció..., ni el cementerio, ni el muro ni los nichos... ¡nada! Y ello me afectó de sobremanera.

Bien cierto fue que, a pesar de todo, el destino parecía estar jugando a mi favor. Era respetado en el trabajo; mi fama subió al haber salvado en el turno de noche a una mujer que llevaba varias horas flotando en el mar; su caso incluso se llevó al programa «Directísimo» de José María Iñigo. Días después, por salvar a un trabajador me quemé un poco la cara. Tenía un olfato especial para detectar el peligro o los conatos de incendio. Por todo ello, por mi experiencia, me nombraron jefe de equipo. Pero aceptarlo fue mi gran error. Mandar a trabajadores que llevaban más de treinta años en servicio se me hacía duro. Al mismo tiempo, el MOPU nos concedió un piso precioso, con cinco habitaciones, salón y dos baños en Coia, en el mismo barrio en el que me había criado. Teresa se quedó embarazada de nuevo y esta vez ni siquiera se mencionó la idea de un nuevo aborto.

Las cosas me iban tan bien que iluso de mí llegué a pensar que el presagio anunciado había sido positivo. ¡Pero cada vez que pasaba por el dichoso peto de las Ánimas del purgatorio, pensaba en mi padre y en los cinco duros que siempre llevaba en el bolsillo del pantalón y que jamás les eché! Ni siquiera en el nombre de mi padre.

Efectivamente, todo me iba bien... Pero pasados un par de meses yo no era ni la sombra de lo que había sido... Había adelgazado más de veinte kilos, me puse negro, y siempre andaba muy cansado. Llegado un momento, ni siquiera era capaz de subir a bordo de los barcos para supervisar las medidas de seguridad; no hablaba con nadie, apenas tenía ánimos.

Una mañana llegué casi a rastras a Barreras y me fui directo a la enfermería. Al verme, el médico me diagnosticó que había comido algo que me había hecho daño y me mandó tres días a casa con dieta blanda, de pescadito blanco etc. ¡Nada! Al tercer día me fui al médico de cabecera y don Antonio, que me conocía desde hacía muchos años, nada más verme, me dijo:

—¡Cómo has adelgazado! ¿Qué te ha pasado Pablo...?

—Pues no lo sé... Solamente sé que no puedo más..., estoy muy débil —le dije.

—¿Y ese moreno...? —preguntó mostrando extrañeza, a lo que yo respondí inocentemente:

—Bueno... Acaba de pasar el verano y ya sabe que soy un apasionado del deporte y el mar...

Don Antonio Novo-Porto negó con la cabeza haciendo un gesto con la boca para decir:

—Sí, pero ese moreno... muéstrame las encías.

Le enseñé las encías, luego el pecho y, a continuación me mandó bajar los pantalones para ver mis partes íntimas. Yo ni siquiera me había dado cuenta de que todo, labios, encías, aureolas y pezones, el escroto y la picha, habían adquirido un color negruzco.

–¿Quieres ver que tienes la enfermedad de Addison? –comentó Don Antonio mirándome como a un bicho raro. Dada mi ignorancia, le pregunté:

–¿Y eso qué es?

–Si se confirma, es una enfermedad muy complicada...[4]

Pero no debemos adelantar acontecimientos. Te voy a dar la baja laboral y un volante urgente para Povisa y luego ya hablaremos.

En el policlínico Povisa, después de muchas pruebas, confirmaron la enfermedad. El tratamiento que me prescribieron, un pinchazo a la semana –creo que de cortisona– resultaba insuficiente pero yo así iba tirando. Me dijeron muchas cosas: que si mis glándulas suprarrenales se habían calcificado... Me preguntaron si había tenido tuberculosis y les dije que no pero que de niño me acostaba con mi padre que tenía la tisis y a eso se aferraron los endocrinos... A que la causa había sido una especie de tuberculosis hereditaria y que... ¡En fin! Dada la gravedad de la enfermedad en 1977, me recomendaron que debía dejar el trabajo y pasar a ser pensionista..., que una simple gripe me podía matar, que no debía correr riesgo alguno, ni beber, ni fumar... ni de coña. Con cinco hijos y esperando otro, ¿cómo iba a dejar el trabajo y pasar a cobrar una pensión de miseria? No hice ni caso y ni siquiera permití que la enfermedad me privase de los placeres de la vida. Así que seguí fumando mi cajetilla diaria de tabaco negro, bebiendo mis dos vasitos de vino en la comida

---

4   Addison es la enfermedad de las glándulas suprarrenales situadas encima de los riñones que se calcifican o se queman y dejan de producir la hormona cortico suprarrenal. Se manifiesta por una gran astenia y el color bronceado de la piel. Es una enfermedad poco común que no tiene cura y que, al parecer, padecía también J.F. Kennedy del que decían que, si no lo hubiesen matado en Dallas, se hubiese muerto de ella. Afortunadamente, hoy en día y gracias a la hidroaltesona, se puede hacer una vida casi normal con ella. No obstante, unos pocos años después de tener yo la enfermedad, me enteré de que había muerto la novia de un famoso cantante inglés de lo mismo.

y en la cena, y mi cafelito con su aguardiente blanca. ¡Faltaría más!

Tengo que reconocer que siempre he sido –y sigo siendo– un irresponsable. Y, claro, toda acción trae, para bien o para mal –aunque en este caso para mal–, consecuencias encadenadas.

Era un sábado de abril de 1978. El Partido Comunista había sido recientemente legalizado y los camaradas me llamaron para que fuese a la entrega de carnés en la nueva sede donde se servía un vino español. El ambiente era bueno, de euforia diría, por los nuevos aires de libertad que se respiraba; la clandestinidad se había acabado y con ello el peligro de caer en las cárceles franquistas por defender los ideales propios... «Si mi padre lo pudiese ver...» pensé.

Sobre las diez y algo de la noche decidí marcharme. Mientras Bibiano cantaba el «Venceremos Nós», al despedirme de todos, un viejo camarada recién llegado del exilio me pidió si lo podía acercar a Canido, a unos tres kilómetros de Vigo y, por supuesto, yo no me podía negar. ¡Como si había que llevarlo al fin del mundo! Pero nada más entrar en el coche y ocupar el asiento del copiloto, él me pidió permiso para bajar la ventanilla ya que por culpa del asma no respiraba bien... La noche era fría y yo lo notaba pero me aguanté. Nada más llegar al piso recién estrenado, noté un picorcillo en la garganta que ignoré por completo y lo que hice en cambio fue planificar el trabajo para la mañana del domingo: levantarme a las nueve y montar los rieles de las cortinas... Pero ya no fui capaz de levantarme. Recuerdo que Teresa me llamó a las nueve y media pero yo le dije que hiciese un zumo de naranja y me dejase dormir un poco más que tenía mucho sueño y me dolía la garganta. Según ella, me volvió a llamar a las once pero eso ya no lo recuerdo. Me dijo que yo me había enfadado por haberme despertado y que constantemente la engañaba con un «déjame un poco más». Fue entonces cuando ella comenzó a sospechar que algo no iba bien, por lo que llamó a don Antonio, mi médico, pero este se había ido de viaje de fin de semana. Hasta el lunes no me tocaba poner la inyección pero, por si acaso, mi esposa llamó al practicante para que viniese a pincharme pero aun así no hubo reacción. Al parecer yo seguía diciéndole que estaba bien; que solamente quería dormir. Por aquel entonces, ni Teresa ni yo sabíamos que la descompensación suprarrenal produce un sueño cada vez más profundo que te lleva hasta la muerte.

Durante el día, mi mujer insistía en preguntarme: «Pablo: ¿Quieres que te llevemos al hospital?»

Pero yo me negaba en rotundo diciendo: «¡Que no, coño! Que me dejes dormir en paz».

De esto, ya nada recuerdo.

A última hora de la tarde, Teresa llamó al centro donde me trataban y explicó el caso. Le recomendaron que llamase de nuevo al practicante para que me pusiese una nueva dosis y, si al día siguiente no había mejorado, que me llevasen a Povisa. Al parecer, el practicante volvió para ponerme otra inyección pero...

A la mañana siguiente Teresa se despertó muy temprano sobresaltada por el fuerte olor que había en la cama. Me llamó, me meneó, pero yo ya había entrado en un coma profundo y me había hecho todas mis necesidades biológicas en la cama.

Desesperada, a mi mujer se le ocurrió avisar a mi hermano para pedirle ayuda. Lo primero que hizo Idelfonso fue llamar al camarada Monleón, un despedido del 72 de Barreras que entonces trabajaba como celador en el Hospital Xeral de Vigo. Según me contaron tiempo después, el propio Monleón salió a la calle y se subió en la primera ambulancia que encontró, recogió a mi hermano y en cinco minutos ya estaban en mi casa.

Curiosamente yo desperté en la ambulancia; de eso me acuerdo perfectamente. Sentía la sirena y veía los edificios al revés y, sin más, comencé a experimentar una paz inmensa al tiempo que se me cerraban los ojos. Entonces me di cuenta de que me estaba muriendo.

Nada más entrar en urgencias, Monleón y mi hermano entraron en el box y Teresa se quedó en el pasillo. El equipo médico que me atendió solo pudo certificar mi muerte. Se lo comunicaron a mi esposa y como en esa época había tanatorios privados en Vigo, textualmente le dijeron: «Lo sentimos señora, pero nada se pudo hacer. Su marido ingresó ya cadáver y, como no ha fallecido en el hospital, tiene la opción de dejarlo aquí o llevárselo a su domicilio».

¡No quiero ni imaginarme lo que debió pasar en aquel momento por su cabeza, con cinco hijos, el mayor de doce años y otro a punto de nacer!

Fue el camarada Monleón el que reventó. Según me contaron mi hermano y mi esposa unos años después, delgado como era comenzó a zarandear al equipo médico mientras gritaba: «¡Hagan algo joder...! ¡Que es un chaval joven y tiene cinco hijos; me cago en Dios...! ¡Hagan algo...!»

Dicen que el equipo médico, quizá por tranquilizar al celador y posiblemente convencidos de que sería inútil, comenzó a darme descargas eléctricas con el desfibrilador... creo. Mi hermano me contó que la señal en la pantalla era completamente plana y que con cada descarga, yo daba un salto, pero que en una de esas, no recuerda si fue a la quinta o sexta vez, el corazón enganchó... «Fue como si la moto hubiese por fin arrancado» comentó él con humor. Me contó también que el equipo médico se quedó sorprendido; incrédulos, se miraban unos a otros sin saber a qué atenerse.

Finalmente, el que seguramente era el responsable del grupo, salió de nuevo para hablar con Teresa y decirle: «Mire, señora... Lo que hemos conseguido es poner el corazón de su marido en marcha, pero no se haga ilusiones ya que de esta noche no pasará. Lo que vamos a hacer es suministrarle un suero y subirlo a planta y nada más. Usted váyase haciendo a la idea y vaya preparándolo todo pues no hay nada que hacer».

Y así lo hicieron. Me subieron a planta con un suero y allí me dejaron.

A las ocho de la mañana, lo recuerdo perfectamente, comencé a abrir los ojos... El sol entraba por la ventalla llenando de luz la habitación mientras yo, con la vista nublada, vislumbraba la cara de una persona que me miraba atentamente a escasos veinte centímetros de la mía. Al aclarárseme un poco más la vista, reconocí a mi hermano y mis primeras palabras fueron estas: «¡Hostia, macho! ¡Qué cara tienes!» Entonces él, llevándose las manos a su cara, respondió también en gallego: «¡Joder tío...! ¡Qué susto nos diste! ¡Qué susto nos diste...!» «*Tranquilo home, que xente ruín non corre perigo*» fue mi respuesta. A partir de ese momento, el desfile de personal sanitario por mi habitación fue constante. Todos me miraban como a un bicho raro o una especie de animal en extinción.

Mi hermano, que era responsable de prensa y propaganda de Comisiones Obreras, se tenía que marchar... Las enfermeras estaban en lucha y tenían que pintar pancartas y carteles a favor de la huelga y entonces yo, que ya me había levantado con el suero puesto para ir al baño, les pedí que me trajesen pinturas y pinceles para pintar también carteles allí mismo. Y así lo hicimos.

Serían las doce de la mañana cuando llegó la plana mayor de endocrinos con el doctor Gracia al mando. Me miraban estupefactos mientras yo seguía a lo mío, sentado en el borde de la cama pintando carteles sobre la mesilla.

—¿Se puede saber qué está usted haciendo? —me preguntó el doctor Gracia.

–Pues ya ve..., contribuyendo a la causa –respondí siguiendo con lo mío.

–¿Me puede atender un momento, por favor? –inquirió él de nuevo. De mala gana dejé el pincel y entonces fue cuando me di cuenta de las caras que traían aquellas siete u ocho personas que por un momento me recordaron a las del cementerio. ¡Entonces me preocupé!

Desde el comienzo de la enfermedad, yo desconfiaba de lo que me decían pues me temía que lo que realmente tenía era cáncer y que me lo ocultaban con aquella otra enfermedad tan rara. Así que, ante lo visto, fui el primero en preguntar:

–¿Qué pasa doctor...? ¿Hay algo que tengan que decirme...?

–No, no... ¿Cómo te encuentras?

–Ya ve que estoy perfectamente. Lo que quiero doctor, es que si tienen algo que decirme, me lo digan sin más. Quiero ser el primero en saber lo que tengo, aunque sea cáncer. ¿Me entiende?

–Tranquilo Pablo, que cáncer no tienes. Pero dime si te encuentras bien –insistió.

–Ya ve que sí. Incluso estoy dispuesto a marcharme a casa.

Uno de los doctores le comentó al de al lado en voz baja:

–Colegas, esto nos obliga a romper los libros –y el otro asintió, pero yo no le di importancia. Era consciente de que seguramente había tenido una crisis profunda, como otras anteriores, pero nada más.

Al cabo de dos días ya estaba en casa. En Barreras se había corrido el rumor de que había muerto. Hubo incluso quien se asustó al verme de nuevo, pensando que era un fantasma.

Cabe señalar que todo lo que había acontecido en urgencias no constaba en los partes y, por mi parte, tampoco hubo un reproche, entre otras cosas porque no sabía nada y por ello tan solo mostré agradecimiento. Pero quedó la duda de lo que había pasado realmente y, cuando lo supe dos años después, llegué a la conclusión de que los médicos creyeron que había muerto en casa y, lógicamente, poco o nada se podía hacer, ya que según tengo leído, el cerebro no puede estar más de cinco minutos sin riego sanguíneo. Y que la confusión fue motivada porque nadie les dijo que a mí se me había parado el corazón nada más bajarme de la ambulancia y la única persona que se dio cuenta de ello fue Teresa, que vio como pegué un bote en la camilla pero que no sabía por qué o a qué se debía. ¡Bastante tenía la pobre encima como para comentar aquel pequeño detalle! Eso fue lo que seguramente pasó y por mi parte jamás atribuí mi salvación a un milagro divino ni mucho menos. Para mí, todo, absolutamente todo, había sido fruto de la casualidad y nada más.

Pero, a partir de ahí, comenzó para mí una auténtica tortura... Empezó ya la primera noche que pasé en casa. Ignoro la hora que era pero recuerdo perfectamente que en pleno sueño se me apareció la cara de un señor que me miraba fijamente igual que lo hiciera mi hermano cuando desperté del coma. No lo conocía... Era un hombre muy delgado de un color bronceado, calvo, pero con pelo largo por los lados, igual que su perilla larga y blanca; parecía un senador o un filósofo de la antigua Roma o Grecia con su toga de color marfil. Yo seguramente lo miraba asustado sin decirle nada. Pero entonces, él me dijo:

—Hola Pablo. ¿Te acuerdas de mí?

Creo recordar que yo simplemente negué con la cabeza

—Verás, soy Mario... y quiero que hagas exactamente lo que te voy decir. Mañana mismo te vas a ver al doctor Gracia y le dices que te prepare todo para que te vean en el Ramón y Cajal de Madrid, donde tienen una gran tecnología para que estudien tu caso. El doctor Gracia en un principio se opondrá, pero tú dile que quieres ir, sea como sea. Te dirá que sobre tu enfermedad ya está todo estudiado... te explicará incluso como es tu enfermedad. Pero tú insiste en que quieres ir. Finalmente te dirá que lo único que vas a conseguir es darle gasto a la Seguridad Social pero dile que has estado trabajando desde los trece años y tienes derecho a que te vean allí.

¡Desperté sobresaltado!; de nuevo empapado en sudor. Mi mujer dormía plácidamente y eso me tranquilizó. Traté de dormir de nuevo y, en esa especie de duermevela, se me volvió a aparecer aquel ser.

–Hola Pablo, soy Mario... ¿Te acuerdas de mí?

Recuerdo que le dije de palabra y con calma:

–Sí, ahora sí–. Y él me recalcó el mismo mensaje palabra por palabra. ¡Hasta hubo una tercera vez! Y la rabia que aún hoy tengo es que no he sido capaz de quedarme con su apellido a pesar de que me lo repitió tres veces.

Al levantarme por la mañana no dejaba de pensar en aquella «pesadilla», pero esta vez no estaba dispuesto a cometer los mismos errores del pasado. Así que me marché al hospital. Total, ¿qué tenía que perder...?

¡Todo ocurrió tal como me lo había dicho Mario! Las mismas palabras, el mismo enfado del médico... El doctor Gracia desde el principio me había caído muy bien y era mucho lo que tenía que agradecerle pero aquel día me tuve que enfadar con él para que preparase todo mi historial para llevarlo a Madrid, donde aceptaron estudiar mi caso.

Primeramente comenzamos con consultas periódicas y, al cabo de un tiempo, solicitaron mi ingreso en el Ramón y Cajal. Entretanto nació mi hijo Koke; un cachalote de cinco kilos y medio de peso, que era la misma imagen de mi padre. Fue un niño muy feliz que colmó de felicidad a toda la familia y en especial a sus hermanos e incluso hoy, que ya tiene treinta y siete años, sigue viviendo con nosotros. El parecido con mi padre es asombroso, aunque mi hijo está bastante más gordo. Está trabajando, tiene su propio barquito para ir a pescar, y vive feliz y despreocupado.

Un mes entero me pasé ingresado en el Ramón y Cajal... Solo; no quise que Teresa dejase a los niños con mi madre. En ese centro probé las máquinas más extrañas que había visto en mi vida y el resultado prácticamente fue el mismo. El equipo de endocrinología que me llevaba, el último día me informó:

—Bien, Pablo, se confirma que efectivamente tienes la enfermedad de Addison, aunque tu caso es algo especial... De hecho, nos obliga en cierto modo a romper los libros...

Aquello me sonaba a viejo y pregunté por qué.

—En primer lugar, los enfermos de Addison se ponen morenos y se quedan muy delgados y tú estás ganando peso..., ya estás en ochenta y ocho kilos. Pero lo realmente sorprendente de ti es tu grasa corporal... No la tienes como la de una persona adulta; la tuya es como la de un bebé recién nacido.

—¿Y eso es malo? —pregunté ingenuamente.

—No, todo lo contrario.

Después de mi ingreso en el hospital Xeral de Vigo, me cambiaron el medicamento... A partir de entonces dejamos las inyecciones y pasé a tomar dos pastillas diarias de hidroaltesona y la verdad es que mejoré bastante, aunque tenía recaídas. Lo que hicieron los doctores de Madrid fue añadir una pequeña pastillita más de Astonin. «Con esta pastilla, podrás hacer una vida prácticamente normal, siempre y cuando te controles un poco» me recomendaron. Y desde entonces no he vuelto a tener recaídas. De hecho, hace años que ni siquiera me hago una revisión. Ahora soy yo quien controla la enfermedad y sé perfectamente cuando estoy camino de la descompensación; entonces la contrarresto tomando media pastilla más de hidroaltesona. No es lo conveniente pero, a pesar de mis casi setenta años, sigo siendo un irresponsable.

¡Pero yo padecía otra especie de tortura! En sueños veía entierros de gente que aún estaba viva y que al poco se moría. ¡Lo pasaba fatal! No sabía por qué me pasaba aquello ni qué debía hacer, si advertir a la persona en cuestión o no... A principios de los ochenta, viví un auténtico drama con un chico de quince años, vecino puerta con puerta, hijo de una familia numerosa de la que nos habíamos hecho muy amigos. Una noche estaban toda su familia y la mía en nuestra casa viendo una película en el video beta que recientemente habíamos comprado. En aquella salita de mi casa éramos en total, entre adultos y niños, unos quince, todos por allí tirados incluso por el suelo, entre el humo de los cigarrillos de los cuatro fumadores que allí nos encontrábamos, que proporcionaba un ambiente cargado y fétido. Pues sí, allí estábamos todos, salvo David, un chico de quince años de la familia de los vecinos que se había marchado cuatro días de excursión de fin de curso por las Rías Bajas y La Coruña.

En un momento dado sonó el teléfono de mi casa y yo paré la película mientras Teresa iba a cogerlo. Era para Marina, la madre de David. No estuvieron ni tres minutos hablando. Marina, desde la misma puerta, dijo llena de orgullo:

—Era David. Ay..., estos *fillos* míos no pueden estar más de un día fuera sin su madre. Dijo que lo está pasando muy bien y que llegarán mañana por la noche.

Antes de que se volviese a sentar, Marina miró a Isidro, su marido, y tal y como estaba, de pie, le dijo:

—¡Ah! También me dijo que te dijera que no se olvida de ti.

En aquel momento yo recibí una tremenda descarga eléctrica que me dejó para el arrastre. Fue como si hubiese metido los dedos en un enchufe de 220 voltios. Desde aquel preciso instante supe que David no volvería vivo a casa.

No tuve el valor suficiente para decírselo a la familia; temía hacer el ridículo. Pero sí se lo conté a mi esposa, que me dijo que estaba loco. Pero no lo estaba..., no.

Al día siguiente lo pasé fatal. La mañana se me hizo interminable. Al salir del trabajo, antes de entrar en mi casa, llamé a la puerta de los vecinos con la excusa de preguntar si había llegado David. Me tranquilizó ver el ambiente de calma que había en la casa; me dijeron que el chico no llegaría hasta la noche.

¡Yo estaba como loco! Traté de buscar consejo en mi esposa pero ella, más tozuda que yo, se enfadó y me dijo que dejase de decir tonterías.

Ya estábamos en los «años 80» y a mí se me presentaba un problema gordo: los hijos se nos hacían mayores y nosotros no podíamos permitirnos el lujo de darles unos buenos estudios. Además, Pablo, mi hijo mayor, que era muy introvertido, a los catorce años quería dejar la escuela. ¿Qué iba a hacer? El edificio de quince plantas en el que vivíamos, lo ocupábamos sesenta familias numerosas y desde muy pronto surgió la maldita droga que enganchaba a los jóvenes de manera incontrolable. Yo no podía dejar a mi hijo en la calle a merced del peligro. Así que, cuando Barreras me ofreció un millón y medio de pesetas por marcharme, no lo dudé un instante. Junto a mi hermano, que también era del oficio, montamos un pequeño taller de chapa y pintura y Pablo se vino a trabajar con nosotros. Y claro, esto trajo consecuencias encadenadas... Los otros hermanos, al ver que el mayor ya tenía su moto y disponía de dinero (¡yo jamás exploté a un hijo!), a los catorce años querían trabajar a toda costa en el taller, hasta las dos niñas. Hoy, en el mundo del automóvil, de la familia hay un mecánico y tres pintores oficiales de primera. ¿Y a qué viene todo esto? Pues viene a que yo, aquel maldito día, pensando en David me consumía de angustia. Al llegar las tres de la tarde en el taller ya no me cambié ni nada... Me quedé sentado en la pequeña oficina pendiente de una llamada telefónica que no se producía... ¡A las cinco de la tarde ya no podía más! Cogí el coche y me fui a casa y, nada más llegar a mi calle vi a mi esposa y a Marina que cruzaban la carretera riendo... ¡Salté escopetado del coche para abordarlas y preguntarles!:

—¿Qué ha pasado? —Fue la propia Marina, quien, llena de orgullo, me dijo:

—Nada, hombre nada... Que estos hijos míos no pueden estar sin su madre. Resulta que David se puso malito y lo traen para casa...

Sí, claro que lo traían a casa, pero en un ataúd. Nunca se supo exactamente de qué había muerto David... Decían que si se había atragantado con un bocadillo, que si sufrió un corte de digestión..., un ataque al corazón... No lo sabemos... Lo que si sé es que me pasé tres días llorando por aquel niño bueno y deportista, amigo de mis hijos... Lloré por David, y también por mí... ¡yo no quería aquello! y no sabía cómo librarme de aquel extraño «poder», si en realidad lo era.

Pero la cosa no quedó ahí, ni mucho menos. Pasados unos ocho meses o más, le confesé a Isidro lo que me había pasado con su hijo y, de paso, le pedí perdón por no haber hecho algo que no sabía exactamente qué debía haber sido... Isidro lo comprendió y, mirándome fijamente, me dijo textualmente:

—Pablo, yo tan solamente te pido que, si algún día sueñas conmigo, quiero que me lo digas.

Y yo se lo prometí. ¡Maldita la hora en la que se lo dije! Pasados unos cuantos meses, en sueños vi el entierro de Isidro... ¿Y qué debía hacer yo...? ¿Decírselo...? Además, Isidro era un hombre de fuerte carácter pero que se desmayaba con un simple corte en el dedo... ¿Y si lo mataba yo del susto? Así que decidí no decírselo aunque le aconsejaba constantemente que se hiciese algún chequeo médico; que era aconsejable a sus cincuenta y tantos años hacerse alguna analítica.... Pero aquello para él era lo mismo que mandarlo a una sala de tortura. Pasado un mes, tuvo un grave infarto. Lo operaron en La Coruña a corazón abierto y le hicieron no sé cuántos *bypasses*... Lo pasó fatal pero, salió adelante... unos cuantos meses. Isidro murió una tarde delante de mí con un güisqui en la mano, sentado en un sofá del club de los jubilados que tenemos enfrente mismo de nuestro edificio. Desde ese momento, me hice un juramento: «¡Nunca más pienso preocuparme de lo que sueñe!» Si soñaba que se iba a morir fulano, pues «qué se le va a hacer»... pensaba, y así, de aquella manera, se me fue aquella «cosa», aquel suplicio.

Estaba contento con mi triunfo, sí..., pero aparecieron otro tipo de «pesadillas», aunque estas me resultaban más llevaderas e incluso, con los años, beneficiosas por los conocimientos adquiridos. Gracias a ello, por ejemplo, hoy puedo estar escribiendo este libro con bastante facilidad. Lo más curioso de todo es que yo, nada más despertar, apenas recuerdo nada pero es ponerme a escribir y surgen las ideas como si las hubiese vivido. Pero es que, además, si tengo alguna duda sobre algo, al acostarme pienso en ello y nada más despertar lo tengo tan claro como si yo mismo lo hubiese visto con mis propios ojos. Eso me pasó, por ejemplo, cuando quería saber cómo se construyeron las pirámides de Egipto, o qué pasó con el eslabón perdido, o cómo era el Cosmos, la vida de Cristo, de dónde procedía María Magdalena..., qué era el Santo Grial... Todo cuanto se me antojaba saber, nada más ponerme a escribir, me surgía con una claridad que a mí mismo me sorprendía dado que yo no dejo de ser un analfabeto que, si no llega a ser por el corrector del ordenador, de cada cuatro palabras dos al menos tendrían una falta ortográfica. Pero de cualquier manera, yo no puedo asegurar que realmente las cosas fuesen así y soy consciente de que es difícil creer todo esto que estoy contando... Si alguien me lo hubiese contado a mí, no podría evitar una sonrisa burlona y por eso que soy bastante reticente a contar mis cosas más íntimas... Me duele que piensen de mí que soy un egocéntrico o un *friki* iluminado.

Pero así y todo, yo no acababa de aceptar todo aquello y seguía alegando que eran pesadillas o que me había quedado medio majara por la enfermedad. Pero luego podía comprobar, bien por libros o por programas de radio o televisión, que gran parte de «mis» teorías concordaban con las de expertos profesionales y eso me preocupaba aún más.

Tiempo después comencé a comprenderlo todo, cuando en una cena mi hermano me contó lo que había pasado aquella fatídica mañana del mes de abril de 1978... Sentí algo muy profundo y se me vino a la cabeza que ya habían transcurrido algo más de dos años de mi «muerte». Pero enseguida me indigné, y les reproché a los tres (a mi mujer, a mi hermano y a mi cuñada) que no me lo hubiesen dicho antes ya que el camarada Monleón había muerto de cáncer y yo ni siquiera había podido darle las gracias por todo lo que había hecho por mí... Incluso me sentí responsable de su muerte... Fue un sentimiento extraño de culpabilidad, como si él hubiese ofrecido su vida a cambio de la mía y por eso me enfadé. Pero lo cierto fue que, a partir de ahí, comencé a comprender muchas cosas, aunque yo siguiese rebelándome contra ellas... ¡No quería tener aquellos «privilegios», ni nunca se me pasó por la cabeza tratar de explotarlos! Bueno, la verdad es que, ingenuo de mí, llegué a creer que con mis «poderes» si me lo proponía podía soñar con los números de la Primitiva y su resultado, y por eso una vez dejé un boleto con un bolígrafo sobre la mesilla de noche... ¡Pero nada de nada! Me concentraba a la hora de rellenarlo y el resultado final era que ni el reintegro sacaba y, gracias a ello, aparte de hacer el ridículo, sigo siendo tan pobre como siempre. Lo cierto fue que, al escribir esta y otras cosas y despreocuparme del tema, he perdido también ese «don» de los sueños, aunque a veces tengo unas «pesadillas» muy extrañas.

Cabe señalar que después de todo, yo seguía siendo ateo —aunque no agnóstico por razones obvias—, y por supuesto mis ideales siguen intactos, aunque he aparcado el odio visceral que le tenía a la Iglesia, al Estado y a sus Fuerzas de Orden. Prefiero ignorarlos y nada más, aunque a veces, escuchar ciertas cosas, en especial en boca de los señores Obispos de la Santa Madre Iglesia o de ciertos políticos retrógrados me crispe los nervios.

En fin. Ya conocen parte de mi vida, de mi pobre historia y hoy, en el año 2015, con sesenta y nueve años, vivo tranquilo y feliz rodeado de mis hijos y mis nueve nietos que me alegran la vida cada día que pasa. En diciembre, si los designios lo permiten, espero reunirlos a todos para que Teresa y yo celebremos nuestras Bodas de Oro ¡y con el primer bisnieto en camino! ¡Como pasa el tiempo! Por mi parte sigo con el Addison; superé varias operaciones e incluso un tumor de próstata, pero siempre llevándolo con mucho humor y tranquilidad, que es la mejor medicina que existe. Y además creo que me siento muy protegido, y no precisamente por mi padre, pues él ya no está en el mundo de los muertos.... Posiblemente lo esté por Mario o por algún otro ser excepcional o Maestro; no lo puedo asegurar con certeza pero, de todas maneras, ya muy pocas son las cosas (como la muerte de un ser querido) que me pueden borrar la sonrisa, a pesar de seguir siendo un ateo y un ignorante irresponsable.

Bien... Nuestro amigo cumplió, a pesar de sus carencias, y considero que se esforzó en transmitir el mensaje, que era lo fundamental, con la escasa técnica de que dispone para que llegue a ser esta una auténtica obra literaria. Ese no era el primordial objetivo, aunque él puso todo cuanto pudo de su parte. Pero bueno, aún tiene mucho que escribir, mucho que contar, y por supuesto, mucho que aprender, a pesar de sus sesenta y nueve años. Quedan muchas cosas pendientes que se desvelarán en otra obra que se titulará «*Regresión al mundo de los muertos*». Lo que tenga pensado hacer con ella, no lo sé exactamente; ¡es tan imprevisible...! La historia ya la tiene prácticamente terminada, y tan solo falta planificarla bien y pulirla, para ver qué sale de ahí. Motivación no le ha de faltar, ya que de eso me encargo yo personalmente con tan solo introducirme en sus sueños, aunque él se empeñe en no aceptarme como tal. Y es que este hombre no tiene remedio...

Por mi parte, no os digo más... Si queréis seguir mis consejos, seguidlos y el que no quiera, no pasa nada. Mientras tanto procurad ser felices y hacer felices a los demás, en especial a todo aquel que sufre o precisa de un amigo. Lo que os pido, por favor, es que siempre tengáis presente este consejo: amad y respetad a vuestros hijos, así como ellos o sus hijos os han de amar y respetar a vosotros cuando retornéis a la vida. Porque siempre se vuelve a la vida, a la herencia de la sangre, al reclamo del amor.

PALABRAS DE ELB-AMAH (PARA VOSOTROS, LA MUERTE)

Amable Pillado nació en Vigo, en el año de 1946. Siendo el primogénito de una familia muy humilde, apenas pudo ir al colegio y las trece años comenzó a trabajar en un taller de coches. Con 31 años y siendo padre de familia numerosa, padeció una enfermedad incurable y después de pasar un trance traumático, a pesar ser medio analfabeto, nació en el la imperiosa necesidad de escribir. Aprendiendo a base de diccionario y basándose en sus propias experiencias, se especializó en el misterio paranormal.

KOLIMA
BOOKS